公司金融与企业决策

张 健 著

中国财经出版传媒集团
中国财政经济出版社

图书在版编目（CIP）数据

公司金融与企业决策/张健著.—北京：中国财政经济出版社，2019.9
ISBN 978-7-5095-9165-9

Ⅰ.①公… Ⅱ.①张… Ⅲ.①公司-金融-研究 ②企业管理-经营决策-研究 Ⅳ.①F276.6②F272.3

中国版本图书馆 CIP 数据核字（2019）第 177951 号

责任编辑：付克华　　　　　　　责任校对：胡永立
封面设计：北京兰卡绘世

中国财政经济出版社出版

URL：http://www.cfeph.cn
E-mail：cfeph@cfeph.cn
（版权所有　翻印必究）
社址：北京市海淀区阜成路甲 28 号　邮政编码：100142
营销中心电话：010-88191537
北京财经印刷厂印刷　各地新华书店经销
787×1092 毫米　16 开　16.25 印张　254 000 字
2019 年 9 月第 1 版　2019 年 9 月北京第 1 次印刷
定价：58.00 元
ISBN 978-7-5095-9165-9
（图书出现印装问题，本社负责调换）
本社质量投诉电话：010-88190744
打击盗版举报热线：010-88191661　QQ：2242791300

前 言

公司金融是金融学研究中重要的组成部分，主要研究企业的融资、投资、收益分配以及与之相关的问题，最终的目的就是通过利用各种分析工具，为企业决策提供理论依据和指导，实现企业决策最优化。公司金融的研究领域大致可以分为以下3个部分：其一，公司融资问题，解决最小融资成本问题；其二，公司投资决策，实现投资收益最大化；其三，公司治理结构，探讨公司的经营模式和员工薪酬等问题。公司金融的研究是一个庞大的系统，涉及多学科和多方面的知识，最初的研究以丰富理论和扩展方法为主，后续的研究则主要是利用上市公司的数据进行实证检验，涵盖了公司资本结构、公司治理、业绩评价和信息披露等各个方面。

公司金融学是在市场环境中研究公司与管理层的融资、投资和分配等行为的一门学科，在中国当前金融体制改革阶段，这些研究领域都与宏观金融体制之间存在着更为密切的联系。因此，紧密结合中国本土实际的公司金融学研究，不仅可以直接面向市场，指导企业，而且对中国金融改革与金融市场的规范化发展，同样具有重要意义。

本书分别从公司欺诈、企业投资以及公司治理3个方面，去深入探讨和研究有哪些具体的因素会影响企业的决策，同时阐明了这些因素是通过什么样的经济机制去发挥作用。书中指出公司欺诈与董事的政治背景和政府的治理相关，而地方官员的变动和经济政策的不确定性都会影响企业的投资决策和创新，同时具有海外背景的董事可能会更偏好承担社会责任。书中各部分的结论都是在大量的数据分析，运用各种计量分析方法，以及结合相应的经济理论的基础之上得出来的，对于指导企业决策，具有一定的实践意义。

本书在撰写过程中，对公司的相关数据进行了大量的检索和分析，同时参阅了大量书籍、文献、报告及相关政府文件等，鉴于数据庞大繁杂，资料较多，历时较长，如有漏列，敬请原谅。感谢各级领导、同事和研究生对本书撰写所提供的支持和帮助，此外，由于水平有限，有错谬之处，敬请读者批评指正。

作者

2019 年 8 月

目 录

第一部分 公司欺诈

1. 有政治背景的独立董事和公司欺诈 …………………（ 3 ）
  1.1 基本介绍 ……………………………………………（ 3 ）
  1.2 文献综述 ……………………………………………（ 6 ）
  1.3 假设检验 ……………………………………………（ 9 ）
  1.4 数据描述 ……………………………………………（ 10 ）
  1.5 回归结果 ……………………………………………（ 17 ）
  1.6 稳健性检验 …………………………………………（ 28 ）
    1.6.1 独立董事政治背景的替代指标 ………………（ 28 ）
    1.6.2 独立董事政治背景的内生性 …………………（ 29 ）
    1.6.3 其他可能解释 …………………………………（ 31 ）
  1.7 结论 …………………………………………………（ 35 ）

2. 政府治理与企业欺诈：来自中国近期反腐运动的证据 ……（ 36 ）
  2.1 引言 …………………………………………………（ 36 ）
  2.2 文献综述 ……………………………………………（ 38 ）
  2.3 制度背景和假设发展 ………………………………（ 40 ）
    2.3.1 中国的腐败 ……………………………………（ 40 ）
    2.3.2 2012年发起的持续进行的反腐运动 …………（ 41 ）
    2.3.3 假说发展 ………………………………………（ 41 ）

2.4　数据和样本选择 …………………………………………（46）
　2.5　研究设计 ………………………………………………（53）
　2.6　回归结果 ………………………………………………（56）
　2.7　稳健性分析 ……………………………………………（64）
　2.8　结论 ……………………………………………………（72）

第二部分　公司投资

3. 地方官员的政治晋升会阻碍企业创新吗 ………………………（75）
　3.1　引言 ……………………………………………………（75）
　3.2　假设检验 ………………………………………………（77）
　3.3　数据和变量构建 ………………………………………（79）
　　3.3.1　数据样本 …………………………………………（79）
　　3.3.2　变量构建 …………………………………………（80）
　　3.3.3　样本统计 …………………………………………（82）
　3.4　实证回归 ………………………………………………（86）
　　3.4.1　基础回归 …………………………………………（86）
　　3.4.2　内生性：工具变量法 ……………………………（89）
　　3.4.3　横截面检验 ………………………………………（90）
　3.5　稳健性分析 ……………………………………………（95）
　　3.5.1　创新的替代变量 …………………………………（95）
　　3.5.2　创新的长期性 ……………………………………（96）
　　3.5.3　政治晋升的不同形式 ……………………………（96）
　3.6　结论 ……………………………………………………（100）

4. 何时出国：经济政策不确定性和中国企业的海外投资 ………（102）
　4.1　引言 ……………………………………………………（102）
　4.2　文献综述 ………………………………………………（107）
　　4.2.1　EPU 的定义 ………………………………………（107）

       4.2.2 EPU 对企业投资的影响 …………………………… (108)
       4.2.3 OFDI 的收益 ……………………………………… (109)
   4.3 假设检验 …………………………………………………… (110)
   4.4 数据和方法 ………………………………………………… (111)
       4.4.1 数据收集 ………………………………………… (111)
       4.4.2 EPU 指数 ………………………………………… (111)
       4.4.3 模型 ……………………………………………… (112)
       4.4.4 描述统计量 ……………………………………… (112)
   4.5 实证结果 …………………………………………………… (113)
       4.5.1 主回归结果 ……………………………………… (113)
       4.5.2 检验 EPU 对企业异质性的影响 ………………… (116)
       4.5.3 减轻内生性 ……………………………………… (130)
       4.5.4 排除全球金融危机的影响 ……………………… (137)
   4.6 结论 ………………………………………………………… (138)

第三部分 公司治理

5. 聘请具有国外经验的董事，做好生意 ……………………… (143)
   5.1 基本介绍 …………………………………………………… (143)
   5.2 文献评论 …………………………………………………… (146)
   5.3 假设发展 …………………………………………………… (148)
       5.3.1 主要假设 ………………………………………… (148)
       5.3.2 企业特征 ………………………………………… (149)
       5.3.3 CEO 特征 ………………………………………… (150)
       5.3.4 国外经验 ………………………………………… (152)
   5.4 数据和样本选择 …………………………………………… (152)
   5.5 回归结果 …………………………………………………… (156)
       5.5.1 主要发现 ………………………………………… (156)
       5.5.2 CSR 和企业特征 ………………………………… (159)

  5.5.3 CSR 和 CEO 特征 …………………………………… (161)
  5.5.4 企业社会责任与回归董事的不同外国经验 ……… (163)
 5.6 稳健性分析 ………………………………………………… (165)
  5.6.1 内生性问题 …………………………………………… (165)
  5.6.2 CSR 的替代措施 ……………………………………… (168)
  5.6.3 替代解释 ……………………………………………… (171)
 5.7 结论 ………………………………………………………… (173)

6. 谁从出口中获得工资溢价：高层管理还是员工 …………… (174)
 6.1 简介 ………………………………………………………… (174)
 6.2 文献综述 …………………………………………………… (177)
 6.3 数据和变量 ………………………………………………… (179)
  6.3.1 数据 …………………………………………………… (179)
  6.3.2 变量 …………………………………………………… (180)
  6.3.3 摘要统计 ……………………………………………… (182)
 6.4 实验结果 …………………………………………………… (184)
  6.4.1 基本结果 ……………………………………………… (184)
  6.4.2 内生性 ………………………………………………… (186)
  6.4.3 人力资本的调节作用 ………………………………… (193)
  6.4.4 附加测试 ……………………………………………… (198)
  6.4.5 稳健性 ………………………………………………… (202)
 6.5 结论 ………………………………………………………… (204)

参考文献 ……………………………………………………………… (205)

附录 1 变量定义表 ………………………………………………… (246)

附录 2 变量定义表 ………………………………………………… (249)

第一部分 公司欺诈

1. 有政治背景的独立董事和公司欺诈

1.1 基本介绍

最近的企业丑闻浪潮（如安然、安达信、房利美、房地美和伯纳德·麦道夫投资证券）表明，政治关系显著降低了公司欺诈行为事后被发现的可能性（Yu和Yu，2012；Correia，2014）。然而，很少有研究关注政治关系对公司事前欺诈可能性的影响。独立董事是限制公司不当行为的重要内部监督人员，特别是那些具有特殊专业知识的人（Beasley，1996；Agrawal和Chadha，2005）。"监管教育"假说认为，由于具有政治背景的独立董事了解复杂的监管规定和相关技术经验，因此有助于改善公司治理和降低公司欺诈的可能性。相反，"交换条件"假说认为，独立董事的政治关系可能为公司在监管环境中提供某些特权，从而降低了欺诈的预期成本，从而增加了公司从事欺诈的事前可能性。在本章中，我们将进一步研究，具有政治背景的独立董事，是由于具有政府的从业经历获得的专业知识降低了公司的事前欺诈可能性（"监管教育"假说），还是由于来自监管机构的优惠待遇增加了公司的事前欺诈可能性（"交换条件"假说）。

中国为研究公司事前欺诈行为的可能性提供了一个独特的背景。首先，由于中国是一个发展中国家，法律体系薄弱，企业欺诈现象普遍存在（Li等，2014）。其次，中国证券监督管理委员会（以下简称"中国证监会"）是一个由国家直接管理的部级委员会，其执法行动深受政治政策的影响。最后，事实证据表明，中国企业聘请现任或前任官员担任独立董事是很常见的现象。2013年，中国2,532家上市公司中有816家聘请了901名具有政治背景的独立董事。由于同一名具有政治背景的独立董事可以同时担任多个董事会成员，因此，中国2,532家上市公司中实际上有1,101名具有政治背景的独立董事。因此，每2.3家上市公司中就有一名独立董事是政府官员，或者曾经是政府官员。

我们首先收集1994年1月至2016年6月期间，中国上市公司监管执行情况的数据。其中，监管机构包括中国证监会、中国证监会地区办事处、财政部等。然后，我们参考Chen（2011）和Wang（2015）的方法，从中国国泰安数据库（CSMAR）、方得数据（WIND）库和百度搜索引擎中收集了2000—2015年中国所有上市公司独立董事的政治背景信息。由于官员级别的不同，会存在其在知识、经验、权力和人脉关系上的不同。因此，我们将独立董事的政治背景分为四大类：（1）地方政治背景（指在人民代表大会、人民政治协商会议、政府社会组织等地方政府或者准地方政府组织中任职的人员）；（2）中央政治背景（指在中央政府或者准中央政府机构任职的人员）；（3）地方兼中央政治背景（指在地方政府或者准地方政府机构任职，升任中央政府或者准中央政府机构职务的人员）；（4）无政治背景。根据独立董事的政治背景，我们定义了三个虚拟变量用来表征公司的类型：（1）iLocal，如果公司的独立董事具有地方政治背景，那么其值为1，否则为0；（2）iCentral，如果公司的独立董事具有中央政治背景，那么其值为1，否则为0；（3）iLCentral，如果公司的独立董事既有地方政治背景，又有中央政治背景，那么其值为1，否则为0。这三种类型的公司并不相互排斥。我们将所有已经在中国上市的，并且没有欺诈行为的上市公司作为控制组。在与其他控制变量合并后，最终样本为17,057个企业—年观测值，其中2,117个为具有欺诈行为的企业—年观测值。并且，欺诈数据是从2000—2014年期间1,296次执法行动中整理出来的。

在使用简单的非线性模型（Probit）后，我们发现，雇佣具有地方政治背景的独立董事的公司，发生欺诈行为的可能性降低了2.2%。考虑到欺诈行为可能性的无条件均值（$2,117/17,057 = 12.41\%$），相对于平均水平来说,这意味着欺诈行为可能性显著降低了17.53%（2.15%/12.41% = 17.53%）。这一发现支持了"监管教育"假说,表明地方官员的监管经验有助于他们监控企业的违规行为。进一步研究表明,具有地方政治背景的独立董事拥有金融、会计或法律背景,并接受过高等教育,更有可能在中国证监会或证券交易所工作。总体而言,实证结果表明,具有地方政治背景的独立董事由于其监管经验和金融专业知识,能够熟练地监控公司的财务问题。但是,我们并没有发现具有其他政治背景的独立董事与金融监管机构的工作经验呈显著相关关系。而且,由于中央政府组织结构复杂,在中央政府其他部门工作的独立董事,间接获取与股票市场监管相关的知识也更加困难。此外,具有中央政治背景的独立董事拥有财务、会计或法律背景的可能性较小。总的来说,实证表明,具有其他政治背景的独立董事不具备监督公司的能力。而且,具有地方政治背景的独立董事的离开可能会增加公司欺诈的可能性。另外,无论涉及的监管机构是地方证监会办公室、证监会还是证券交易所,具有地方政治背景的独立董事的监督效果都是显著的。最后,具有地方政治背景的独立董事在监督财务舞弊和信息披露舞弊方面发挥着重要作用。

我们以具有政治背景的独立董事占独立董事总数的比例,作为衡量公司政治影响力的另一种方法,以此作为一项稳健性检验,回归结果保持不变。同时,我们采用倾向得分匹配法和双变量概率回归这两种方法来缓解内生性问题。两种方法的回归结果都与我们通过简单Probit回归得出的结论一致。最后,我们排除了其他可能的解释,如欺诈检测、未被发现的欺诈以及有政治背景的独立董事。

本论文的主要贡献有以下几点：首先,关于公司欺诈有个重要问题需要区分：事前欺诈激励和事后欺诈。现有文献主要关注政治影响在公司欺诈侦查中的作用。然而,我们的论文强调了有政治背景的独立董事对公司事前欺诈动机的影响。其次,尽管"交换条件"假说在文献中得到了广泛的证明,但我们发现,"监管教育"假说也可能成立。具有政治背景的独立董事从政府工作中获得监管知识和经验,这有助于他们监控公司的欺诈行为。最后，由于不同级别的官员在知识、经验、权力和人脉关系上的不同，因此我们根据独立董事的政府服务水平来区分他们的政治背景。我们的研究表明，只有具有地方政治背景的独立董事才能改善公司管理，降低公司欺诈的可能性，因为他们拥有金融、会计或法律背景，并接受过高等教育，更有可能在证监会或证券交易所工作。

论文的其余内容框架如下：第 2 节是相关文献的综述；第 3 节提出假设检验；第 4 节对数据样本的构造进行描述；第 5 节给出了实证结果；第 6 节稳健型检验；第 7 节是本章的结论。

1.2　文献综述

大量文献都在研究政治关系。Faccio 和 Parsley（2009）认为，如果公司总部位于政治家的家乡，那么政治家的突然死亡将导致公司价值下降。Gary 等（2016）发现，在澳大利亚，有政治和政府关系的董事占上市公司董事的 2.1%（占上市公司的 7.7%）。Wong 和 Chee – Wooi（2018）的研究表明，在马来西亚，只有政治关系较稳定的公司（与政府有关的公司和董事会）对公司绩效具有正向影响。Leuz 和 Oberholzer – Gee（2006）研究印度尼西亚的数据发现，政治关系会影响公司的长期业绩。另一组研究发现，企业的政治贡献与其未来收益之间存在显著的关系（Ansolabehere 等，2004；Cooper 等，2010；Aggarwal 等，2012）。关于中国的政企关系，Li 等（2008）报告说，民营企业家如果是共产党员，对他们公司的绩效有积极的影响。Hu 和 Wang（2018）发现，企业的政治关系可以通过提高坏消息的确认速度来降低股价崩盘风险。此外，一些论文表明，有政治联系（但公开交易）的公司往往具有更高的杠杆（Johnson 和 Mitton，2003；Cull 和 Xu，2005；Khwaja 和 Mian，2005；Faccio，2006）。同样，Peng 等（2017）表明，董事会的政治关系有利于信贷融资，银行贷款与有银行关系的企业的盈利能力关系更密切，而企业的政治关系削弱了这种关系（Pan 和 Tian，2018）。Han 等（2018）发现，上市公司中，具有政治背景的董事与企业的超额收益呈现显著的正向影响，并表明具有政治背景的董事的代理成本效应主导价值效应。Faccio 等（2006）利用1997—2002年间35个国家的数据分析了政府救助的可能性。他们发现，有政治关系的公司比没有政治关系的公司更有可能获得救助。此外，Du 等（2017）提供的证据表明，公司的 CEO 如果具有政治人脉，则更有可能获得银行贷款。Liu 等（2017）研究表明，政治关系薄弱的公司，其聘用高质量审计人员的可能性随着政治关系的增强而增加，而对于具有强大政治关系的公司来说，这一比例会随着政治关系的加强而降低。Agrawal 和 Knoeber（2001）发现，对于需要处理与政府采购和出口相关的政府问题的公司来说，具有政府背景的外部董事是非常重要的。Gupta 和 Swenson（2003）证明政治捐款有助于公司获得税收优惠。

我们的论文与越来越多的旋转门研究密切相关（Our Paper is Closely Related to a Growing Body of Research on Revolving Doors.）。Che（1995）提出了一个理论模型，认为监管机构的员工可以通过展示自己的能力，在私营部门寻找薪酬更高的工作。Bond 和 Glode（2014）提出了一个劳动力市场模型，在这个模型中，年轻的监管者积累人力资本，而最好的管理者在职业生涯中转行到银行业。Schwert（1977）发现，在1926—1972年期间，美国证券交易委员会的监管发生变化时，美国证交所的席位价格下降了。但是，他的发现与监管捕获假说并不一致。Blanesi Vidal 等（2012）发现，具有参议员办公室工作经验的游说者在参议员离任后，其收入潜力会下降。Cornaggia 等（2016）发现，评级分析师在换工作前可能会夸大未来雇主的评级，从而支持了"维持现状"假说。Duchin 和 Sosyura（2014）对银行业的研究表明，具有财政部、银行监管机构或国会经验的董事会成员，倾向于将他们的知识和经验转移到银行，以促进其资本购买计划申请得到批准。Agarwal 等（2014）发现宽松监管机构的员工在金融领域不太可能找到工作，从而反驳了"维持现状"假说。DeHaan 等（2015）认为，未来的工作机会促使美国证券交易委员会（Securities and Exchange Commission，以下称 SEC）律师发展或展示他们的执法专长，从而支持"监管教育"假说。Shive 和 Forster（2016）的研究表明，当公司需要前任监管者的专业知识来降低风险时，就会雇佣他们的前任雇员，这也与"监管教育"假说相一致。

有一些作者对公司欺诈进行了研究。Karpoff 等（1999）发现，当欺诈行为被发现时，公司会出现负的超额收益。Karpoff 和 Lou（2010）表明，卖空者在虚假陈述被公开披露的几个月前就已经知道公司的财务报表存在虚假陈述了。Dyck 等（2010）发现，欺诈检测并不是标准的公司管理主体（如投资者、SEC 或审计师）的责任，而是外部因素（如员工、媒体和行业监管机构）的功能。Dyck 等人特别指出，金钱激励和职业担忧会促使员工告密。Chaney 等（2011）发现，具有政治关联的公司披露的会计信息质量较低，比没有政治关联的公司更加不透明。Kedia 和 Rajgopal（2011）发现，SEC 更有可能调查地理位置离它较近的公司，以及由于资源限制而位于 SEC 过去执法活动较多的地区的公司。Yu 和 Yu（2012）的研究表明，在被发现的欺诈案件中，参与游说活动的公司可以有效地延迟欺诈被发现。Correia（2014）扩展了两个理论模型，发现具有政治关联公司更不可能由于 SEC 的一封普通信函就发起财务重述，更不可能参与 SEC 的执法行动，因此，其面临的惩罚也更低。Wu 等（2016）发现，在中国，具有政治人脉的 CEO 或董事长可以帮助欺诈公司逃避监管执法行动。

大量文献也研究了独立董事是如何影响企业欺诈行为的。Beasley（1996）研究了董事会组成与财务报表欺诈之间的关系。他发现，董事会规模越小或董事会独立性越强，欺诈的可能性越低。Agrawal 和 Chadha（2005）发现，在董事会或审计委员会中有一位具有财务专长的独立董事的公司中，重述的可能性较低。Crutchley 等（2007）认为，快速增长的公司，外部审计委员会成员越少，外部董事越忙，就越有可能发生会计欺诈。本章通过研究特定类型独立董事（具有政治背景的独立董事）在公司治理中的作用，进一步扩展了相关的文献基础。

1.3 假设检验

诺顿（2007）认为，中国的监管机构仍然受政府管理机构的指导，而它们之前是独立于政府管理机构的。在中国，推动法律制度发展的不是公民或诉讼主体，而是政府（Clarke 等，2008）。Gong（2004）认为，中国的司法是一个由国家控制的行政单位。具有政治人脉的董事能够为公司在监管环境中带来一定的特权，比如可以减轻或避免对公司的罚款和行政处罚等（Wu 等，2016）。因此，政治关系降低了欺诈被抓的事前概率，降低了欺诈的预期成本，增强了企业的欺诈动机。因此，我们有以下假设：

H1A 有政治关系的公司更有可能发生欺诈。

中国政府各级干部绝大多数也是中国共产党员，受到党内的严格监督和监管。中央纪律检查委员会（CCDI）的成立正是为了执行党内规章制度，实施党内监督制度。特别是在 2012 年习近平就任中共中央总书记之后，中央纪律委员会经历了新一轮的改革，以加强其监督党员的权力和独立性。对于前政府官员来说，但他们可能会有强烈的动机来维护他们与政府有关的个人声誉。因此，为了保持政治形象和个人声誉，具有政治背景的董事可以作为外部监督者来监控企业的不当行为（Wu 等，2016）。此外，来自监管机构的相关董事可能具有财务、会计和法律方面的专业知识。Agrawal 和 Chadha（2005）发现，在董事会或审计委员会拥有具有财务专长的独立董事的公司，重述的可能性较低。Krishnan 等（2011）发现，具有法律和财务专业知识的董事，可通过为公司提供更好的监控来提高财务报告质量。Litov 等（2013）发现，受过法律教育的董事在监督高管方面发挥着重要作用。因此，具有政治背景的董事也有监督企业不当行为的作用。

另外，Ramanna 和 Roychowdhury（2010）认为，有政治关系的公司有动机降低与不利的政治审查相关的成本，同时也尽可能地保护其附属政客免受政治尴尬。为了与有关系的政客保持良好的关系，以确保持续的优惠待遇，公司不愿意欺诈使相关政客政治尴尬而损害政治关系。因此，我们有另一个竞争性的假设：

H1B 有政治关系的公司不太可能发生欺诈。

1.4 数据描述

我们首先收集了 1994 年 1 月至 2016 年 6 月有关中国对上市公司的监管执行情况的数据。监管机构包括中国证监会、中国证监会地区办事处、财政部等。监管机构不公布未经证明的案件；因此，在我们的样本中没有检测到错误。我们参考 Chen（2011）和 Wang（2015）的方法，从中国国泰安数据库（CSMAR）、WIND 数据库和百度搜索引擎中收集了 2000—2015 年中国所有上市公司独立董事的政治背景信息。由于官员级别的不同，其在知识、经验、权力和人脉关系上也有不同，因此，我们将独立董事的政治背景分为四大类：（1）地方政治背景（指在人民代表大会、人民政治协商会议、政府社会组织等地方政府或者准地方政府组织中任职的人员）；（2）中央政治背景（指在中央政府或者准中央政府机构任职的人员）；（3）地方兼中央政治背景（指在地方政府或者准地方政府机构任职，升任中央政府或者准中央政府机构职务的人员）；（4）无政治背景。根据独立董事的政治背景，我们定义了三个虚拟变量用来表征公司的类型：①iLocal，如果公司有任何具有地方政治背景的独立董事，那么其值为 1，否则为 0；②iCentral，如果公司有任何具有中央政治背景的独立董事，那么其值为 1，否则为 0；③iLCentral，如果公司既有地方政治背景的独立董事，又有中央政治背景的独立董事，那么其值为 1，否则为 0。

最后，我们从 CSMAR 数据库中收集公司的所有权和财务数据。根据以往文献，我们排除了 2012 年中国证监会行业分类中编号为"J"的金融业公司。我们还删除了变量中所有缺失的观察值。所有变量合并后，最终样本包含 17,057 个企业—年观测值，其中 2,117 个具有欺诈行为的企业—年观测值。并且，欺诈数据是从 2000—2014 年期间 1,296 次执法行动中整理出来的（见表1-1）。样本中，公司的无条件欺诈可能性为12.41%（2,117/17,057＝12.41%）。所有变量都在1%—99%分位数处做Winsorize处理。样本选择情况如表1-1所示，变量定义参考附录。

表1-1　　　　　　　　　　　样本数据

中国上市公司 样本数据	公司欺诈行为 的观测值	相关执法活动 的次数	总观测值 数量
1994年1月至2016年6月的执法行动情况	3,833	2,600	3,833
2000—2015年所有变量观测值			22,166
数据合并后	2,144	1,314	17,382
金融类公司	(27)	(18)	(325)
最终样本数据	2,117	1,296	17,057

表1-2展示了2000—2014年公司年度欺诈行为的描述性统计数据，其中Panel A是按照证券交易所分类统计，Panel B是按照省份分类统计，Panel C是按照行业分类统计。Panel A揭示了深圳证券交易所上市公司欺诈活动的统计数据。一个潜在的原因是深圳证券交易所有更多的上市公司，因此，有欺诈行为的可能性更高。Panel A还统计了公司每年的欺诈数据的总和。我们还通过用图1-1展示了欺诈行为的变化情况，从图1-1中可以看出，欺诈行为每年呈递增的趋势，而在2011年和2012年达到顶峰，然后在接下来的几年里急剧下降。这与Zhang（2018）的研究结果一致，即2012年底，习近平主席发起的反腐运动，降低了企业层面的企业欺诈行为。Panel B表明，各省之间的欺诈分布存在显著差异。广东省企业的欺诈行为约占欺诈样本的1/5。这可能是因为广东省的上市公司数量更多。然而，在其他一些省份，如贵州省、内蒙古区、宁夏区、青海省、西藏区和云南省，企业的欺诈行为在欺诈样本中所占比例不到1%。这与各省之间的经济差异是一致的。Panel C显示了各个行业的欺诈分布情况。制造业的公司（例如，纺织或服装，木材或家具，纸张标记或印刷）更容易发生欺诈。然而，这可能是因为我们在制造业中也有更多的上市公司。

表1-2　　　　　　　　　欺诈数据分类统计

Panel A：欺诈数据在交易所的分布情况

年份	上海交易所（个）	深圳交易所（个）	总和
2000	0	1	1
2001	4	9	13
2002	8	14	22
2003	7	22	29
2004	13	35	48
2005	28	38	66
2006	40	53	93
2007	51	83	134
2008	65	115	180
2009	77	127	204
2010	70	144	214
2011	100	222	322
2012	117	253	370
2013	87	165	252
2014	78	91	169
Total	745	1,372	2,117

Panel B：欺诈数据在各省的分布情况

省份	欺诈数量（件）	百分比（%）	欺诈比例（%）
安徽	63	2.98	10.98
北京	59	2.79	4.33
福建	119	5.62	20.91
甘肃	26	1.23	13.54
广东	383	18.09	16.75
广西	57	2.69	24.78
贵州	6	0.28	3.24
海南	47	2.22	22.27
河北	33	1.56	9.17
河南	93	4.39	20.44
黑龙江	35	1.65	14.89

续表

省份	欺诈数量（件）	百分比（%）	欺诈比例（%）
湖北	57	2.69	9.30
湖南	95	4.49	19.71
吉林	58	2.74	19.93
江苏	131	6.19	8.77
江西	53	2.50	20.31
辽宁	40	1.89	8.21
内蒙古	21	0.99	11.35
宁夏	8	0.38	8.79
青海	19	0.90	22.89
山东	129	6.09	12.34
山西	37	1.75	12.98
陕西	43	2.03	15.64
上海	119	5.62	8.64
四川	106	5.01	16.43
天津	44	2.08	15.49
新疆	24	1.13	7.92
西藏	11	0.52	13.75
云南	20	0.94	8.62
浙江	135	6.38	8.26
重庆	46	2.17	18.40
总和	2,117	100.00	12.41

Panel C：欺诈数据行业分布情况

行业	欺诈数量（件）	百分比（%）	欺诈比例（%）
农业、林业、渔业	57	2.69	20.50
矿业	60	2.83	11.30
纺织品/服装	167	7.89	14.12
木材、家具	441	20.83	14.11
造纸、印刷	664	31.37	11.55
石油、化学、塑料	39	1.84	19.40
电、气、水	98	4.63	12.22

续表

行业	欺诈数量（件）	百分比（%）	欺诈比例（%）
建造业	63	2.98	14.03
批发/零售	131	6.19	10.93
运输	47	2.22	7.59
住宿	20	0.94	21.51
电子	93	4.39	11.97
房地产	129	6.09	11.75
租赁	34	0.13	15.18
技术服务	4	0.19	6.06
环保	24	1.13	12.37
社会服务	5	0.24	14.29
娱乐	17	0.80	8.06
其他	24	1.13	10.86
总和	2,117	100	12.41

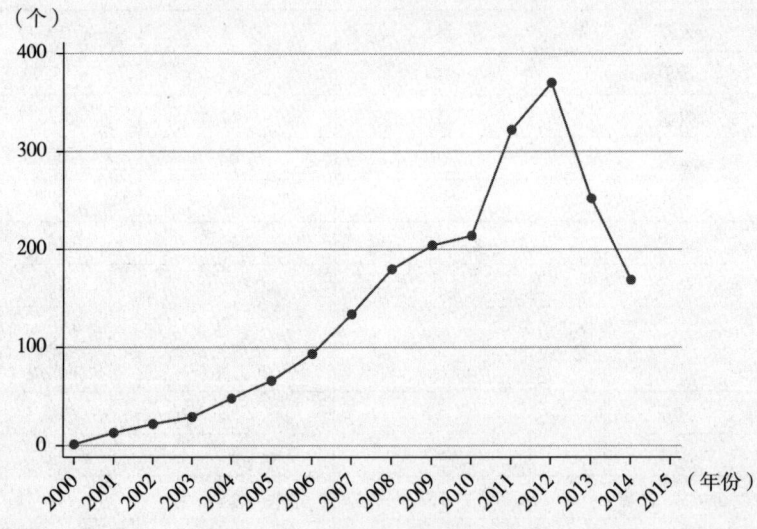

图1-1 欺诈行为发展趋势图

表1-3显示了我们的样本中与公司不当行为相关的执法行动的特征。Panel A显示了公司在哪些方面更有可能发生欺诈行为，如在信息披露方面（如虚假陈述、延期或延误披露、重大信息遗漏、重大信息不披露），财务

方面（如虚报利润，伪造资产，以及对一般会计处理不当），以及其他方面。Panel B 显示，超过 60% 的监管执法行动涉及不止一种类型的公司不当行为。我们还发现，欺诈类型的数量与公司的独立董事比例、机构投资者、分析师覆盖率、四大审计师等方面呈负相关。不善的治理不仅增加了公司欺诈的可能性，而且还增加了欺诈的严重程度。表 1-4 展示了欺诈样本与非欺诈样本的单变量比较情况。在欺诈样本中，变量 iLOCAL 明显较低（0.51：0.59），而且差异在 1% 的水平上具有统计意义。这一发现与"监管教育"假说相一致，即具有政治背景的独立董事倾向于严格监控公司，因为他们具有来自政府部门的专业知识和经验。然而，在欺诈样本和非欺诈样本中，我们并没有发现具有中央政治背景的独立董事（CENTRAL）与具有地方兼中央政治背景的独立董事（LOCAL – CENTRAL）之间有任何显著差异。非欺诈公司规模往往比欺诈公司规模更大，并且差异在 1% 的水平上具有统计意义。一种可能的解释是，规模较大的公司面临更严格的监管和公众的关注。较高的预期欺诈成本降低了规模较大公司欺诈的可能性。公司杠杆率（LEV）在欺诈样本中显著高于非欺诈样本。杠杆率经常被认为是契约紧密程度的指标，根据会计文献（Dechow 等，1996）。会计文献中的许多研究表明，紧密债务契约的公司更有可能管理收益（Healy 和 Wahlen，1999）。从直觉上看，这也表明违约风险较高的公司更倾向于欺诈。资产收益率（ROA）指出财务状况良好的公司很少有动机进行欺诈。变量 CEODUAL 的值在欺诈样本中明显较高，这与关于强势 CEO 和低公司治理质量的文献一致（Beasley，1996；Burns 和 Kedia，2006）。非欺诈样本往往在审计师、机构所有权和分析师覆盖率方面具有更强的外部监控。非欺诈公司也倾向于拥有更多的政府所有权。大量的文献资料表明，社会主义经济体制下的发展中国家的国有企业更有可能获得优惠待遇，比如在金融危机期间，它们获得救助，并获得廉价的投入和免受竞争的保护（Kornai，1990，1992）。因此，拥有政府所有权的公司不太愿意通过欺诈来掩盖其疲弱的业绩。而欺诈公司的高管持股比例明显更高。由于高管薪酬与公司绩效密切相关，他们有更多的动机为了个人利益而进行欺诈（Burns 和 Kedia, 2006）。最后，企业更有可能在经济表现较差的领域进行欺诈。

表 1-3　　执法特征情况表

Panel A：依据欺诈类型分类

欺诈类型	数量（件）	百分比（%）
虚报盈利	61	1.23
伪造资产	7	0.14
虚假陈述	604	12.20
推迟/延迟披露	824	16.65
重要信息遗漏	919	18.57
重大未披露信息	162	3.27
未经批准擅自改变资金使用情况	65	1.31
侵占公司资产	159	3.21
内幕交易	2	0.04
非法股票回购	68	1.37
非法贷款担保	127	2.57
会计处理不当	604	12.20
其他	1,348	27.23
总和	4,950	100.00

Panel B：依据欺诈类型数量分类

序号	数量（件）	百分比（%）
1	498	38.43
2	376	29.01
3	249	19.21
4	136	10.49
5	31	2.39
6	5	0.39
7	1	0.08
Total	1,296	100.00

表1-4　　　　　　　　　　整体样本数据统计

变量	欺诈	观测值	非欺诈	观测值	Difference t-statistics
iLOCAL	0.51	2,117	0.59	14,940	-7.34***
iCENTRAL	0.16	2,117	0.15	14,940	1.26
iLCENTRAL	0.07	2,117	0.07	14,940	0.30
CEOCON	0.21	2,117	0.20	14,940	1.48
SIZE	21.44	2,117	21.68	14,940	-8.39***
BM	0.55	2,117	0.55	14,940	-0.56
LEV	0.51	2,117	0.46	14,940	9.17***
ROA	0.01	2,117	0.04	14,940	-16.51***
BOARD	9.75	2,117	9.82	14,940	-1.37
INDEP%	0.37	2,117	0.37	14,940	-1.45
CEODUAL	0.25	2,117	0.20	14,940	4.65***
BIG4	0.02	2,117	0.06	14,940	-7.04***
ANALYST	12.73	2,117	15.70	14,940	-7.31***
INSTOWN	0.03	2,117	0.04	14,940	-8.50***
GOV	0.10	2,117	0.14	14,940	-7.64***
FOREIGN	0.01	2,117	0.01	14,940	-1.11
EXEOWN	0.07	2,117	0.06	14,940	3.20***
LNGDP	10.46	2,117	10.53	14,940	-4.29***

1.5 回归结果

为了寻求具有政治背景的独立董事与公司欺诈行为可能性之间的关系，我们估计了以下 Probit 模型：

$$P(Fraud_{it}) = \alpha + \beta_1 iLocal_{it} + \beta_2 iCentral_{it} + \beta_3 iLCentral_{it} + \gamma Controls_{it} + Industry\ dummies + Year\ dummies + \varepsilon_{it} \quad (1-1)$$

其中，t 为年份，i 为公司，ε_{it} 为误差项。$iLocal_{it}$ 是一个虚拟变量，用来衡量一家公司是否拥有具有地方政治背景的独立董事。$iCentral_{it}$ 是一个虚拟变量,用来衡量一家公司是否拥有一位具有中央政治背景的独立董事。$iLCentral_{it}$也是一个虚拟变量,用来衡量一家公司是否同时拥有具有地方和中央政治背景的独立董事。$Controls_{it}$是公司层面的控制变量。我们首先在回归中控制公司的政治关系,如首席执行官的政治关系(CEOCON)、政府的持股比例(GOV)。Correia(2014)发现,具有长期政治关系的高管,在 SEC 的执法行动中成本更低。Wu 等(2016)发现,具有政治人脉的 CEO 可以为企业提供某些特权,帮助企业减轻中国政府监管的负担。因此,政治关系降低了实施欺诈的预期成本,所以,反过来又可能增加公司欺诈的可能性。但是,政治关系也可能帮助企业更容易通过许可、获得金融资本、财政补贴、税收优惠、低成本土地和制定价格(Chen 等,2011)。因此,有政治关系的公司没有必要通过欺诈来提高业绩。此外,我们还在回归中添加了一系列财务控制变量,如公司规模(SIZE)、账面市值比(BM)、杠杆率(LEV)和资产收益率(ROA)。更大的公司可能面临更严格的监管,因此欺诈的可能性更低。账面市值比可以作为公司增长机会的指标变量,它与信息不对称呈现负的相关关系(Smith 和 Watts,1992)。因此,我们预计账面市值比越高,欺诈的可能性就越低。杠杆率与公司的债务契约的紧密程度呈正相关,这增加了公司进行欺诈的动机,以避免更高的违约风险。资产收益率可以代表公司的业绩。管理者可能选择通过欺诈来掩盖日益恶化的业绩(Dechow 等,1996、2011;Beneish,1997、1998)。因此,我们预期公司绩效与公司欺诈行为具有一定的相关关系。此外,有文献证明公司治理可以显著降低公司欺诈行为的可能性(Beasley,1996;Dechow 等,1996)。我们添加几个变量来控制内部治理机制,如董事会规模(BOARD)、独立董事比例(INDEP%)、CEO 与董事长兼任(CEODUAL),以及外部治理机制,如四大审计事务所(BIG4)、分析师覆盖率(ANALYST)、机构所有权(INSTWON)、外资所有权(FOREIGN)。此外,由于管理层的薪酬通常与公司绩效挂钩,管理者有动机通过欺诈获得个人利益(Bergstresser 和 Philippon,2006;Burns 和 Kedia,2006)。因此,我们将高管持股(EXEOWN)作为对管理层欺诈动机的控制变量，添加到回归分析中。最后，由于我们的样本显示欺诈行为在各省的分布存在显著差异，所以我们通过在回归中添加人均GDP（LNGDP）的对数值和省份固定效应来控制地区的影响。同时，我们还控制了行业和年份固定效应。

表1-5给出了简单Probit回归的结果。总体而言，我们发现iCON的系数为负，且在1%的水平上显著，这说明具有政治背景的独立董事降低了公司欺诈行为的可能性。为了进一步研究政治关联的内在机制，我们根据政治权利范围来进行分类讨论。我们发现，iLocal系数为负，且在1%的水平上显著，这表明雇佣具有地方政治背景的独立董事的公司进行欺诈的可能性较小。这一发现与"监管教育"假说相一致，说明具有地方政治背景的独立董事所获得的技术知识和监管经验提高了独立董事的监管能力。具有地方政治背景的独立董事将公司的欺诈可能性降低2.2%。考虑到欺诈可能性的无条件均值（2,117/17,057 = 12.41%），这意味着欺诈可能性较平均水平显著降低了17.53%（2.15%/12.41% = 17.53%）。此外，我们发现LEV（杠杆率）的系数为正且显著，表明公司有更大的动机进行欺诈，以避免违反债务契约。我们发现ROA（资产收益率）系数为负，且在1%的水平上显著，这与我们的推测一致，即为了掩盖糟糕的业绩，管理者有更大的动机进行欺诈。此外，CEODUAL的系数为正且具有统计学显著性，这表明公司的CEO更有可能为了确保个人利益而进行欺诈。Big4的系数为负，且在1%的水平上显著，这意味着审计人员作为外部监察人员，在降低企业欺诈动机方面发挥着重要作用。同样，我们发现机构投资者也可以密切监视公司的经营活动，从而降低其欺诈的可能性。最后，我们发现，政府所有权有一个负的且显著的系数。这一发现表明，政府所有权可以通过许可、获得金融资本、财政补贴、税收优惠、低成本土地和制定价格等方式帮助企业获得资源（Chen等，2011）。因此，有政治关系的公司没有必要通过欺诈来提高业绩。然而，我们并没有发现具有中央政治背景或同时具有地方和中央政治背景的独立董事对企业欺诈有任何显著的影响。

表1-5　主回归结果

VARIABLES	(1) Expected signs	(2) Model	(3) Model	(4) Model	(5) Model	(6) Model
iCON	+/-	-0.13*** (-3.42)				
iLOCAL	+/-		-0.11*** (-3.09)			-0.12*** (-3.10)
iCENTRAL	+/-			-0.01 (-0.22)		-0.02 (-0.44)
iLCENTRAL	+/-				0.01 (0.18)	0.01 (0.12)
CEOCON	+/-	0.04 (0.73)	0.04 (0.69)	0.03 (0.59)	0.03 (0.58)	0.04 (0.70)
SIZE	-	-0.05 (-1.56)	-0.05 (-1.63)	-0.05 (-1.61)	-0.05 (-1.62)	-0.05 (-1.61)
BM	-	0.14 (1.14)	0.14 (1.15)	0.13 (1.07)	0.13 (1.08)	0.14 (1.14)
LEV	+	0.29*** (3.13)	0.30*** (3.20)	0.30*** (3.14)	0.30*** (3.15)	0.30*** (3.19)
ROA	-	-2.06*** (-7.67)	-2.06*** (-7.66)	-2.08*** (-7.70)	-2.08*** (-7.70)	-2.06*** (-7.67)
BOARD	-	0.01 (1.62)	0.01 (1.51)	0.01 (1.16)	0.01 (1.13)	0.01 (1.54)
INDEP%	-	-0.39 (-1.46)	-0.40 (-1.47)	-0.46* (-1.73)	-0.47* (-1.74)	-0.39 (-1.45)
CEODUAL	+	0.09* (1.92)	0.09* (1.91)	0.09* (1.93)	0.09* (1.93)	0.09* (1.92)
Big4	-	-0.31*** (-2.74)	-0.32*** (-2.79)	-0.31*** (-2.76)	-0.31*** (-2.76)	-0.32*** (-2.78)
ANALYST	-	-0.00 (-1.13)	-0.001 (-1.22)	-0.001 (-1.23)	-0.001 (-1.24)	-0.001 (-1.21)

续表

VARIABLES	(1) Expected signs	(2) Model	(3) Model	(4) Model	(5) Model	(6) Model
INSTOWN	−	−0.76* (−1.94)	−0.74* (−1.89)	−0.73* (−1.87)	−0.73* (−1.86)	−0.74* (−1.89)
GOV	+/−	−0.19* (−1.81)	−0.19* (−1.81)	−0.20* (−1.86)	−0.20* (−1.86)	−0.19* (−1.81)
FOREIGN	−	−0.15 (−0.43)	−0.15 (−0.44)	−0.14 (−0.41)	−0.14 (−0.41)	−0.15 (−0.44)
EXEOWN	+	0.23* (1.70)	0.22* (1.67)	0.21 (1.60)	0.21 (1.59)	0.22* (1.67)
LNGDP	+/−	−0.30 (−1.62)	−0.31 (−1.64)	−0.32* (−1.72)	−0.32* (−1.72)	−0.31 (−1.64)
CONSTANT		−1.15 (−0.65)	−1.05 (−0.60)	−0.90 (−0.52)	−0.88 (−0.51)	−1.07 (−0.61)
Industry fixed effect		Yes	Yes	Yes	Yes	Yes
Year fixed effect		Yes	Yes	Yes	Yes	Yes
Province fixed effect		Yes	Yes	Yes	Yes	Yes
Observations		17,057	17,057	17,057	17,057	17,057
R-squared		0.08	0.08	0.08	0.08	0.08

注：因变量表示公司在一年内是否有欺诈行为。在回归分析中，我们采用了在企业水平上的聚类标准差。*、**、***分别在10%、5%、1%水平上显著。变量定义列在附录中。

为了明确具有政治背景的独立董事的监督效果，我们在表1-6中进一步详细考察了独立董事的特征。我们分别采用 iLocal、iCentral 和 iLCentral 作为因变量。同时，我们在回归模型中加入了独立董事的特征作为额外的控制变量。这些特征包括在中国证监会和证券交易所的工作经验（RABACK），财务、会计或法律背景（FALBACK），董事的年龄（AGE），性别（FEMALE），海外经验（OVERSEA），受教育程度（BA、MS 和 PhD），多个董事职位（BUSY），董事任期（TENURE），被现任 CEO 聘请（CEOAPP），出席董事会会议（AbSENTP）和离职时间（TIMETOLEAVE）。

我们发现，具有地方政治背景的独立董事更有可能拥有在证监会或证券交易所工作的经验，金融、会计或法律背景，年龄更大，受过高等教育和担任多个董事职位。总体而言，实证证据表明，具有地方政治背景的独立董事由于其具备监管经验和金融专业知识，从而能够熟练地监控公司的财务问题。但是，我们没有发现具有其他政治背景的独立董事有在金融监管机构工作的经验。而且，由于中央政府组织结构复杂，在中央政府部门工作的独立董事间接获取与股市监管相关的知识也更加困难。此外，具有中央政治背景的独立董事拥有财务、会计或法律背景的可能性也较小。总体而言，经验证据表明，具有其他政治背景的独立董事不完全具备监督公司的能力。

表1-6　　　　　　　　独立董事特征与政治背景回归

VARIABLES	(1) iLocal	(2) iCentral	(3) iLCentral
RABACK	1.19***	0.11	0.06
	(17.09)	(0.81)	(0.72)
FALBACK	0.06**	−0.14**	0.53***
	(2.27)	(−2.26)	(11.54)
AGE	0.04***	0.03***	−0.00
	(25.83)	(8.98)	(−1.57)
FEMALE	−0.14***	0.22***	−0.11**
	(−3.84)	(2.89)	(−2.17)
OVERSEA	−0.12**	0.15	−0.01
	(−2.46)	(1.62)	(−0.20)
BA	0.12***	−0.07	−0.04
	(3.45)	(−0.89)	(−0.66)
MS	0.11***	−0.11	0.03
	(3.26)	(−1.29)	(0.61)
PHD	0.01	0.13*	0.22***
	(0.39)	(1.86)	(4.67)

续表

VARIABLES	(1) iLocal	(2) iCentral	(3) iLCentral
BUSY	0.09***	0.04**	0.00
	(9.22)	(2.23)	(0.18)
TENURE	0.00	0.00	-0.00
	(1.55)	(0.69)	(-0.43)
CEOAPP	-0.01	-0.01	-0.03
	(-0.38)	(-0.31)	(-0.74)
ABSENTP	-0.02	-0.08	-0.00
	(-0.82)	(-1.11)	(-0.10)
TIMETOLEAVE	0.04	0.11*	0.10**
	(1.32)	(1.95)	(2.11)
IDIR_AUD	0.02	0.14***	-0.05**
	(1.14)	(4.21)	(-2.19)
CEOCON	0.13*	-0.05	0.16
	(1.78)	(-0.37)	(1.48)
SIZE	0.07	-0.21	-0.02
	(1.23)	(-1.38)	(-0.26)
BM	0.31*	0.08	-0.06
	(1.91)	(0.22)	(-0.26)
LEV	0.00	0.01	0.00
	(0.04)	(1.36)	(0.25)
ROA	-0.08	-0.18	-0.33
	(-0.46)	(-0.51)	(-1.27)
BOARD	-0.02	0.01	-0.08*
	(-0.81)	(0.10)	(-1.69)
INDEP%	0.00	0.07	-0.01
	(0.09)	(0.75)	(-0.07)
CEODUAL	-0.00	-0.00	0.00**
	(-1.62)	(-1.01)	(2.50)

续表

VARIABLES	(1) iLocal	(2) iCentral	(3) iLCentral
Big4	0.19	-0.22	0.23
	(1.05)	(-0.60)	(0.89)
ANALYST	-0.01	0.07	0.11
	(-0.20)	(0.62)	(1.22)
INSTOWN	-0.13	-0.90*	0.22
	(-0.65)	(-1.85)	(0.80)
GOV	0.01	-0.13	-0.31**
	(0.11)	(-0.70)	(-2.25)
FOREIGN	0.02	-0.16	0.26
	(0.17)	(-0.70)	(1.64)
EXEOWN	-7.14***	-7.76***	-5.14***
	(-7.50)	(-3.71)	(-3.55)
LNGDP	1.19***	0.11	0.06
	(17.09)	(0.81)	(0.72)
CONSTANT	0.06**	-0.14**	0.53***
	(2.27)	(-2.26)	(11.54)
Industry fixed effect	Yes	Yes	Yes
Year fixed effect	Yes	Yes	Yes
Province fixed effect	Yes	Yes	Yes
Observations	54,732	52,176	54,726
R-squared	0.10	0.11	0.05

注：因变量为独立董事是否有政府工作经验。在回归分析中，我们采用了在企业水平上的聚类标准差。*、**、*** 分别在10%、5%、1%水平上显著。变量定义列在附录中。

为了进一步检验地方政治背景的独立董事的监督效果，我们在表1-7中，对具有地方政治背景的独立董事的流动率进行了调查。我们构建一个虚拟变量 iLocal_ turnover，如果一个公司因为与当地政府有关联的独立董事的离职而失去了与政府的联系，那么这个虚拟变量取值为1，否则为0。

我们发现，具有地方政治背景的独立董事的离职增加了公司欺诈的可能性，这证实了具有地方政治背景的独立董事参与了对公司不当行为的监控。

表 1-7　　具有当地政治背景的独立董事的更替回归

VARIABLES	(1) Model	(2) Model
iLOCAL_TURNOVER	0.12**	0.12**
	(1.97)	(1.97)
iCENTRAL		-0.01
		(-0.22)
iLCENTRAL		0.05
		(0.58)
CEOCON	0.03	0.03
	(0.59)	(0.58)
SIZE	-0.02	-0.02
	(-0.69)	(-0.69)
BM	0.12	0.12
	(0.85)	(0.85)
LEV	0.29***	0.29***
	(2.72)	(2.71)
ROA	-2.06***	-2.06***
	(-6.06)	(-6.07)
BOARD	0.01	0.01
	(1.16)	(1.16)
INDEP%	-0.63*	-0.63*
	(-1.89)	(-1.89)
CEODUAL	0.10*	0.10*
	(1.87)	(1.87)
Big4	-0.28**	-0.28**
	(-2.30)	(-2.30)

续表

VARIABLES	(1) Model	(2) Model
ANALYST	-0.00	-0.00
	(-1.61)	(-1.62)
INSTOWN	-0.82*	-0.82*
	(-1.88)	(-1.88)
GOV	-0.22*	-0.23*
	(-1.71)	(-1.73)
FOREIGN	-0.04	-0.04
	(-0.09)	(-0.09)
EXEOWN	0.47***	0.47***
	(3.10)	(3.09)
LNGDP	-0.37	-0.37
	(-1.63)	(-1.64)
CONSTANT	3.17	3.18
	(1.30)	(1.31)
Industry fixed effect	Yes	Yes
Year fixed effect	Yes	Yes
Province fixed effect	Yes	Yes
Observations	11,206	11,206
R-squared	0.09	0.09

注：因变量是公司在一年内是否有欺诈行为。在回归分析中，我们采用了在企业水平上的聚类标准差。*、**、*** 分别在 10%、5%、1% 水平上显著。变量定义列在附录中。

《中华人民共和国证券法》赋予中国证监会调查和制裁公司和个人不当行为的权力。中国证监会有权将部分工作委托给地区的证监会办事机构或证券交易所。我们认为，在不同的监管机构中，具有政治背景的独立董事的作用可能各不相同。为了检验特定监管机构的效果，我们通过根据监管机构类型划分样本重新进行回归。在表 1-8 中，不管什么类型的监管机构，我们都发现 iLocal 的系数仍然是负的，并且在统计意义上是显著的。

表1-8　　　　　　　　　　监管机构分类子样本回归

VARIABLES	(1) Regional CSRC office	(2) CSRC	(3) Stock exchange
iLOCAL	-0.09**	-0.19**	-0.13**
	(-1.96)	(-2.15)	(-2.52)
iCENTRAL	0.01	-0.28**	-0.03
	(0.20)	(-2.05)	(-0.43)
iLCENTRAL	0.01	0.19	-0.05
	(0.11)	(1.07)	(-0.61)
CONSTANT	0.86	-5.89	0.48
	(0.35)	(-1.32)	(0.21)
CONTROLS	Yes	Yes	Yes
Industry fixed effect	Yes	Yes	Yes
Year fixed effect	Yes	Yes	Yes
Province fixed effect	Yes	Yes	Yes
Observations	16,184	13,407	15,557
R-squared	0.12	0.20	0.09

注：因变量是公司在一年内是否有欺诈行为。控制变量与前面主回归一致。在回归分析中，我们采用了在企业水平上的聚类标准差。*、**、*** 分别在10%、5%、1%水平上显著。变量定义列在附录中。

监管执法行动的公告揭示了公司所犯的欺诈类型。我们注意到，一家公司可能会在一次执法行动中犯下多种类型的欺诈行为。独立董事的专业知识和从政府雇佣中获得的经验也有其局限性。对于某些类型的欺诈行为，独立董事的监督作用可能比其他类型的欺诈行为更为显著。根据证监会规定的13种类型的欺诈，我们将它们分为4种主要类型。第一类欺诈是财务欺诈，包括虚增利润、伪造资产和一般会计处理不当。第二类欺诈是管理欺诈，包括未经授权的资金使用变更、贪污、内幕交易、非法股票回购和非法贷款担保。第三类欺诈是披露欺诈，包括虚假陈述、延迟披露、重大信息遗漏、重大信息不披露。第四种类型的欺诈包括其他所有类型的欺诈。在表1-9中，根据欺诈类型，我们在子样本中重新进行了的回归。

我们发现,具有地方背景的独立董事对财务舞弊和披露舞弊的影响仍然是显著为负的。然而,对管理欺诈和其他所有类型的欺诈不具备显著影响。我们的研究结果表明,在政府工作中获得的技术知识和经验更有可能帮助独立董事识别公司报表中存在的问题。

表1-9　　　　　　　　　欺诈类型分类子样本回归

VARIABLES	(1) Financial	(2) Management	(3) Disclosure	(4) Others
iLOCAL	-0.10*	0.04	-0.11***	-0.03
	(-1.69)	(0.65)	(-2.85)	(-0.41)
iCENTRAL	-0.01	0.001	0.01	-0.01
	(-0.19)	(0.01)	(0.13)	(-0.05)
iLCENTRAL	-0.001	-0.04	0.04	-0.06
	(-0.04)	(-0.27)	(0.49)	(-0.41)
CONSTANT	-2.28	0.38	0.37	1.98
	(-0.77)	(0.12)	(0.20)	(0.48)
CONTROLS	Yes	Yes	Yes	Yes
Industry fixed effect	Yes	Yes	Yes	Yes
Year fixed effect	Yes	Yes	Yes	Yes
Province fixed effect	Yes	Yes	Yes	Yes
Observations	14,925	14,924	16,606	14,464
R-squared	0.13	0.10	0.09	0.11

注:因变量是公司在一年内是否有欺诈行为。控制变量与前面主回归一致。在回归分析中,我们采用了在企业水平上的聚类标准差。*、**、*** 分别在10%、5%、1%水平上显著。变量定义列在附录中。

1.6　稳健性检验

1.6.1　独立董事政治背景的替代指标

我们定义了三个连续变量来代表独立董事的政治背景。iLocalp 是具有地方政治背景的独立董事人数占全部独立董事人数的比例。iCentralp 是指具有中央政治背景的独立董事人数占所有独立董事人数的比例。iLCentralp 是指具有地方和中央政治背景的独立董事人数占全部独立董事人数的比例。我们重新进行简单的 Probit 回归，从表 1-10 中，我们可以看出所得的回归结果，与我们之前的研究结果保持不变。

表 1-10　　　　　　独立董事政治背景替代变量回归

VARIABLES	(1) Model	(2) Model
iLOCALP	-0.18**	-0.19**
	(-2.36)	(-2.38)
iCENTRALP		-0.11
		(-0.78)
iLCENTRALP		0.06
		(0.26)
CONSTANT	-1.03	-1.05
	(-0.58)	(-0.60)
CONTROLS	Yes	Yes
Industry fixed effect	Yes	Yes
Year fixed effect	Yes	Yes
Province fixed effect	Yes	Yes
Observations	17,057	17,057
R-squared	0.08	0.08

注：因变量是公司在一年内是否有欺诈行为。控制变量与前面主回归一致。在回归分析中，我们采用了在企业水平上的聚类标准差。*、**、*** 分别在 10%、5%、1% 水平上显著。变量定义列在附录中。

1.6.2　独立董事政治背景的内生性

我们的研究结果可能存在潜在的选择性偏差，因为公司关于聘用独立董事的决定是非随机的，而没有做出选择的结果永远无法观察到。我们可以观察到处理组中具有政治关联关系的独立董事的公司是否存在公司违规行为。但是，处理组中的其他没有政治关联的独立董事的公司的欺诈结果是无法观察到的。我们将这种结果称为"反事实"结果。在研究中，我们使用控制组的公司的观察结果来代替反事实结果。但是，是否聘请有政治关联的独立董事是企业的内生选择，说明企业可以自主选择进入处理组。这导致处理组和控制组中的公司在性质上有可能不同。因此，控制组公司的观察结果可能与反事实结果不太接近。如果我们不控制处理组和控制组的公司之间的差异，简单地比较两组公司的结果可能会导致选择性偏差（Tucker，2010）。另外，还有可能存在反向因果关系问题。欺诈可能性较高的公司更倾向于聘请有政治关系的独立董事，以逃避政府机构的调查。

同时递归双变量 Probit 回归允许我们估计二元内生变量。利用极大似然估计法（FIML）可以估计同时递归双变量 Probit 回归。Wooldridge（2010）认为同时似然估计方法的性能优于传统的两阶段工具变量回归（Freedman 和 Sekhon，2010）。Tucker（2010）认为 FIML 比两阶段工具变量法更有效，因为 FIML 一次使用所有的信息，而不是两个步骤。Chen 等（2011）发现中国企业倾向于建立地方政治关系来保护自己的产权，以避免地方政府的寻租行为。2007 年 3 月 16 日，中国在第十届全国人民代表大会第五次会议上通过了物权法，该法律于同年生效。物权法的通过是外生的，不会被公司的决定所左右。物权法的通过降低了公司通过雇佣具有当地政治背景的独立董事来建立当地政治关系的动机。然而，物权法的通过又与公司的欺诈可能性无关。因此，我们在第二个方程中加入一个测量物权法通过程度的虚拟变量来进行辨识。结果如表 1-11 所示。我们发现物权法的系数是负的，并且在 1% 的水平上显著。表 1-11 中，Property_Law 在第 1 列和第 3 列的 F 统计量的值分别为 87.05 和 63.84，说明物权法的通过是一个有效的强工具变量。在第 2 列和第 4 列中，iLocal 的系数仍然为负，在 1% 的水平上显著。

表 1-11　　　　　　　　　　递归双变量 Probit 回归

VARIABLES	Bivariate Probit		Bivariate Probit	
iLOCAL		-1.14*** (-7.63)		-1.05*** (-6.83)
iCENTRAL			-0.50*** (-9.94)	-0.13** (-2.10)
iLCENTRAL			-0.12* (-1.70)	-0.02 (-0.32)
Property_Law	-0.46*** (-9.33)		-0.40*** (-7.99)	
atanhrho	0.69*** (5.09)		0.61*** (4.79)	
CONSTANT	-0.46 (-0.76)	0.15 (0.22)	-0.66 (-1.08)	-0.14 (-0.22)
CONTROLS	Yes	Yes	Yes	Yes
Industry fixed effect	Yes	Yes	Yes	Yes
Province fixed effect	Yes	Yes	Yes	Yes
Observations	17,057	17,057	17,057	17,057

注：因变量是结果方程中公司是否在一年内存在舞弊行为。因变量是选择方程中是否为2007年以后的年份。控制变量与前面主回归一致。在回归分析中，我们采用了在企业水平上的聚类标准差。*、**、*** 分别在10%、5%、1%水平上显著。变量定义列在附录中。

1.6.3 其他可能解释

为了使我们的处理组和控制组具有可比性，我们采用倾向得分匹配方法来寻找一个没有地方政治背景的独立董事的控制组。匹配标准包括一系列的公司特征：CEO 的政治关系、公司规模、账面市值比、杠杆率、ROA、董事会规模、独立董事比例、CEO 与董事长兼任、四大会计师事务所、分析师覆盖范围、机构所有权、政府所有权、外资所有权、高管所有权和地区人均 GDP。除了这些公司特征，我们还使用行业和年份作为额外的匹配标准。我们在表 1-12 中给出了倾向得分匹配回归的结果。回归结果与我们研究的结果一致。

表 1-12　　　　　　　　　　倾向得分匹配回归

VARIABLES	(1) Model	(2) Model
iLOCAL	-0.09** (-2.33)	-0.09** (-2.33)
iCENTRAL		-0.02 (-0.30)
iLCENTRAL		0.04 (0.56)
CONSTANT	1.00 (0.51)	1.01 (0.52)
CONTROLS	Yes	Yes
Industry fixed effect	Yes	Yes
Year fixed effect	Yes	Yes
Province fixed effect	Yes	Yes
Observations	13,012	13,012
R-squared	0.08	0.08

注：因变量是公司在一年内是否有欺诈行为。控制变量与前面主回归一致。在回归分析中，我们采用了在企业水平上的聚类标准差。*、**、*** 分别在 10%、5%、1% 水平上显著。变量定义列在附录中。

观察到的公司欺诈发生率取决于公司事前实施欺诈的动机（是否选择实施欺诈）和事后发现的概率（是否会发现公司欺诈）。我们发现可能是由于具有当地政治背景的独立董事帮助公司逃避监管机构的调查。因此，我们认为，具有地方政治背景独立董事的企业的欺诈率较低的原因可能是由于宽松的监管环境，而不是独立董事的严格监督。为了排除这种解释，我们在反腐败运动和独立董事的本地背景之间添加了一个交互项。2012年，习近平主席发起的反腐运动，开始对政府官员进行纪律约束。在反腐运动中，欺诈公司通过有政治关联的独立董事贿赂官员以逃避调查的难度加大。因此，反腐败运动应该提高监管机构的欺诈侦查效率。如果我们的发现是由于政治关联公司的检出率较低，我们应该得到一个正的和显著的交互项系数。表 1-13 的第 1 列给出了回归结果。表 1-13 显示，iLocal 的系数仍然为负，且具有显著的统计意义。交互项系数为负，具有显著统计意义，说明我们的发现并不是因为有政治关联企业的检出率较低。这一发现也与 zhang（2018）的结论一致，即反腐运动降低了企业欺诈的可能性。

表1-13　分组回归

VARIABLES	Anti-corruption Model	Anti-corruption Model	Legal enforcement Model	Legal enforcement Model	Firm size Model	Firm size Model	Large firms Model	Large firms Model	Dependent directors Model	Dependent directors Model
iLOCAL	-0.13*** (-2.81)	-0.12*** (-2.73)	-0.14* (-1.91)	-0.14* (-1.83)	-1.14* (-1.84)	-1.17* (-1.88)	-0.10* (-1.93)	-0.10* (-1.91)	-0.12*** (-3.26)	-0.12*** (-3.32)
Anti-corruption	-0.08* (-1.65)	-0.08 (-1.63)								
iLOCAL*Anti-corruption	-0.12** (-2.01)	-0.12** (-1.98)								
iLOCAL*LAW_ENV			-0.04 (-0.46)	-0.04 (-0.49)						
LAW_ENV			-0.70** (-2.30)	-0.69** (-2.28)						
iLOCAL*SIZE					-0.07** (-2.35)	-0.07** (-2.41)				
SIZE					0.04 (1.57)	0.05 (1.62)				
iCENTRAL		0.04 (0.73)		0.04 (0.78)				0.001 (0.05)		-0.02 (-0.48)
iLCENTRAL		0.02 (0.26)		0.02 (0.32)				-0.09 (-1.03)		0.00 (0.01)

续表

VARIABLES	Anti-corruption		Legal enforcement		Firm size		Large firms		Dependent directors	
	Model	Model	Model	Model	Model	Model	Model	Model	Model	Model
dLOCAL	-2.49*** (-3.19)	-2.43*** (-3.13)	-1.00 (-1.39)	-0.95 (-1.32)	-1.02 (-1.31)	-0.94 (-1.21)	0.08 (0.03)	-0.03 (-0.01)	0.07* (1.83)	0.07* (1.83)
dCENTRAL										-0.05 (-0.81)
dLCENTRAL										0.10 (1.15)
CONSTANT									-1.11 (-0.63)	-1.08 (-0.62)
CONTROLS	Yes	Yes	Yes	Yes	Yes	Yes	Yes	Yes	Yes	Yes
Industry fixed effect	Yes	Yes	Yes	Yes	Yes	Yes	Yes	Yes	Yes	Yes
Year fixed effect	Yes	Yes	Yes	Yes	Yes	Yes	Yes	Yes	Yes	Yes
Province fixed effect	Yes	Yes	Yes	Yes	Yes	Yes	Yes	Yes	Yes	Yes
Observations	17,057	17,057	16,827	16,827	17,057	17,057	9,030	9,030	17,057	17,057
R-squared	0.07	0.07	0.07	0.07	0.07	0.07	0.12	0.12	0.08	0.09

注：因变量是公司在一年内是否有欺诈行为。控制变量与前面主回归一致。在回归分析中，我们采用了在企业水平上的聚类标准差。*、**、*** 分别在10%、5%、1%水平上显著。变量定义列在附录中。

对公司欺诈进行实证研究值得提醒的是，我们只能观察到已发现的欺诈行为，无法用经验来解释未被发现的欺诈行为。因此，我们的研究结果可能是由于我们还未发现欺诈公司，而仍视为非欺诈公司。为了解决这个问题，我们参考 Yu 和 Yu（2012）的研究，以大型欺诈案件为研究对象，假设大型案件的事后欺诈发现概率接近1。大公司往往有更多的信息披露，更高的机构持股，和更广泛的分析师覆盖面。对于较大的公司来说，事后掩盖欺诈更为困难。我们将样本限制在大公司（样本规模中值以上），并重新评估独立董事的政治背景对公司欺诈可能性的影响。结果见表1-13第2列，与我们之前的结果是一致的。

公司有两种董事：非独立董事和独立董事。非独立董事也可能有政治背景。因此，我们的研究结果可能是由于非独立董事的政治背景。为了排除这种可能的解释，我们在回归中增加了3个额外的控制变量来代表非独立董事的政治背景。回归结果如表1-13第3列所示。iLocal 系数仍为负，在1%水平上有显著的统计意义。此外，我们发现 dLocal 的系数为正且具有显著统计意义，这结果支持"交换条件"假设。这与政治关系帮助公司逃避调查和增加公司欺诈可能性的推测是一致的。

1.7　结论

"旋转门"现象（The Revolving Door Phenomenon）引发了人们的担忧，即企业可能通过聘用前官员，从政府获得优惠待遇。然而，另一种可能性是，前官员可以作为宝贵的人力资本，为公司创造价值，因为他们从政府的工作中获得特殊的技术知识和经验。为了实证检验这些相互矛盾的假设，我们调查了在中国聘请前官员担任独立董事与公司欺诈可能性之间的关系。与"监管教育"假说相一致的是，我们发现雇佣一名具有当地政治背景的独立董事可以显著降低公司欺诈的可能性。进一步的研究表明，具有本地政治背景的独立董事更可能有在中国证监会和证券交易所的工作经历，更可能有财务、会计或法律专业知识，这表明监管机构和企业之间的交替任职涉及知识的转移，从而会改善公司的治理。

2. 政府治理与企业欺诈：来自中国近期反腐运动的证据

2.1 引言

相关文献中的几项跨国研究表明：公司决策很大程度上受到国家政策制度因素的影响。然而，跨国研究可能存在两种问题：首先，Fan 等（2008）表示，跨国研究可能受内生性问题影响，这将会影响结果。Fan 等人进一步表明，通过研究单一国家的政策制度性因素的影响会降低潜在的内生性问题。其次，Allen 等（2005）表示，在跨国研究中确定每个国家的权重可能存在潜在的问题，因为国家的大小不同，在国家文化和政治上也存在差异。然而，通过研究中国政府对企业欺诈行为的影响，我们能够利用制度因素的外部冲击，例如习近平主席最近发起的反腐败运动，能够有效地解决上述问题。

中国为我们提供了一个独特的背景来进行一个极具说服力的，关于政府管理对公司欺诈的影响的检验。第一，中国习近平主席发起的，并持续进行的反腐败运动是对政府治理的一次外部性冲击，因此可以降低潜在的外生性问题。第二，挑战在于基于单一国家的制度稳定性导致的制度性因素变化不足。中国政府发起的反腐败运动，通过提供在政府治理中的变化来应对这一挑战，因此使我们能够有效地研究一国政府管理的效果。第三，与美国不同的是，中国政府有权根据情况相机抉择实施证券监管和法律。（Li 等，2014；Wu 等，2014）。这一特征允许政府管理影响执法行为来阻止公司不当行为。第四，公司欺诈现象在中国普遍存在。Li 等（2014）表示，在 2012 年，中国证券监督管理委员会（CSRC），其功能类似于美国证券交易监督委员会（SEC），收到了 380 起指控和调查了 316 起违反证券法的政府欺诈的案件。在中国现在上市的 2,494 家公司中，2012 年被中国证券监督管理委员会指控涉及公司欺诈的公司数量占上市公司总数的 12.7%。

为了进行实证分析，我们从中国证监会收集了反对公司欺诈的执法行为数据。对于控制组，我们包括了所有在中国没有欺诈活动的上市公司。我们选择的样本时间跨度从 2004 年到 2014 年，总共包含 11,568 个公司的年度观察结果和 993 个存在欺诈的公司年度观察结果。

我们发现，由于政府监管的提高，2012 年底发起的持续进行的反腐运动有效地降低了公司欺诈的可能性，反腐运动之后的公司欺诈可能性相较运动之前降低了 3.8%。基于公司欺诈可能性的无条件均值为 8.6%，这一变化使得在平均水平上的欺诈可能性得到了 46.51% 的显著改善。而且，我们发现政府治理对私营上市公司的影响更大，因为它们缺乏与政府的政治联系。另外，研究发现，公司地址也至关重要。公司位于法律薄弱或者贫穷的地区时，则更加积极地对反腐行动做出回应，因为反腐败运动大大提高了这些地区的政府治理质量。最后，我们发现上年纪的 CEO 们对反腐运动的反应不太积极，因为他们不愿承认他们出于风险规避的目的，而在反腐运动前采取过欺诈的行为。为了进一步验证我们的结果，我们排除一些替代解释问题，例如：反向因果关系、宏观因素、企业文化以及欺诈事件中的部分可观测性。

本章将在 3 个方面上延伸研究到一国制度对股东的保护以及公司的管理（La Porta 等，1998，2000a）首先，本章试图研究单一国家中，制度因素对公司决策的影响。其次，尽管大量法律和金融文献比较了不同国家的法律体系的起源的作用，而我们强调中国法律事实的作用。最后，通过采取制度因素外部冲击的介绍，本章排除了潜在的内生性问题。

本章结构如下："文献综述"部分提供了文献中过去相关研究的综述。

在"制度背景和假设发展"一节中,作者描述了制度背景并为分析提出假设。"数据和样本选择"部分描述了为研究收集的数据样本的构建模式。在"研究设计"一节中,说明了研究设计的细节。"回归结果"部分显示采用的设计方法的实证结果。"稳健性分析"部分,分析了结果的稳健性。"结论"部分,根据本研究的分析结果给出结论。

2.2 文献综述

当前关于公司欺诈的文献集中在解释欺诈的可能性,例如CEO薪酬和董事会特征的因素。Beasley(1996)研究了董事会组成和财务报表欺诈之间的关系。他发现较低的欺诈可能性与较小的董事会规模或较高的董事会独立性有关。Bergstresser和Philippon(2006)证明,当首席执行官的总薪酬包括更多股票和期权时,则更有可能操纵公司收益。相同的是,Burns和Kedia(2006)表明,错误报告的倾向随着首席执行官期权组合价值对股票价格的敏感性而增加。Efendi等(2007)发现,在首席执行官持有更多现金股票期权的公司,财务错报更为明显。Crutchley等(2007)认为,审计委员会中的外部人员较少的公司和外部董事人数较多的、快速增长的公司更易犯会计欺诈罪。研究人员最近开始将高管社会关系的角色与公司欺诈联系起来。Johnson等(2009)认为,管理型无限制股票持有为企业欺诈提供了极强的激励。Dechow等(2011)基于应计利润质量、财务绩效、非财务指标、表外活动以及股票和债务市场激励,通过发展比例概率(F值)发现了盈余错报的危险信号。Chidambaran等(2011)表明,专业联系与财务欺诈负相关,而非专业联系与欺诈正相关。同时,Khanna等(2015)发现,即使首席执行官与下属高管的社会联系也会增加欺诈动机,因为联系在一起的高管有助于阻碍监管单位对欺诈行为的检查。相互关联的高管降低了在被发现欺诈行为以后CEO免职的可能性,以及在欺诈过程中的协调成本。Chen等(2006)研究表明,在那些董事会或者审计委员会中包含一个独立的并具有财务专长的主管的公司会降低重述的可能性,但是在中国，属于企业创始家族的人在公司担任高管的情况下会提高重述的可能性。

另一个研究方向集中在影响公司欺诈可能性的外部因素上。Wang 等（2010）表明，商业环境与欺诈动机有关。对于欺诈的激励会随着投资者对行业前景的信心水平而增加，但如果公司上市时信心极高，欺诈的激励就会减少。Wang 和 Winton（2014）发现，在竞争性行业中欺诈的激励平均更高，因为竞争性行业是产品市场对公司层面信息的敏感性，它们缺乏公司层面信息生产，并且它们使用更多的相对绩效评估。Kedia 和 Rajgopal（2011）指出，由于资源限制，美国证券交易委员会更有可能调查地理位置靠近其机构的公司和过去执法活动较多的地区的公司。Parsons 等（2014）认为，一个公司的欺诈行为的激励会增加相邻公司错误决策的发生率。这种现象是由同群效应引起的，而不是由外部冲击（例如执法地区的不同）引起的。Li 等（2014）发现，在中国，省级地区的金融发展和股份所有权会降低欺诈发生的可能性，并提高检查的可能性。Wu 等（2014）强调中国机构投资者在减低为了阻止企业欺诈所采取的执法行动发生率的作用。

此外，一些作者研究了对欺诈行为的检查。Karpoff 等（1999）发现，当欺诈行为被揭露时，公司会面临一个负异常回报。Karpoff 和 Lou（2010）表明，卖空者在财务报表被公开披露前几个月就会发现公司粉饰它们的财务报表。Dyck 等（2010）研究发现，欺诈检查不像是一个如投资者、美国证券交易委员会或审计师等标准公司行为治理者的功能，而更像是如员工、媒体和行业监管者等"环境"因素。Dyck 等人表示，货币激励和有关职业生涯的考虑会激励员工进行检举。我们的研究有助于对腐败的文献研究。大量关于腐败的文献研究了腐败是否在新兴市场中阻碍公司发展（Adit，2009；Ehrlich 和 Lui，1999；Mo，2001；Reinikka 和 Svensson，2004；Shleifer 和 Vishny，1993；Wei，2000）或者促进其增长（Acemoglu 和 Verdier，2000；Lui，1985）。Cai 等（2011）发现，娱乐和旅行成本（腐败支出）对中国企业的生产率产生显著的负面影响，但与此同时也对公司产生大量正向收益。Fan 等（2008）通过识别 23 起涉及中国高级政府官员的腐败丑闻进行自然实验，并调查通过贿赂或不正当的工作关系与这些腐败官员有关联的一系列的上市公司，他们进一步发现，在腐败的官员被捕后，关联公司的杠杆率和债务到期比率显著下降。

本章的研究也与政治联系密切相关。本章中，许多变量用来代表政治联系：家庭关系、与官员的个人关系、地缘相近性以及前政府官员担任董事的任命等（Fan 等，2007；Faccio 等，2006；Faccio 和 Parsley，2009）。Agrawal 和 Knoeber（2001）发现，与官员有政治联系的外部董事在譬如向政府售卖商品或者出口等的与政府的贸易往来中起到了重要的作用。Gupta 和 Swenson（2003）表明，一个公司的政治贡献与其税收优惠有关。Faccio 等（2006）利用 1997—2002 年间来自 35 个国家的数据分析了政府救助的可能性。他们发现，政治上与官员有联系的公司比相似的无联系的公司更有可能获得救助。Faccio 和 Parsley（2009）表示，如果公司总部在某些政客的家乡，该政客的突然死亡会降低公司的价值。基于来自印度尼西亚的数据，Leuz 和 Oberholzer – Gee（2006）发现，政治关系与公司的长期绩效相关。Fan 等（2007）指出，与官员在政治上有关联的首席执行官往往会带来较低的首次公开募股后股票回报率和较低的董事会专业性，因为许多在政治上与官员有关联的首席执行官缺乏管理公司的专业知识。

2.3 制度背景和假设发展

2.3.1 中国的腐败

中国正处在计划经济向市场经济过渡的时期。中国政府对经济还有着强劲的影响，其中包括在公司之间的资源分配。跨国研究显示，由于国家控制经济资源，政府干预与腐败密切相关。（La Porta 等，1999a，b；Mauro，1995）。而且，Shleifer 和 Vishny（1993）表示，中央政府的弱势会使得不同政府机构的官员要求企业对其行贿，这将会加大总行贿率。1979 年后，中国经济改革中引入的政治分权可能会加重腐败的程度。Fan 等

(2009)进一步表明,随着政府结构在分权过程中变得更加复杂,不协调的寻租行为也随之出现。

2004年透明国际的调查显示,中国的廉洁指数在全球145个国家中排名第74,而2014年中国廉洁指数在全球175个国家中排名第100(排名越高意味着公众对腐败的看法越多)。因此,根据调查,中国是最腐败的国家之一。

2.3.2 2012年发起的持续进行的反腐运动

习近平主席于2012年11月14日在中国共产党第十八次全国代表大会上正式就职中共中央总书记。在他就任总书记后不久,党中央颁布了八项规定,并纠正了"四风"来规范共产党员,这标志着反腐败运动的开始。中国中央纪律检查委员会(CCDI)来执行共产党的党内规章制度、监督制度。2012年,习近平就任总书记后,中央纪律检查委员会经历了又一轮改革,以加强对党员监督的权力和独立性的监督。根据CCDI的官方记录,截至2014年底,41名省级和部级官员在反腐败运动中受到调查并被逮捕。在反腐运动之前,每年只有6—8名省级和部级官员被调查和逮捕。在当前的反腐运动中,只有五个省没有省级官员被捕。此外,山西省几乎所有的高级官员都接受了调查。因此,习主席发起的反腐败运动可以被视为中国最大胆、最严肃的反腐败运动。

中国证券监督管理委员会(CSRC)自1998年以来一直是中国证券市场的主要监管机构。《证券法》还赋予中国证监会调查和制裁公司以及个人欺诈行为的权力。在每个省和四个主要城市,中国证监会都设立了一个地方办公室,负责调查欺诈行为。中国证监会的调查是发现企业欺诈的主要途径,中国证监会的决策会受到政府的干预和影响。

2.3.3 假说发展

反腐败运动可以通过3种机制显著减少公司进行欺诈行为的激励:加强公司管理、提高欺诈成本和优化公司文化。

第一，首席执行官们是有利己目的的，这导致管理者和股东之间的代理问题。备受瞩目的企业欺诈案件为这一观点提供了直接证据。先前的研究表明，公司治理在减少代理问题和通过监督经理来限制公司进行欺诈可能性的方面上起着重要的作用（Beasley，1996；Agrawal 和 Chadha，2005）。然而，国家层面的腐败程度降低了企业的公司治理质量。Doidge 等（2004）表示，尤其是在欠发达国家，国家特征，如对少数投资者的法律保护以及经济和金融发展水平，将会影响企业在实施改善自身治理和透明度的措施中的成本和收益。Doidge 等（2007）发现，全国范围内的直观特征变化显著影响企业间的公司治理。Shleifer 和 Vishny（1994）认为，管理者在更腐败的背景下，会有着强大的动力通过降低企业管理标准来获取私利。同样的，Shleifer 和 Vishny（1997）和其他人（1998）表示，腐败破坏了法律执行，这反过来削弱对股东的保护，并且加剧了公司经理和股东之间的代理问题。在他们的调查报告中，Claessens 和 Yurtoglu（2013）发现，腐败与公司治理的质量负相关。Ng（2006）研究得出，腐败削弱了监管监督并恶化了公司治理。Ng 和 Qian（2004）研究了一个理论模型来说明腐败破坏法律执行时，代理问题是存在的。因此，公司治理与国家腐败水平负相关。Ng 和 Qian 提供实证数据来进一步支持他们的模型所预测的观点：当一国腐败程度越高时，公司治理质量往往相对较低。Wu（2008）表示，由腐败引起的公共部门透明度较低这一情况会导致公司采取可疑的财务行为，将会增加欺诈的可能性。Kimbro（2002）得出结论，会计标准与国家层面的腐败情况是负相关的，这增加了欺诈的可能性。习近平主席最近发起的反腐运动旨在大幅降低中国的腐败程度。因此，人们可能期望通过反腐败行动加强公司治理，从而进一步降低公司欺诈激励。

第二，Xie 和 Lu（2003）建立了理论模型来分析中国存在欺诈行为的企业与腐败官员之间的勾结。他们认为，在中国证监会等监管机构任职的一些腐败官员会接受欺诈公司的贿赂来帮助掩盖公司的不当行为。Xie 和 Lu 的模型表示，当预期的欺诈收益大于贿赂成本时，欺诈公司倾向于贿赂官员来掩盖他们的不当行为。他们的研究进一步表明，官员的腐败动机取决于贿赂的价值大小、被捕后预期的薪酬损失，以及被检察时所面临的对于腐败惩罚的预期价值。他们发现，当对官员的纪检更严格、官员的薪酬更高以及对腐败的惩罚更严厉时，欺诈公司不太可能贿赂政客来掩盖他们的不端行为。最后，他们提供实证证据来支持他们的模型预测。同样的，Lui（1986）提出了一个理论模型来说明官员收受贿赂的动机并不取决于他们的偏好和政治制度，而是取决于惩罚的预期价值（Becker，1968；Rose-Ackerman，1978）。Lui进一步认为，较高的惩罚价值的期望值决定了中国1952年的反腐败运动比1982年反腐败运动更成功。

在竞选期间，各级政府的绝大多数官员都受到CCDI的严格监督。此外，CCDI鼓励通过公众和社交媒体对官员进行监督。个人可以通过书信、电子邮件和电话等多种方式向CCDI举报可疑官员。因此，反腐运动显著加强了对官员的纪律检查，而纪检会降低受贿的可能性。此外，在中国共产党最积极、最严肃的反腐运动中，腐败官员面临最严厉的惩罚，包括没收个人财产、开除党籍和监禁。因此，根据理论预测，由于更严格的纪检和反腐败运动带来的更高预期惩罚力度，企业贿赂官员需要提供更多的金钱。由于贿赂成本大幅增加而欺诈带来的好处并没有改变，公司就不太可能贿赂官员来帮助掩盖公司的不当行为。这意味着在反腐败运动期间，首席执行官们对法律处罚的看法和因欺诈行为被逮捕的事前概率将会提高。因为公司的欺诈动机取决于预期的欺诈收益（Jayachandran，2006；Aggarwal 等，2012），如果被指控，公司需要支付的法律处罚的费用更高（Karpoff 等，2008a，b），以及首席执行官们对被抓住的事前概率的看法，我们预计反腐败运动将降低公司实施欺诈的动机。

第三，文化可以被视为一个国家的公民的共同价值观和信仰（Donaldson 和 Lorsch，1983；Schein，1985；Kotter 和 Heskett，1992）。可以通过共同的价值观和信念来规范公司内的个人或集体，从而影响管理决策（Hackman，1992；Gintis，2003）。Fisman 和 Miguel（2007）指出，原籍国的腐败文化可以解释联合国外交官在纽约市违规停车的原因。Liu（2014）研究了腐败文化对企业不当行为的影响。她采用公司的经理和董事的原籍国的情况来代表腐败文化。如果更多的高管或董事来自腐败程度较高的国家，公司就被视为具有高度的腐败文化。她还发现，具有高度腐败文化的公司，倾向于对腐败行为更宽容，也更有可能采取不当行为。显然，根据ICRG的标准，中国是高度腐败的国家之一。中国企业的大多数官员和董事来自中国，这表明中国企业有着高度的腐败文化。反腐败运动降低了中国的腐败水平，从而减少了中国企业的腐败文化。因此，我们预计反腐败运动会导致公司的腐败文化减少，从而降低公司的欺诈动机。基于上述论点，我们提出以下假设：

假设1　公司在反腐败运动中不太可能进行欺诈。

在中国，由于国有企业的部分私有化，政府是许多上市公司的控股股东。国有企业的经理是由政府任命的，其中许多是高级官员（Chen等，2009）。Wu等（2014）表明，政治关系能够给公司带来监管中的某些特权；这些特权意味着可以减轻或避免罚款和行政处罚等形式的执法行动。尽管反腐败运动提高了企业预期的欺诈成本，但由于国企经理与政府之间的政治联系，他们的预期欺诈成本将会相对较低。因此，人们会认为，国企高管因欺诈被抓的可能性较低，并且面临轻微处罚的可能性较高。因此，反腐运动对国有企业欺诈发生可能性的影响应该较小。基于这些论点，我们提出以下假设：

假设2　反腐败运动对国有企业欺诈可能性的影响不太明显。

大量研究表明，中国在经济、市场发展和法律保护方面存在巨大的地区差距（Chen等，2006, 2009；Jian和Wong，2010）。因此，由于地区差异，反腐败的效果可能因地区而异。首先，执法力度是腐败程度的一个重要决定因素。执法不力的地区腐败程度更高（Fisman和Miguel，2007）。反腐败运动应该对原本腐败程度较高的地区起到更强的遏制腐败的作用。根据假设1，反腐败的效果越强，公司实施欺诈的可能性就越小。因此，在加大法律执行力度的地区，公司在反腐败运动中的欺诈可能性应该更低。其次，之前的文献表明，一个国家的收入水平与执法和政府效率正相关，这会影响一个国家的腐败程度（Glaeser等，2004；Svensson，2003）。

根据 Lipset（1960），Glaeser 和 Saks（2006）的研究发现，在美国，较富裕的州的腐败程度较低，因为收入较高的选民更愿意也更有能力监督公职人员，如果他们违反美国法律，选民就会采取行动。更高的收入进一步加速了教育和民主制度的普及，这使得公众能够更好地去辨别腐败官员（Dong 和 Torgler, 2013）。Serra（2006）发现收入水平与腐败活动呈负相关。因此，反腐败运动会在腐败更为严重的贫困地区产生更大的影响。根据假设2，我们预计贫困地区的公司在反腐败运动中会有一个较低的欺诈可能性。因此，我们提出以下假设：

假设 3　当公司总部位于法律执行不力的地区中，反腐败运动对公司欺诈的可能性的影响越明显。

假设 4　当公司总部位于贫困地区时，反腐败运动对公司欺诈的可能性的影响越明显。

在大多数公司欺诈案件中，首席执行官是决定是否实施欺诈的关键人物。通过从会计审计强制报告（AAERs）中提取的数据，Feng 等（2011）发现，首席财务官参与公司欺诈是由于来自首席执行官的压力，而不是因为私利。来自于 AAERs 的数据表明，首席执行官要比首席财务官更有可能被美国证券交易委员会视为策划会计操纵并从中获得财务利益的人。因此，首席执行官的特征应该与公司的欺诈可能性密切相关。

年轻的首席执行官在职业发展方面面临更大的压力，他们渴望向市场展示自己的能力（Prendergast 和 Stole, 1996; Serfling, 2014），他们可能会采取更积极的投资政策来表明他们的卓越能力。欺诈行为被他们视为风险投资，是因为它的高额收益以及被定罪后的严重法律惩罚。此外，年轻的首席执行官可能会因为业绩不佳而受到更多惩罚，因为他们没有被劳动力市场认可为高能力的经理。因此，年轻的首席执行官可能有更多的动机通过欺诈来夸大业绩。另一方面，年纪较大的首席执行官不太敢冒险去展示自己的能力。因而年长的首席执行官更厌恶风险，甚至在反腐败运动之前也不愿意进行欺诈活动。因此，年老的首席执行官不会对反腐败运动做出明显反应。因此，我们提出以下关于首席执行官特征的假设：

假设 5 在拥有年长的首席执行官的公司中，反腐败运动对公司欺诈的可能性的影响不太明显。

2.4 数据和样本选择

我们从中国证券市场和会计研究数据库（CSMAR）中收集了2004—2014年中国证监会的执法行动数据。中国证监会不公布未决案件，因此样本中不存在虚假检察案件。为了更好地描述执行行动的过程，图2-1给出了一个突出重大事件的时间表。我们还从CSMAR数据库中收集了公司的所有权和财务数据。根据文献，我们排除了金融行业的公司（Wu等，2014）。合并所有数据集后，样本中共有11,568个年度观测值，以及993个欺诈行为的年度观测值。样本中随机公司的无条件的欺诈可能性为8.6%。所有变量在1%和99%水平下进行缩尾调整。附录表中列出了变量的定义。

表2-1按证券交易所（面板A）、省（面板B）、行业（面板C）和欺诈类型（面板D）列出了2004—2014年中国证监会执法的描述性统计数据。面板A显示，在深圳证券交易所上市公司的执法行动在统计上不成比例。其中一个可能的原因是深圳证券交易有着更多的上市公司，因此公司被检察欺诈执法行为的可能性更高。面板A也显示出欺诈事件观测值逐年上升，在2011年达到峰值，但在随后的年份陡然下降。这种模式符合CC-DI在反腐败运动中加强对政府官员监督的趋势。面对更严格的监管，公司停止欺诈行为，因为监管者更有可能履行职责。另外，为了保护腐败的政客不受政治审查，行贿公司进行欺诈的动机可能会变得更少。在面板B中没有明确的模式，这表明欺诈发生率并不与公司所在地区经济单调相关。尽管广东省在欺诈样本中发生欺诈案件的比例最高，但被控欺诈的公司仅占总部设在广东的公司数量的13.97%。广东有着更多的上市公司，因此观察到的对欺诈活动进行执法行为的概率也就更高。表2-1的面板C显示了欺诈公司的行业分布。欺诈百分比的计算方法为一个行业中的欺诈案

2. 政府治理与企业欺诈：来自中国近期反腐运动的证据

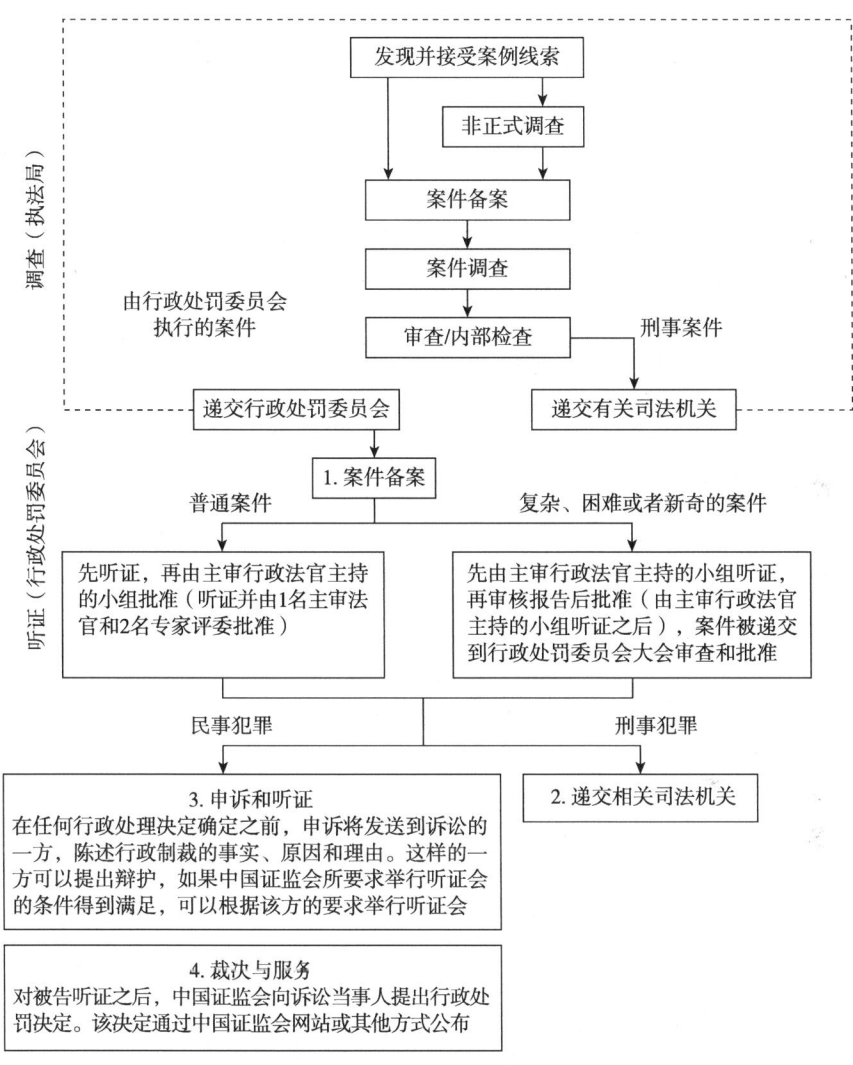

资料来源：《中国证监会 2012 年年度报告》（Li 等，2014）。

图 2-1 中国证监会执法程序时间表

件数量除以该样本中的欺诈案件总数。这个数字代表了欺诈样本中欺诈案件的行业分布。公司欺诈案件似乎并不集中在任何特定的行业。欺诈比率的计算方法是欺诈案件数量除以整个样本中某个行业的公司年度观察值的总数。该数字代表整个样本中欺诈案件的行业分布。欺诈的比率越高也就意味着，在整个样本中，一个行业中有越多的欺诈案件或越少的上市公司。在 D 组中，我们意识到最常见的违规行为是虚假陈述（12.99%）、延期/延迟披露（13.59%）、重大信息遗漏（18.16%）、会计处理不当（12.01%）、和其他（31.03%）。我们观察到、在 993 起公司欺诈案件中存在着 2,340 处违规操作，这意味着一起欺诈案件平均涉及 2.36 起违规操作行为。欺诈类型由中国证监会提供。

表 2–1　2004—2014 年期间中国证监会执法的描述性统计数据

Panel A：按年份和股票交易所划分

年份	上海证券交易所（件）	S 深圳证券交易所（件）	总计（件）
2004	5	4	9
2005	3	3	6
2006	6	15	21
2007	14	40	54
2008	16	52	68
2009	40	75	115
2010	40	90	130
2011	62	171	233
2012	64	153	217
2013	19	84	103
2014	11	26	37
总计	280	713	993

面板 B：按省份划分

省份	欺诈案件数量（件）	百分比（%）	欺诈比率（%）
安徽	29	2.92	6.87
北京	29	2.92	2.71
福建	49	4.93	12.53
甘肃	6	0.60	5.83
广东	227	22.96	13.97
广西	27	2.72	20.77
贵州	5	0.50	4.46
海南	7	0.70	9.46

续表

面板 B：按省份划分

省份	欺诈案件数量（件）	百分比（%）	欺诈比率（%）
河北	5	0.50	2.14
河南	64	6.45	18.34
黑龙江	11	1.11	9.48
湖北	8	0.81	2.16
湖南	44	4.43	13.58
吉林	30	3.02	17.34
江苏	64	6.45	6.11
江西	27	2.72	14.21
辽宁	18	1.81	5.68
内蒙古	11	1.11	8.09
宁夏	3	0.30	5.17
青海	4	0.40	9.76
山东	38	3.83	5.20
山西	26	2.62	12.50
陕西	32	3.22	17.68
上海	42	4.23	5.07
四川	53	5.34	13.42
天津	10	1.01	5.71
新疆	16	1.61	7.62
西藏	5	0.50	15.15
云南	10	1.01	5.99
浙江	69	6.95	5.88
重庆	24	2.42	15.59
总计	993	100.00	8.60

面板 C：按行业划分

行业类型	欺诈案件数量（件）	百分比（%）	欺诈比率（%）
农业	41	4.13	22.78
矿业	33	3.32	7.76
农产品加工	39	3.93	20.63
食品	13	1.31	10.24

续表

面板 C：按行业划分

行业类型	欺诈案件数量（件）	百分比（%）	欺诈比率（%）
酒水饮料	15	1.51	6.73
纺织	14	1.41	10.45
服装	3	0.30	2.10
皮革制品	1	0.10	3.70
木材	6	0.60	16.22
家具	6	0.60	18.75
造纸	10	1.01	8.13
印刷	1	0.10	3.45
体育用品	2	0.20	5.26
石油	2	0.20	2.35
化工材料	97	9.77	11.41
医药及生物制品	56	5.64	7.12
化学	12	1.21	11.11
塑料	15	1.51	7.14
非金属矿物	32	3.22	8.96
黑色金属	13	1.31	4.87
非黑色金属	32	3.22	9.36
金属	5	0.50	3.05
机械设备	50	5.04	10.71
特种机械	34	3.42	5.92
汽车制造	29	2.92	7.49
铁路	21	2.11	11.73
电子制造业	76	7.65	10.50
电子产品	92	9.26	9.24
仪器	8	0.81	10.13
其他制造业	5	0.50	9.09
资源回收	3	0.30	60
电力、天然气和水	35	3.52	7.64
城建	24	2.42	8.45
批发零售	54	5.44	7.56

续表

面板 C：按行业划分

行业类型	欺诈案件数量（件）	百分比（%）	欺诈比率（%）
交通运输	29	2.92	5.27
住宿	9	0.91	17.31
信息技术	41	4.13	6.86
租赁	9	0.91	6.57
技术服务	1	0.10	1.92
灌溉与环境	17	1.71	11.97
文体娱乐	4	0.40	3.15
综合产业	4	0.40	6.35
总计	993	100	8.61

面板 D：按违规类型划分

违规类型	违规数（件）	违规百分比（%）
夸大利润	22	0.94
捏造资产	3	0.13
虚假陈述	304	12.99
推迟/延迟披露	318	13.59
重大信息遗漏	425	18.16
重大未披露信息	53	2.26
欺诈性上市	3	0.13
未经授权更改资金使用情况	41	1.75
侵占公司资产	60	2.56
内幕交易	1	0.04
非法股票回购	49	2.09
股价操纵	1	0.04
非法贷款担保	53	2.26
一般会计的错误处理	281	12.01
其他	726	31.03
总计	2,340	100

注：中国有两家证券交易所，上海证券交易所和深圳证券交易所。在 CSMAR 数据库中，欺诈的比例是欺诈案件的数量除以省/行业中列出的公司的数量。行业分类基于 2012 年中国证监会行业分类标准。欺诈类型由中国证监会提供。

表2-2显示了存在欺诈行为的企业与不存在欺诈行为企业的比较。如果观测值选自反腐败运动发起后的时期，我们将给 POST 赋值为 1。相反地，如果观测值选自反腐败运动发起之前的时期，我们将给 POST 赋值为 0。因此，POST 的平均值表明有多少观测值来自反腐败运动发起以后的时期。POST 在欺诈样本中的平均值为 0.36，意味着在欺诈样本中，36% 的观测值来自于反腐败运动之后的时期，64% 的观测值来自于反腐败运动之前的时期。这一结果意味着公司在反腐运动之前的时期更易进行欺诈行为。当我们比较欺诈样本和非欺诈样本的 POST 的平均值（0.36 vs 0.42）时，我们发现非欺诈样本在反腐运动后的期间有较大比例的观察值。对 POST 的单变量分析支持这样的假设：企业在反腐运动后的期间不太可能进行欺诈。非欺诈公司的规模往往比欺诈公司更大，并且差异在 1% 的显著性水平上具有统计显著性。一个可能的解释是，大公司面临着更高的监控和公众关注。这提高了因欺诈而被捕的事前概率，并降低了公司的欺诈可能性。LEV 在欺诈样本中的数据显著高于非欺诈样本。杠杆比率通常在会计文献中被视为契约的代表（Dechow 等，1996）。大量会计文献中的研究表明，拥有债务契约的公司更有可能管理收益（Healy 和 Wahlen，1999）。这些研究还引出了一个直观的论点，即违约风险较高的公司更倾向于欺诈。ROA 表明财务健康的公司进行欺诈行为的动机较少。CEODUAL 在欺诈样本中明显要高。这与关于强大的 CEO 和公司低治理质量的文献是一致的（Beasley，1996；Burns 和 Kedia，2006）。欺诈样本中 IAUDIT、ANALYST 和 INSTOWN 的值较低，这意味着治理质量与欺诈激励负相关。最后，我们发现被控进行欺诈的公司往往拥有较低的高管持股比率。原则上，内部股东所有权对欺诈的影响普遍程度取决于两个相反方向的渠道：更高的内部股东持股可以降低欺诈的可能性，因为股票所有权使管理者和股东的利益一致；同时，随着进行欺诈可以获得的利益变得更大，更高的内部股东持股也可以增强欺诈的激励。

表 2-2　　　　　　　　欺诈公司和非欺诈公司的比较

VARIABLES	Fraud	Obs	Non-fraud	Obs	t-statistics
POST	0.36	993	0.42	10,575	-3.52***
SIZE	21.77	993	22.01	10,575	-6.00***
LEV	0.45	993	0.42	10,575	3.56***
BM	0.65	993	0.65	10,575	0.87
ROA	0.04	993	0.05	10,575	-7.78***
TOBINQ	1.81	993	1.85	10,575	-1.32
BOARD	9.19	989	9.20	10,524	-0.17
INDEP%	0.37	989	0.37	10,524	-0.04
CEODUAL	0.28	969	0.22	10,134	4.50***
AUDIT	1.97	794	1.97	8,089	-0.57
IAUDIT	0.02	794	0.05	8,089	-4.05***
ANALYST	1.23	993	1.29	10,575	-2.77***
INSTOWN	0.05	993	0.06	10,575	-2.50**
GOV	0.09	993	0.13	10,575	-5.58
EXE	0.11	993	0.08	10,575	3.89***
MKTRET	0.08	993	0.17	10,575	-5.95***
FINCRISIS	0.91	993	0.82	10,575	7.02***

注：POST 是一个虚拟变量，在 2012 年之后的年份取 1，反之取 0；SIZE 是总资产的对数值；LEV 是总债务占总资产的比率；BM 是公司价值的账面市值比；ROA 是公司的资产收益率；TOBINQ 是一个公司的托宾 Q 值；BOARD 代表公司的董事会规模；INDEP% 是董事会中独立董事的百分比；CEODUAL 是一个虚拟变量，如果该公司的首席执行官也是董事会主席则赋值为 1；AUDIT 是公司的审计人员的人数；IAUDIT 是一个虚拟变量，如果公司有国际审计师则赋值为 1；ANALYST 表示研究本公司的分析师总人数；INSTOWN 是机构投资者持有的股份总数除以公司已发行股票总数；GOV 是指政府对公司的所有权；EXE 代表高层管理人员对公司的所有权；MKTRET 是上证综合指数的年回报率；FINCRISIS 是一个虚拟变量，当年份在 2008 年金融危机之后，就赋值为 1。*、** 和 *** 分别表示在 10%、5% 和 1% 的显著性水平上显著。

2.5　研究设计

为了搞清公共治理与企业欺诈之间的关系，我们估计以下 Probit 回归：

$$P(Fraud_{it}) = \alpha + \beta Post_{it} + \gamma Controls_{it} + Industry\ dummies + Year\ dummies + \varepsilon_{it}$$
(2-1)

其中，t 代表年，i 代表公司，ε_{it} 代表误差项。我们构建 Post$_{it}$ 这一虚拟变量，当年份在 2012 年之后则取值为 1，否则为 0。例如，我们将在 2012 年之后成立的公司 i 的变量 POST 赋值为 1，并且我们将在 2012 年之前成立的公司 i 的变量 POST 赋值为 0。我们对其他公司遵循同样的规则。Controls$_{it}$ 是一个包括公司规模、资本结构、公司业绩、公司治理、所有权结构和市场条件的公司层面的控制向量。企业级别的聚类标准误用于计算 t 统计量。公司规模（SIZE）可能与公司的欺诈激励具有负相关关系，因为规模大的公司面临着更高的监控和公众关注。这提高了因欺诈行为而被捕的事前可能性，并降低了公司的欺诈可能性（Cox 和 Thomas，2003；Dechow 等，2011；Wang，2011；Yu 和 Yu，2012）。我们采用杠杆比率（LEV）来衡量公司的资本结构。杠杆比率通常被视为会计文献中契约的代表（Dechow 等，1996），会计文献中的大量研究表明，拥有债务契约的公司更有可能操纵收益（Healy 和 Wahlen，1999）。我们采用三个变量来代表公司业绩包括：账面市值比（BM）、资产回报率以及托宾 Q 值（TOBINQ）。一方面，Dechow 等（2011）发现操纵收益的公司往往在操纵之前表现出强劲的财务表现；另一方面，Khanna 等（2015）认为，当公司遭遇经营困境时，欺诈行为更有可能发生（Arlen 和 Carney，1992；Alexander 和 Cohen，1999）。因此，关于公司业绩如何影响公司的欺诈激励尚无共识。

另外，我们采用了几个变量来代表公司治理包括董事会规模（BOARD）、独立董事比例（INDEP%）、首席执行官的兼任状况（CEODUAL）、审计人员的数量（AUDIT）、国际审计员的虚拟变量（IAUDIT）、分析师报告（ANALYST），以及机构所有权（INSTOWN）。Beasley（1996）发现无欺诈公司的董事会规模较小，外部成员的比例明显高于欺诈公司。当董事会对公司监管时，它应该是公司欺诈的主要威慑力量。首席执行官的兼任状况提升 CEO 在控制公司方面的能力，这允许更多管理的相机抉择权并阻碍有效的监督（Brickley 等，1997；Cornett 等，2008；Jensen，1993），具有首席执行官的兼任状况的公司预计会有更高的欺诈可能性。审计师对企业欺诈检测有重大影响；Chen 等（2006）发现国际审计公司在审计质量方面有良好的声誉。我们还认为审计师的数量应与审计质量正相关，因此，我们预计审计师的数量（AUDIT）和国际审计师虚拟变量（IAUDIT）应该会降低公司的欺诈激励。Dyck 等（2010）记录分析师发现欺诈行为的积极作用。安全分析师密切关注公司的财务披露，并更频繁地与管理层进行互动；因此，拥有更多分析师报道其股票形势的公司将减少欺诈行为的动机；Yu（2008）发现分析师报道导致操纵收益减少。Shleifer 和 Vishny（1997）认为机构投资者有更强的激励和更多的资源来监督公司治理。因此，机构投资者的监督能够降低公司欺诈的激励。

此外，我们试图控制公司的所有权结构。由于中国企业部分私有化，大量上市公司为政府所有或部分为政府所有，政府所有权可以被视为一种政治联系。强制执行罚款、公开批评、行政处罚、警告甚至摘牌等形式在政治关联企业中可能更容易减轻甚至避免（Wul 等，2014）。因此，由于惩罚成本较低，政府持股的公司更有可能发生欺诈。此外，高管股权激励被视为与欺诈激励相关的一个重要因素（Burns 和 Kedia，2006；Bergstresser 和 Philippon，2006；Peng 和 Ro¨ell，2008）。高管们进行欺诈以提高公司业绩，使他们从股权中获益。因此，我们预计公司的欺诈可能性与高管股权激励之间存在正相关关系。

最后，我们控制市场条件，如市场回报（MKRET）和金融危机（FIN-CRISIS）。当市场处于繁荣时期时，公司可能会有更好地表现。因此，市场回报应该与公司的欺诈动机负相关。经理们有动机实施欺诈，以提高公司绩效，从而避免被迫离职，并通过持股增加个人利益。在金融危机期间，市场预期表现不佳，不能因此认为是由于管理者的技能或努力不足所造成的。因此，经理不太可能因为金融危机期间的业绩较差而被替换。而经理们为了避免被迫离职而采取欺诈行为来提高公司绩效的动机就更少。此外，我们认为欺诈行为可能会使股价膨胀。但价格通胀可能非常有限，因为投资者厌恶风险,不愿意在市场动荡期间交易。这意味着经理可能进行夸大股票价格的欺诈行为只能获得有限的个人利益。因此,金融危机可能与欺诈激励有负相关关系。

在简单的 Probit 模型中,我们做出一个关键的假设,即事后欺诈检测概率等于1。请注意,事前欺诈检测概率,即首席执行官被察觉的可能性,仍然不到1个。否则,由于检测到欺诈的严重后果,则不会发生任何欺诈行为。

2.6 回归结果

表2-3 显示了估计简单 Probit 回归的结果。POST 系数是负的并在1%显著性水平上显著。

表2-3 反腐败和企业欺诈

VARIABLES	(1) Probit
POST	-0.26***
	(-3.25)
SIZE	-0.17***
	(-4.27)
LEV	0.80***
	(4.28)
BM	0.53**
	(2.01)
ROA	-1.88***
	(-2.97)
TOBINQ	0.06
	(1.14)
BOARD	0.04**
	(2.21)
INDEP%	0.46
	(0.81)

续表

VARIABLES	(1) Probit
CEODUAL	0.16**
	(2.54)
AUDITOR	-0.00
	(-0.01)
IAUDIT	-0.20
	(-1.12)
ANALYST	0.02
	(0.53)
INSTOWN	0.01
	(0.02)
GOV	-0.13
	(-0.83)
EXE	0.09
	(0.51)
MKTRET	-0.84***
	(-5.02)
FINCRISIS	-0.70***
	(-3.29)
Constant	2.60***
	(2.92)
Industry fixed effect	Yes
Year fixed effect	Yes
Firm-year observations	8,415
R-squared	0.09

注：因变量是衡量公司是否正在进行欺诈的虚拟变量。POST 是一个虚拟变量，在 2012 之后的年份取 1，反之取 0；SIZE 是总资产的对数值；LEV 是总债务占总资产的比率；BM 是公司价值的账面市值比；ROA 是公司的资产收益率；TOBINQ 是一个公司的托宾 Q 值；BOARD 代表公司的董事会规模；INDEP% 是董事会中独立董事的百分比；CEODUAL 是一个虚拟变量，如果该公司的首席执行官也是董事会主席则赋值为 1；AUDIT 是公司的审计人员的人数；IAUDIT 是一个虚拟变量，如果公司有国际审计师则赋值为 1；ANALYST 表示研究本公司的分析师总人数；INSTOWN 是机构投资者持有的股份总数除以公司已发行股票总数；GOV 是指政府对公司的所有权；EXE 代表高层管理人员对公司的所有权；MKTRET 是上证综合指数的年回报率；FINCRISIS 是一个虚拟变量，当年份在 2008 年金融危机之后，就赋值为 1。我们采用在回归中聚集在公司层面的稳健标准误差。*、** 和 *** 分别表示在 10%、5% 和 1% 的显著性水平上显著。

与反腐败运动前相比，公司在反腐败运动后的欺诈可能性降低了3.8%。鉴于欺诈可能性的无条件均值为8.6%。这一转变意味着从其平均水平上来看，在经济上得到了46.51%（3.8%/8.6%）的改善。这一发现与我们的假设1一致，即反腐运动改善了政府治理并降低公司欺诈的可能性。SIZE 与欺诈激励有负相关关系，因为大公司面临更多的公众监督，这提高了事前检测概率（Dyck 等，2010；Yu 和 Yu，2012）。LEV 系数是正的并在1%显著性水平上显著。这些数字表明，拥有债务的公司更有可能进行欺诈（De – chow 等，1996；Healy 和 Wahlen，1999）。BM 系数是正的并在5%显著性水平上显著；ROA 系数显著为负；这表明表现较好的公司进行欺诈的动机更少。由于强大的首席执行官们降低了公司治理质量，因此 CEODUAL 与欺诈可能性正相关。MKTRET 具有负系数，其在1%显著性水平上是显著的。这表明，当整体市场状况良好时，公司进行欺诈的可能性就会降低。这表明，当整体市场状况良好时，公司进行欺诈的可能性就会降低。

为了检验假设2，我们将样本分为中央国有企业，地方国有企业和私营上市公司。中央国有企业是由中央政府或中央政府机构控制的上市企业。地方国有企业是由当地政府或地方政府机构控制的上市企业。私营上市公司是不受政府或任何政府机构控制的上市公司。我们在每个子样本中重新估算我们的 Probit 模型，并将结果显示在表2 – 4 中。我们发现，只有私营上市公司才能显著应对反腐败运动。我们的研究结果支持假设2，即在与政府有政治联系的国有企业中，反腐运动的影响不大。

表2 – 4　　　　　　　　国有企业中的反腐败和企业欺诈

VARIABLES	(1) CentralSOEs	(2) LocalSOEs	(3) Privately held
POST	– 0.30 (– 1.09)	– 0.13 (– 0.65)	– 0.33 *** (– 3.42)
SIZE	– 0.23 ** (– 2.38)	– 0.15 * (– 1.78)	– 0.11 ** (– 2.04)

续表

VARIABLES	(1) CentralSOEs	(2) LocalSOEs	(3) Privately held
LEV	0.83*	1.77***	0.52**
	(1.76)	(4.45)	(2.28)
BM	0.01	0.07	0.60*
	(0.01)	(0.13)	(1.74)
ROA	-1.95	0.83	-3.27***
	(-0.97)	(0.64)	(-4.31)
TOBINQ	-0.16	0.03	0.09
	(-0.82)	(0.32)	(1.40)
BOARD	0.11**	-0.01	0.05**
	(2.33)	(-0.44)	(2.08)
INDEP%	1.09	-0.92	1.11
	(0.71)	(-0.78)	(1.44)
CEODUAL	0.44	0.38**	0.07
	(1.55)	(2.23)	(1.07)
AUDITOR	0.02	0.08	-0.01
	(0.12)	(0.82)	(-0.14)
IAUDIT	0.10	-0.03	-0.74**
	(0.31)	(-0.10)	(-2.39)
ANALYST	0.11	-0.09	0.04
	(1.08)	(-1.13)	(1.00)
INSTOWN	-3.19**	-0.38	0.42
	(-2.27)	(-0.48)	(0.74)
GOV	0.49	0.18	-0.07
	(1.35)	(0.67)	(-0.14)
EXE	1.66	2.94**	-0.06
	(0.40)	(2.47)	(-0.33)
MKTRET	-0.39	-1.33**	-0.84***
	(-0.80)	(-2.57)	(-4.39)
FINCRISIS	-0.11	-1.09*	-0.78***
	(-0.17)	(-1.83)	(-3.06)

续表

VARIABLES	(1) CentralSOEs	(2) LocalSOEs	(3) Privately held
Constant	3.30	2.78	1.17
	(1.60)	(1.48)	(0.96)
Industry fixed effect	Yes	Yes	Yes
Year fixed effect	Yes	Yes	Yes
Firm-year observations	1,102	2,081	4,619
R-squared	0.21	0.13	0.09

注：因变量是衡量公司是否正在进行欺诈的虚拟变量。POST 是一个虚拟变量，在 2012 之后的年份取 1，反之取 0；SIZE 是总资产的对数值；LEV 是总债务占总资产的比率；BM 是公司价值的账面市值比；ROA 是公司的资产收益率；TOBINQ 是一个公司的托宾 Q 值；BOARD 代表公司的董事会规模；INDEP% 是董事会中独立董事的百分比；CEODUAL 是一个虚拟变量，如果该公司的首席执行官也是董事会主席则赋值为 1；AUDIT 是公司的审计人员的人数；IAUDIT 是一个虚拟变量，如果公司有国际审计师则赋值为 1；ANALYST 表示研究本公司的分析师总人数；INSTOWN 是机构投资者持有的股份总数除以公司已发行股票总数；GOV 是指政府对公司的所有权；EXE 代表高层管理人员对公司的所有权；MKTRET 是上证综合指数的年回报率；FINCRISIS 是一个虚拟变量，当年份在 2008 年金融危机之后，就赋值为 1。非国有企业是不受政府或任何政府机构控制的上市公司；地方国有企业是由地方政府或地方政府机构控制的上市企业；中央国有企业是由中央政府或中央政府机构控制的上市企业。我们采用在回归中聚集在公司层面的稳健标准误差。*、**和 *** 分别表示在 10%、5% 和 1% 的显著性水平上显著。

我们尝试根据地方特征进行子样本分析：即当地法律环境和省级地方经济。我们采用 Fan 等（2011）编制的当地法律指数来指代当地的法律环境，如果当地法律指数高于样本中位数，我们将公司归于强法律环境的子样本中；否则，我们将公司放入弱法律环境的子样本中。此外，我们采用人均 GDP 的对数值来衡量当地经济，如果人均 GDP 的对数值高于样本中位数，我们将公司归于富裕地区的子样本中；否则，我们将公司归于贫穷地区的子样本中。我们重新估计了回归模型，并将结果显示在表 2-5 中。我们的发现支持假设 3，即基于地方法律指数来规定的法律环境薄弱的地区，企业会积极响应政府治理（North，1990；Faccio，2006）。我们还发现了支持假设 4 的论据,即以人均 GDP 来衡量的经济不景气的地区,企业会积极响应政府治理。

表 2-5　　　　　　　　　反腐败和地方特征

VARIABLES	Local legal environment		Local economy	
	Strong	Weak	Rich	Poor
POST	-0.11	-0.36***	-0.33***	-0.79***
	(-0.84)	(-3.54)	(-3.21)	(-2.98)
SIZE	-0.31***	-0.06	-0.21***	-0.12*
	(-4.85)	(-1.14)	(-4.10)	(-1.94)
LEV	1.07***	0.62**	0.73***	0.72***
	(3.78)	(2.50)	(3.08)	(2.65)
BM	0.55	0.36	0.67*	0.59*
	(1.21)	(1.12)	(1.89)	(1.66)
ROA	-3.54***	-1.13	-3.43***	-0.14
	(-3.41)	(-1.37)	(-3.86)	(-0.16)
TOBINQ	0.05	0.05	0.15**	0.00
	(0.48)	(0.82)	(1.97)	(0.05)
BOARD	0.04	0.03	0.04*	0.04*
	(1.44)	(1.64)	(1.77)	(1.74)
INDEP%	1.30	-0.31	1.45**	-1.05
	(1.49)	(-0.40)	(2.10)	(-1.27)
CEODUAL	0.18*	0.11	0.16**	0.19*
	(1.86)	(1.24)	(2.06)	(1.89)
AUDITOR	0.10	-0.06	-0.05	0.03
	(1.23)	(-0.82)	(-0.70)	(0.42)
IAUDIT	0.04	-0.27	-0.10	-0.31
	(0.15)	(-0.97)	(-0.43)	(-1.18)
ANALYST	-0.02	0.05	-0.03	0.07
	(-0.35)	(1.04)	(-0.57)	(1.38)
INSTOWN	0.30	-0.40	-0.03	-0.18
	(0.41)	(-0.79)	(-0.04)	(-0.34)

续表

VARIABLES	Local legal environment		Local economy	
	Strong	Weak	Rich	Poor
GOV	-0.34	-0.01	-0.53**	-0.09
	(-1.18)	(-0.04)	(-2.08)	(-0.46)
EXE	-0.20	0.28	0.04	0.10
	(-0.77)	(1.19)	(0.18)	(0.33)
MKTRET	-1.32***	-0.65***	-0.71***	3.29***
	(-4.30)	(-3.15)	(-3.66)	(2.91)
FINCRISIS	-1.37***	-0.39	-0.43	4.23***
	(-3.48)	(-1.49)	(-1.18)	(3.16)
Constant	4.85***	0.43	3.00***	-2.07
	(3.73)	(0.38)	(2.64)	(-1.08)
Industry fixed effect	Yes	Yes	Yes	Yes
Year fixed effect	Yes	Yes	Yes	Yes
Firm-year observations	3,437	4,668	4,734	3,502
R-squared	0.13	0.09	0.11	0.09

注：因变量是衡量公司是否正在进行欺诈的虚拟变量。POST 是一个虚拟变量，在 2012 之后的年份取 1，反之取 0；SIZE 是总资产的对数值；LEV 是总债务占总资产的比率；BM 是公司价值的账面市值比；ROA 是公司的资产收益率；TOBINQ 是一个公司的托宾 Q 值；BOARD 代表公司的董事会规模；INDEP% 是董事会中独立董事的百分比；CEODUAL 是一个虚拟变量，如果该公司的首席执行官也是董事会主席则赋值为 1；AUDIT 是公司的审计人员的人数；IAUDIT 是一个虚拟变量，如果公司有国际审计师则赋值为 1；ANALYST 表示研究本公司的分析师总人数；INSTOWN 是机构投资者持有的股份总数除以公司已发行股票总数；GOV 是指政府对公司的所有权；EXE 代表高层管理人员对公司的所有权；MKTRET 是上证综合指数的年回报率；FINCRISIS 是一个虚拟变量，当年份在 2008 年金融危机之后，就赋值为 1。我们根据 Fan 等（2011）编制的法律指数和人均 GDP 的对数值对样本进行划分。我们采用在回归中聚集在公司层面的稳健标准误差。*、** 和 *** 分别表示在 10%、5% 和 1% 的显著性水平上显著。

我们根据表 2-6 中的首席执行官特征重新估算了回归模型。我们发现年长的首席执行官们对政府治理的反应较迟缓，这一发现支持假设 5，表明首席执行官的特征可能会显著影响他们是否进行欺诈行为。由于多重共线性问题，IAUDIT 和 FINCRISIS 将通过年轻首席执行官样本的统计软件自动从回归中删除。

表 2-6　　具有 CEO 特征的反腐败和公司欺诈

VARIABLES	CEO age	
	Old	Young
POST	-0.31***	-0.67***
	(-3.06)	(-2.68)
SIZE	-0.12**	-0.33***
	(-2.53)	(-4.70)
LEV	0.81***	0.91***
	(3.57)	(2.96)
BM	0.51*	0.81*
	(1.73)	(1.84)
ROA	-2.04***	-1.82*
	(-2.60)	(-1.82)
TOBINQ	0.07	0.06
	(1.26)	(0.66)
BOARD	0.04**	0.03
	(2.34)	(1.08)
INDEP%	0.09	1.17
	(0.14)	(1.23)
CEODUAL	0.18**	0.10
	(2.29)	(0.93)
AUDITOR	-0.04	0.10
	(-0.63)	(1.12)
IAUDIT	-0.16	
	(-0.86)	
ANALYST	-0.01	0.06
	(-0.25)	(0.99)
INSTOWN	-0.28	0.97
	(-0.57)	(1.34)

续表

VARIABLES	CEO age	
	Old	Young
GOV	-0.11	-0.30
	(-0.63)	(-0.99)
EXE	0.30	-0.24
	(1.32)	(-1.00)
MKTRET	-0.82***	2.58**
	(-4.48)	(2.42)
FINCRISIS	-0.68***	
	(-2.92)	
Constant	-0.82***	2.58**
	(-4.48)	(2.42)
Industry fixed effect	Yes	Yes
Year fixed effect	Yes	Yes
Firm-year observations	5,951	2,212
R-squared	0.12	0.07

注：因变量是衡量公司是否正在进行欺诈的虚拟变量。POST 是一个虚拟变量，在 2012 之后的年份取 1，反之取 0；SIZE 是总资产的对数值；LEV 是总债务占总资产的比率；BM 是公司价值的账面市值比；ROA 是公司的资产收益率；TOBINQ 是一个公司的托宾 Q 值；BOARD 代表公司的董事会规模；INDEP% 是董事会中独立董事的百分比；CEODUAL 是一个虚拟变量，如果该公司的首席执行官也是董事会主席则赋值为 1；AUDIT 是公司的审计人员的人数；IAUDIT 是一个虚拟变量，如果公司有国际审计师则赋值为 1；ANALYST 表示研究本公司的分析师总人数；INSTOWN 是机构投资者持有的股份总数除以公司已发行股票总数；GOV 是指政府对公司的所有权；EXE 代表高层管理人员对公司的所有权；MKTRET 是上证综合指数的年回报率；FINCRISIS 是一个虚拟变量，当年份在 2008 年金融危机之后，就赋值为 1。我们采用在回归中聚集在公司层面的稳健标准误差。*、** 和 *** 分别表示在 10%、5% 和 1% 的显著性水平上显著。

2.7 稳健性分析

不可观察的时间不变的公司特征可能会产生在政府治理和公司欺诈之

间产生虚假的相关性。为了解决这个问题，我们在 Logit 回归模型中控制公司固定效应，结果如表 2－7 所示。在表 2－7 中，POST 的系数仍然是负的，并且在 1% 的显著性水平上尤为显著。

表 2－7　控制公司固定效应的 Logit 模型中的反腐败和公司欺诈

VARIABLES	(1) Model
POST	－0.90***
	(－3.84)
SIZE	0.04
	(0.14)
LEV	1.61**
	(2.08)
BM	0.94
	(1.17)
ROA	－3.28*
	(－1.80)
TOBINQ	0.09
	(0.67)
BOARD	0.11
	(1.63)
INDEP%	0.31
	(0.16)
CEODUAL	0.12
	(0.50)
AUDITOR	0.11
	(0.64)
IAUDIT	0.28
	(0.32)
ANALYST	0.05
	(0.47)
INSTOWN	1.28
	(0.99)
GOV	－0.28
	(－0.55)

续表

VARIABLES	(1) Model
EXE	-1.81**
	(-2.00)
MKTRET	-2.12***
	(-4.22)
FINCRISIS	-1.76**
	(-2.52)
Firm-fixed effect	Yes
Year fixed effect	Yes
Firm-year observations	1,806

注：因变量是衡量公司是否正在进行欺诈的虚拟变量；POST 是一个虚拟变量，在 2012 之后的年份取 1，反之取 0；SIZE 是总资产的对数值；LEV 是总债务占总资产的比率；BM 是公司价值的账面市值比；ROA 是公司的资产收益率；TOBINQ 是一个公司的托宾 Q 值；BOARD 代表公司的董事会规模；INDEP% 是董事会中独立董事的百分比；CEODUAL 是一个虚拟变量，如果该公司的首席执行官也是董事会主席则赋值为 1；AUDIT 是公司的审计人员的人数；IAUDIT 是一个虚拟变量，如果公司有国际审计师则赋值为 1；ANALYST 表示研究本公司的分析师总人数；INSTOWN 是机构投资者持有的股份总数除以公司已发行股票总数；GOV 是指政府对公司的所有权；EXE 代表高层管理人员对公司的所有权；MKTRET 是上证综合指数的年回报率；FINCRISIS 是一个虚拟变量，当年份在 2008 年金融危机之后，就赋值为 1。我们采用在回归中聚集在公司层面的稳健标准误差。*、** 和 *** 分别表示在 10%、5% 和 1% 的显著性水平上显著。

虽然反腐败运动对公司个体来说是外生的，但反向因果关系问题仍可能出现：许多上市公司可能会选择进行欺诈，因为他们可以贿赂腐败官员以逃避调查或尽量减少处罚。备受瞩目的企业的不端行为可能会破坏中国金融市场，并加剧中国经济所存在的问题。因此，政府决定启动反腐运动，帮助重塑金融市场并恢复投资者对中国经济的信心。

为了减轻对反向因果关系的影响，我们研究了大公司或小公司中政府治理与公司欺诈之间的关系是否更强。考虑到只有大公司的企业的不端行为严重到足以影响金融市场和中国经济发展趋势，如果公司欺诈导致反腐运动的启动，人们应该预期政府治理与大公司的企业欺诈之间存在紧密联系。我们根据企业规模的样本中位数将企业分为大公司和小公司两个样本，然后我们重新估算每个子样本的 Probit 模型。表 2-8 显示 POST 的系数是负的，并且在大型企业和小型企业中都非常显著。此外，小企业中 POST 系数甚至大于大企业，这与反向因果关系的主张相矛盾。这表明公共治理推动而不是阻碍了欺诈可能性的变化。

表 2-8　　　　　反腐败与企业欺诈之间的反向因果关系

VARIABLES	Firm size	
	Small	Large
POST	-0.30**	-0.23*
	(-2.57)	(-1.94)
SIZE	-0.22***	-0.17***
	(-2.81)	(-2.68)
LEV	0.70***	1.02***
	(3.10)	(3.17)
BM	0.39	1.07***
	(1.10)	(2.73)
ROA	-2.87***	-1.65
	(-3.64)	(-1.50)
TOBINQ	-0.01	0.28***
	(-0.21)	(3.31)
BOARD	0.05**	0.03
	(2.27)	(1.22)
INDEP%	1.57**	-0.74
	(2.06)	(-0.92)
CEODUAL	0.08	0.33***
	(0.98)	(3.03)
AUDITOR	0.05	-0.10
	(0.82)	(-1.16)
IAUDIT	-0.22	-0.15
	(-0.44)	(-0.77)

续表

VARIABLES	Firm size	
	Small	Large
ANALYST	0.07	-0.06
	(1.47)	(-1.08)
INSTOWN	0.01	0.01
	(0.01)	(0.02)
GOV	-0.28	0.08
	(-1.20)	(0.36)
EXE	-0.16	1.08***
	(-0.83)	(3.06)
MKTRET	-0.94***	-0.80***
	(-3.85)	(-3.22)
FINCRISIS	-0.86***	-0.48
	(-2.79)	(-1.51)
Constant	3.06*	2.66**
	(1.79)	(2.01)
Industry fixed effect	Yes	Yes
Year fixed effect	Yes	Yes
Firm-year observations	4,319	3,871
R-squared	0.10	0.14

注：因变量是衡量公司是否正在进行欺诈的虚拟变量。POST 是一个虚拟变量，在 2012 之后的年份取 1，反之取 0；SIZE 是总资产的对数值；LEV 是总债务占总资产的比率；BM 是公司价值的账面市值比；ROA 是公司的资产收益率；TOBINQ 是一个公司的托宾 Q 值；BOARD 代表公司的董事会规模；INDEP% 是董事会中独立董事的百分比；CEODUAL 是一个虚拟变量，如果该公司的首席执行官也是董事会主席则赋值为 1；AUDIT 是公司的审计人员的人数；IAUDIT 是一个虚拟变量，如果公司有国际审计师则赋值为 1；ANALYST 表示研究本公司的分析师总人数；INSTOWN 是机构投资者持有的股份总数除以公司已发行股票总数；GOV 是指政府对公司的所有权；EXE 代表高层管理人员对公司的所有权；MKTRET 是上证综合指数的年回报率；FINCRISIS 是一个虚拟变量，当年份在 2008 年金融危机之后，就赋值为 1。我们采用在回归中聚集在公司层面的稳健标准误差。*、** 和 *** 分别表示在 10%、5% 和 1% 的显著性水平上显著。

虽然我们认为反腐败运动对公司个体来说是外生的，但是宏观经济因素可能会影响反腐败运动的时间安排和公司选择是否进行欺诈行为。经济问题可能引发中国政府进行抵制腐败的需要。在经济繁荣发展的时期，企业维持公司业绩的压力较小，从而减少了欺诈行为的动力。因此，反腐运动与企业实施企业欺诈的可能性之间的关联可能不是由于政府治理的变化而是由于宏观经济因素的变化所导致的。为了排除这种可能的解释，我们增加省级人均 GDP 的对数值来控制宏观经济因素。结果显示在表 2 - 9 的第 1 列中。POST 的系数仍然是负的且十分显著。

另一种解释是，随着习近平总书记就职，中国的这些公司更加具有商业道德。在习近平上任后提出了"中国梦"的理念。习主席将这一梦想描述为"国家富强、民族振兴、人民幸福"。在实现"中国梦"的过程中，企业可能会改变自己的企业文化，使其更具道德性和社会责任感；企业文化的变化可能会显著改变企业的欺诈可能性。为了排除这种可能存在的解释，我们增加代表公司文化责任感的变量来控制企业文化。我们将企业社会责任分为 10 个维度来衡量企业是否具有社会责任感。10 个维度包括股东保护、债权人保护、员工保护、配送保护、客户保护、环境保护、公共保护、工作安全和效率。如果数据中某一维度表现良好，则给该公司的该数据赋值为 1，反之为 0。企业社会责任总分是 10 个维度的总和。因此，企业社会责任分数的总值在 0 到 10 之间，结果显示在表 2 - 9 的第 2 列中。在控制了企业文化之后，POST 的系数仍然是负的并且十分显著。

对企业欺诈进行实证研究的警告只能是我们观察到、检测到的欺诈行为，未经检测的欺诈行为无法根据实证数据进行核算。为了解决这个问题，我们遵从 Yu 和 Yu（2012）的观点，并且关注大型公司的欺诈案件。我们假设大案件的欺诈事后检测概率接近 1。大型企业往往拥有更多的信息披露，更高的机构资产和更广泛的分析师分布领域。假设较大的公司更难在事后隐藏欺诈行为，我们将样本限制在大型企业（此样本中公司规模最大的 25% 那部分）并采用简单的 Probit 模型来重新评估政治关联对企业欺诈激励的影响。结果显示在表 2 - 9 的第 3 列中。在控制未检测到的欺诈之后，POST 的系数仍然是负的且十分显著。

表 2-9　　　　　额外控制下的反腐败和公司欺诈

VARIABLES	(1) Model	(2) Model	(2) Model
POST	-0.22***	-0.26***	-0.29*
	(-2.81)	(-3.32)	(-1.72)
SIZE	-0.15***	-0.19***	-0.19*
	(-3.71)	(-4.61)	(-1.92)
LEV	0.72***	0.82***	1.34**
	(3.79)	(4.35)	(2.43)
BM	0.49*	0.55**	0.86
	(1.83)	(2.12)	(1.41)
ROA	-1.78***	-1.93***	-2.82
	(-2.79)	(-3.03)	(-1.58)
TOBINQ	0.06	0.06	0.36***
	(1.05)	(1.15)	(2.78)
BOARD	0.03**	0.04**	0.00
	(1.99)	(2.19)	(0.12)
INDEP%	0.38	0.45	-0.86
	(0.67)	(0.79)	(-0.70)
CEODUAL	0.18***	0.17***	0.32
	(2.73)	(2.59)	(1.46)
AUDITOR	-0.02	0.00	0.24
	(-0.38)	(0.00)	(1.51)
IAUDIT	-0.16	-0.21	-0.05
	(-0.88)	(-1.15)	(-0.21)
ANALYST	0.02	0.02	0.06
	(0.57)	(0.52)	(0.70)
INSTOWN	-0.08	0.00	0.65
	(-0.18)	(0.01)	(0.75)
GOV	-0.18	-0.12	0.20
	(-1.15)	(-0.76)	(0.67)

续表

VARIABLES	(1) Model	(2) Model	(2) Model
EXE	0.12 (0.69)	0.09 (0.54)	1.77 * (1.96)
MKTRET	-0.81 *** (-4.82)	-0.78 *** (-4.59)	-0.92 *** (-2.62)
FINCRISIS	-0.53 ** (-2.41)	-0.66 *** (-3.10)	-0.33 (-0.71)
LNGDP	-0.27 *** (-4.17)		
CSR		0.01 (1.51)	
Constant	5.00 *** (4.80)	2.88 *** (3.23)	2.56 (1.21)
Industry fixed effect	Yes	Yes	Yes
Year fixed effect	Yes	Yes	Yes
Firm-year observations	8,394	8,415	1,657
R-squared	0.1	0.1	0.14

注：因变量是衡量公司是否正在进行欺诈的虚拟变量。POST 是一个虚拟变量，在 2012 之后的年份取 1，反之取 0；SIZE 是总资产的对数值；LEV 是总债务占总资产的比率；BM 是公司价值的账面市值比；ROA 是公司的资产收益率；TOBINQ 是一个公司的托宾 Q 值；BOARD 代表公司的董事会规模；INDEP% 是董事会中独立董事的百分比；CEODUAL 是一个虚拟变量，如果该公司的首席执行官也是董事会主席则赋值为 1；AUDIT 是公司的审计人员的人数；IAUDIT 是一个虚拟变量，如果公司有国际审计师则赋值为 1；ANALYST 表示研究本公司的分析师总人数；INSTOWN 是机构投资者持有的股份总数除以公司已发行股票总数；GOV 是指政府对公司的所有权；EXE 代表高层管理人员对公司的所有权；MKTRET 是上证综合指数的年回报率；FINCRISIS 是一个虚拟变量，当年份在 2008 年金融危机之后，就赋值为 1；LNGDP 是人均 GDP 的对数值。企业社会责任（CSR）分为 10 个维度来衡量企业是否具有社会责任感。10 个维度包括股东保护、债权人保护、员工保护、配送保护、客户保护、环境保护、公共保护、工作安全和效率。如果数据某一维度上表现良好，则给该公司的该数据赋值为 1，反之为 0。企业社会责任总分是 10 个维度的总和。因此，企业社会责任分数的总值在 0 到 10 之间。我们采用在回归中聚集在公司层面的稳健标准误差。*、** 和 *** 分别表示在 10%、5% 和 1% 的显著性水平上显著。

2.8 结论

我们的研究调查了中国政府治理与企业欺诈之间的关系。在本章中，我们将习近平主席最近发起的反腐运动视为政府治理的外在冲击。我们还从中国证券监督管理委员会（CSRC）收集了 2004—2014 年间对中国企业欺诈进行执法行动的数据。我们发现，由于中国政府治理的加强，公司在反腐败运动发起后的欺诈行为比反腐败运动发起前期间低 3.8%。基于公司欺诈可能性的无条件均值为 8.6%，这一变化使得在平均水平上的欺诈可能性得到了 46.51% 的显著改善。中国国有企业部分私有化的一个主要特征是国家在上市后保留了较大的所有权。此外，大量非国有企业与中国政界人士保持着联系；由于市场发展和法律保护程度的差异，各省的司法管辖权可能不同。因此，政府所有权、与官员的政治关系和当地制度环境都可能影响公司是否进行欺诈的选择。在本章中，我们表明公共治理与公司欺诈之间的关联在私营上市公司、法律环境薄弱的公司和当地经济不景气的公司中更为明显。在美国，作为公司的关键人物，首席执行官更有可能被美国证券交易委员会视为策划财务操纵，并从中获得经济利益的人。因此，首席执行官的特征显然会影响公司的欺诈可能性。我们发现年长的首席执行官对公共治理的反应是迟钝的。

本章通过建议政府治理可以对公司决策提供外部监管，为商业道德提供明确的政策含义。这一发现意味着政府应继续对政府官员进行约束，从而重塑法律环境并加强执法。

第二部分　公司投资

3. 地方官员的政治晋升会阻碍企业创新吗

3.1 引言

创新作为长期经济增长和竞争优势的关键驱动力,被广泛地研究 (Romer,1986;Solow,1957)。现有文献研究了各种对企业创新有积极或消极影响的因素,如法律制度(Tong 等,2014)、投资者保护环境(Levine、Lin 和 Wei,2015)、金融发展(Hsu、Tian 和 Xu,2014)、文化因素 (Xie、Zhang 和 Zhang,2015)、所有制结构(Luong 等,2017)和工资正义(Xu、Kong 和 Kong,2017;Zhao 和 Wang,2018)。

然而,关于政治对企业创新影响的研究还很少。政治会影响企业的行为,因为政治可以改变经济环境(Jiang、Kong 和 Xiao,2018;Piotroski 和 Zhang,2014)。因此,我们认为企业创新很自然地会受到政治的影响。在本章中,我们旨在通过研究政治对企业创新的实际影响来填补这方面的研究空缺。具体来说,我们研究的是在政治"锦标赛"中的政府官员对当地企业创新是否有影响,以及对企业间潜在的异质效应的影响。

中国为我们的研究提供了一个特殊的环境,原因如下:一方面,地方官员在政策制定和执行方面拥有自由裁量权,而这些政策可能会影响地方企业的经营活动,如首次公开募股(Initial Public Offerings,以下称 IPO) (Piotroski 和 Zhang,2014)、投资(An 等,2016)和现金持有(Chan 等, 2016)。另一方面,地方官员会在自上而下的管理体制中通过制订专门的政策,来诱导企业做出有利于其政治晋升的企业决策(Li 和 Zhou,2005;

Piotroski 和 Zhan，2014）。因此，我们推测：那些为晋升竞争的地方官员可能会更积极地影响企业行为，将政治压力传递给企业并进一步影响企业的创新活动。

首先，本章整理收集了中国经济信息网（http：//www.cei.gov.cn）上地市级官员的政坛变更数据以确定对地方官员具有最高晋升激励的年份。我们也确认了来自各种公共资源，包括报纸、网站、新闻稿和其他类型的公告（An 等，2016）中的政治更替事件。其次，本章的创新数据来自中国专利数据库，该数据库是由 He 等（2013）整理得到的，并且我们只考虑那些专利申请最终被授权的专利。本章的财务数据来自于 CSMAR 数据库和 Wind 数据库。最终，我们得到了 7450 个企业年度样本观测值，样本区间为 2000—2012 年。

为了进行实证检验，本章构建了一个回归模型来考察政府官员的政治晋升动机对地方企业创新的影响。我们发现：当地方政府官员在晋升锦标赛期间持相对保守的执政理念，当地的企业会更倾向于避免或减少被认为是高风险的创新投资。为了确定因果关系，本章创造性地使用了中国各城市的空气质量指数（AQI）作为地方官员政治激励的工具变量。正如 Zheng 等（2014）认为的：如果某城市空气质量得到了改善，那么地方官员更有可能被晋升。然而并没有直接的证据表明空气污染能通过政治渠道影响地方企业的创新。因此，基于当地空气质量的这个外生变量是一个合适的代表地方官员晋升激励的工具，满足工具变量要求的相关性、有效性。在解决了潜在的内生性问题后，我们得出的基本结论是一致的。

本章进一步研究表明：基于不同的模型设定和子样本分析情形下，地方官员政治晋升对企业创新的负向影响都是稳健的。同时，本章阐释了地方官员政治晋升对企业创新影响的异质性。较大的政治压力导致了专利申请数量的减少，在国有企业（SOEs）、有政治关联和位于市场化程度低的地区的企业尤为显著。并且，当使用研发投入（R&D）作为传统的创新活动的度量指标时，官员晋升和企业创新之间的负向关系依然是稳健的，使用领先 2 年或者 3 年的专利指标代替领先 1 年的专利指标，可以验证长期影响。最后，稳健性检验了政治晋升的不同形式对创新的影响，发现官员晋升对企业创新的负向影响在党委书记晋升和外部晋升时显著强于市长和内部晋升。安慰剂检验进一步缓解了对内生性问题的担忧，并提供了支持性证据，证明地方官员的政治晋升激励确实会阻碍企业创新。

本章对现有文献的补充主要体现在以下方面：首先，我们从企业创新角度强调在新兴市场中政治对经济活动的实际影响，并且结果表明确实有影响。其次，虽然现有文献关注了各种影响创新的因素，包括宏观层面和企业特定因素，但是大多数研究忽略政治在企业创新中的作用。本章中，我们提出了新的洞察因素，这些因素是由当地政治家的职业担忧引起的激励，可能会对企业创新产生负面影响。最后，为了建立因果关系，我们创造性地使用了中国城市的空气质量指数（AQI）作为地方官员晋升激励的工具变量，这大大解决了内生性问题。

本章接下来的结构安排是：提出研究假说；描述数据和变量；为实证结果（包括基本的回归结果、识别策略和横截面检验）；稳健性检验；研究结论。

3.2 假设检验

一方面，地方官员的变更，不管是否为晋升，都会增加政策不确定性所带来的风险。实物期权理论表明，不确定性可能会通过增加等待获得的信息的价值（Bernanke，1983）来减少当前对不可逆资本的投资，越来越多的研究证实了不确定性对经济增长、金融市场发展和企业投资的负面影响（Cui 和 Yang，2018；Durnev 等，2012；Gulen 和 Ion，2015；Jones 和 Olken，2005；Julio 和 Yook，2012）。鉴于创新投资具有高风险、长期性、高失败概率和不可预测性的性质，它们的收益增长缓慢（He 和 Tian，2013），依据实物期权理论，一个企业在政治不确定性消除之前很可能会延迟创新投资。

另一方面，Li 和 Zhou（2005）提出了政治晋升锦标赛理论，他们发现地方的经济发展会增加当地官员晋升的概率。在晋升锦标赛中，任职期间取得的成就是由高级官员评估当地官员执政能力的一项重要指标。为了应对这种晋升压力，地方市长或党委书记有很强的动机实行短期经济刺激政策，通过牺牲高风险、低收益的长期创新项目的投资来提高当前的收入（He 和 Tian，2013）。尽管创新最终会成功，但是这可能会归功于他们的继任者。因此，地方官员可能对创新不感兴趣，他们可能会减少政府对企业的研发补贴，并且配置更多的经济资源来刺激短期投资。这些短期的政策反过来也会阻碍企业创新的动力。总之，那些为晋升而竞争并向地方企业传递政治压力的地方官员可能会积极地干涉企业的行为、倾向要求地方企业承担更多的政治负担、更少投资于长期的、高风险的创新项目，并且在日常工作中投入更多的精力，以期得到更快速、更确定的回报，这导致了典型的政治官员的短视问题。由于企业资源有限，短视战略无疑会对创新活动产生巨大的挤出效应，从而抑制企业创新的投资和产出。反过来，地方企业也可能为了迎合其政治盟友的需要，将投资决策更改为与地方政府建立"亲密"联系的短期导向目标，因为地方政府控制土地、资本、资源，对重大投资项目具有审批权（Kong、Liu 和 Xiang，2018），这将进一步挤压地方企业在创新上的投资。基于以上两个论点，我们推测地方企业在政府官员晋升锦标赛期间倾向延迟或者避免有风险的、长期的创新投资。因此，本章提出了以下假设：

假设 1A：地方官员的政治晋升对企业创新有消极的影响。

另一种假设做出了相反的实证预测，即政治晋升激励将会鼓励地方企业的创新。中国促进了科学技术的发展，随着研发支出的快速增长，创新的作用也日益重要。近年来，中国的 GDP 计算中加入了研发支出，能够为企业带来经济利益的研发支出，是按固定资本形成计算的，而不是按以前的中间消费计算的。在当前的 GDP 评价体系下，研发、专利等创新投入/产出逐渐成为地方官员的重要成就。当中央政府要求提升地方经济绩效并把激励企业创新作为评估指标时，为得到晋升，地方政府在晋升锦标赛期间有强烈动机鼓励企业创新。此外，创新对于实现和保持企业的战略竞争力是很重要的。当面对政治不确定性的冲击时,地方企业可以选择建立自己的内部能力,以获得竞争优势,例如加强创新,而不是寻求政府帮助或政治联系。综上,我们提出的另一种假设认为,受到晋升激励的地方官员将会鼓励地方企业创新。

假设1B:地方官员的政治晋升对地方企业创新有积极的影响。

因此,研究哪个渠道主导政治晋升激励和地方企业创新活动之间的关系是一个实证问题。

3.3 数据和变量构建

3.3.1 数据样本

本章样本基于2000—2012年期间的中国上市公司,从多种渠道收集数据。

第一,我们从中国经济信息网(http://www.cei.gov.cn)手工收集了每个城市的政治更替时间,以创建城市层面的政治晋升事件为样本。为确保我们包含了所有的政治晋升事件,我们又仔细检查核对了来自各种公共资源的数据,比如报纸、网页、新闻稿和其他类型的公告。我们数据中的政治晋升包括调动、调职、升职/降职,以及市委书记或市长的退休。具体来说,我们编制了每一次晋升事件的年度和月度信息、每一次晋升事件前后的政治地位以及官员的个人信息,如性别、出生日期、来源、受教育程度和机构等。

第二,从中国专利数据库中获取专利信息,该数据库由He等(2013)整理得到。此数据库显著的优点是考虑了名称的变化和对子公司的全覆盖,这保证了数据的连续性和准确性。中国专利数据库提供上市公司的专利信息是从它们的IPO年份到2010年,本章手动将专利数据延长到2012年。

第三,企业财务和会计数据主要来自CSMAR数据库,并以Wind数据库为补充，这两个数据库在与中国相关的研究中广泛应用。我们也将所有上市公司排除在金融行业之外。为了最小化异常值的影响，所有连续变量都经过 Winsorize 上下 1% 缩尾处理。我们最后得到了 7,450 个公司年度样本观测值，样本区间为 2000—2012 年。

3.3.2 变量构建

3.3.2.1 地方官员政治晋升激励的度量

本章研究了三种类型的政治晋升：市长或市委书记到中央政府任职、市长或市委书记担任省级职务、市长在同一个城市或其他城市担任市委书记。在确定晋升事件后，我们按照 Piotroski 和 Zhang（2014）定义了几个关键变量。具体来说，不管当地官员是否在为晋升竞争，只要发生了市长或市委书记在前一年或当年被晋升的事件，官员晋升变量 Promotion 就取值为 1，否则为 0。

3.3.2.2 创新的度量

在本章的研究中，我们使用基于专利的指标来度量企业创新。这种方法在最近的研究中被广泛使用（Chang 等，2015；Chemmanur、Loutskina 和 Tian，2014；He 和 Tian，2013；Tan 等，2015），并且比早期研究使用研发支出作为创新的代理变量的方法要更优，原因至少有以下 3 个：第一，研发支出只是一个特定的可观察的定量输入的值（Aghion、Van Reenen 和 Zingales，2013），是无法捕捉企业创新战略的不同维度的（Manso、Balsmeier 和 Fleming，2017）。相比之下，基于专利的测度可捕捉实际创新产出和企业有效利用其创新投入的方式。第二，研发支出对会计准则很敏感，尤其是关于研发支出是否应该被资本化或费用化的争论（Acharya 和 Subramanian，2009）。第三，但同样重要的是，财务报表中关于自主报告的研发支出的信息是不可靠且存在偏差的，自从 2006 年以来，企业被授权披露其研发支出，但超过 30% 的企业在 2006—2012 年期间年度观测值缺少研发支出数据（Xu、Kong 和 Kong，2017）。然而，企业不报告其研发支出并不一定意味着企业不从事创新活动，企业这样做可能是出于战略考虑或利用会计余地的意图（He 和 Tian，2018）。简单地将研发支出的缺失值设定为 0 可能会产生噪声并导致重大偏差（Koh 和 Reeb，2015）。因此，基于专利的指标能够抑制选择性披露的问题，是企业创新绩效的良好代理指标。

根据中国专利法的规定，专利分为三类：发明专利、实用新型专利和外观设计专利。发明专利授予新的技术方案、产品或工艺的改进；实用新型专利授予对产品的形状、结构或两者结合的新的实用技术方案；最后，外观设计专利授予与形状、图案、颜色或组合使用相关的新设计，并且在美学上令人满意、在工业上适用。

在之前创新研究的基础上，采用基于专利指标的研究（Chemmanur、Loutskina 和 Tian，2014；He 和 Tian，2013；Tan 等，2015），并结合国家知识产权局数据库中现有的专利信息，本章在企业专利申请的基础上，构建了两个创新产出指标。我们不使用专利授予数据，因为它们对观察时间、官僚因素和实质审查不确定性的敏感度。此外，申请年份比专利授予年份更重要，因为它更能反映出企业的实际创新时间（Griliches、Pakes 和 Hall，1988；Hall、Jaffe 和 Trajtenberg，2001）。为了解决专利数据的右偏性问题，我们在分析中使用原始专利申请数据加 1 后取自然对数作为最终的创新的代理变量。

具体来说，我们将每家企业每年申请的三种类型专利的总申请量定义为总创新产出（Patent_Tatal），代表创新的数量。然而，简单的专利计数可能无法区分突破性的创新。在三种类型的专利中，发明专利是最原始的，而实用新型专利和外观设计专利通常代表着小的创新增量（He 等，2013）。因此，我们提取企业已提交的发明专利申请数量（Patent_Invention），并将其作为创新质量的代理变量，因为来自国家知识产权（SIPO）数据库的原始数据是无法提供专利引用信息的。

3.3.2.3 控制变量的度量

为了与创新的相关文献保持一致，我们引入了一些变量来控制企业和行业特征的影响，如国有企业（SOE）、企业规模（Lnsize）、盈利能力（ROA）、增长机会（TobinQ）、企业年龄（Age）、财务约束（FC）、最大股东持股比例（Top1）、独立董事比例（Outratio）、CEO 二元性（Duality）、杠杆水平（Leverage）、企业多元化（Div）和基于销售的赫芬达尔—赫希曼指数衡量的产品市场竞争程度（HHI），以上所有指标都可能会影响企业未来创新产出。附录为各控制变量的定义。

3.3.3 样本统计

本章认为政治晋升和专利是两个关键变量，应该更详细地加以总结。表 3-1 显示了 2000—2012 年样本期间，中国各省份和年份的城市政治晋升事件的分布情况。这些市政晋升事件包括市委书记或市长到拥有更大政治权力的职位任职。政治晋升事件的分布呈现出相当大的变化。2008 年和 2011 年的晋升事件数量最多（分别为 81 次和 78 次），这与 Kong、Liu 和 Xiang（2018）的结论类似。2008 年对应全国人民代表大会，2011 年对应"十二五"规划的第一年。此外，表 3-1 中在一些特定的省份，晋升事件不是群集性的。广东省、河南省和山东省在样本期间经历的晋升事件最多，这与当地经济发展和地理优势相关。虽然在我们样本中，市政晋升事件是事后观察到的，但我们的研究设计是以这些在事件发生之前改变了激励措施的事件为基础。如果在实际晋升事件之前该市的经济主体已知或预期到会有政治晋升，那么会产生这些激励措施。因此，根据 Piotroski 和 Zhang（2014）的研究，如果某年直接先于或包括晋升事件的年份，我们便将城市的该年观察结果归类为与即将到来的政治晋升有关。我们预计企业年度观测值可能会受到晋升事件的潜在的影响，这种影响发生在当企业年度观测值先于或包括晋升事件的年份，并且企业位于受影响的城市时。

我们还在表 3-1 中对 2000—2012 年样本期内按行业划分的企业级专利的分布情况进行了更深入的描述。结果表明：在电子制造、机械、医药、IT 等高新技术产业中，Patent_ Total 和 Patent_ Invention 的数量均较高，而在房地产、交通运输、公共事业等传统产业中，其数量则较低。然后，表 3-2 中的面板 A 给出了主要变量的描述性统计。合并所有变量后，我们的样本中还有 7,450 个企业年度观测值。然而，由于创新产出是在

表 3-1 2000—2012 年各行业中企业专利的分布

Industry	Obs.	Mean		Median		SD	
		Patent_Total	Patent_Invention	Patent_Total	Patent_Invention	Patent_Total	Patent_Invention
Agriculture, Forestry, Husbandry and Fishery (A)	91	0.2537	0.1535	0.0000	0.0000	0.6063	0.4552
Mining (B)	197	1.2371	0.9398	0.0000	0.0000	2.0399	1.8103
Manufacture of Foods & Beverage (C0)	245	0.9951	0.4271	0.0000	0.0000	1.3204	0.8016
Manufacture of Textiles & Apparel (C1)	139	0.7675	0.3910	0.0000	0.0000	1.3258	0.7533
Manufacture of Wood & Furnishings (C2)	12	0.9732	0.2648	0.3466	0.0000	1.2873	0.5502
Manufacture of Paper & Printing (C3)	79	0.7057	0.4144	0.0000	0.0000	1.1054	0.7190
Manufacture of Petrochemicals (C4)	485	0.9217	0.6244	0.0000	0.0000	1.2745	1.0005
Manufacture of Electronics (C5)	212	1.6040	1.0302	1.3863	0.6931	1.6300	1.3393
Manufacture of Metals & Non-metals (C6)	445	1.2051	0.7398	0.0000	0.0000	1.5956	1.1678
Manufacture of Mechinery (C7)	789	1.6795	0.8603	1.3863	0.0000	1.7008	1.2548
Manufacture of Pharmaceuticals (C8)	359	1.3029	1.0075	1.0986	0.6931	1.3209	1.1665
Utilities (D)	366	0.1198	0.0552	0.0000	0.0000	0.5086	0.3353
Construction (E)	116	1.2197	0.7507	0.6931	0.0000	1.5115	1.1760
Transportation (F)	254	0.1485	0.0441	0.0000	0.0000	0.4940	0.2264
IT (G)	324	1.4452	0.9947	1.0986	0.3466	1.5753	1.3746
Wholesale & Retail Trade (H)	618	0.2004	0.0746	0.0000	0.0000	0.6941	0.4087
Real Estate (J)	552	0.1071	0.0480	0.0000	0.0000	0.5283	0.2940
Social Services (K)	215	0.1936	0.1291	0.0000	0.0000	0.6406	0.4630
Communication & Cultural Industries (L)	99	0.1818	0.0782	0.0000	0.0000	0.4931	0.3035
Total	5597	0.8459	0.5063	0.0000	0.0000	1.3901	1.0345

表 3-2　变量概述

Variables	Obs.	Mean	SD	Min	Median	Max
Panel A: Descriptive statistics						
Patent_Total	5597	0.8459	1.3901	0.0000	0.0000	8.9342
Patent_Invention	5597	0.5063	1.0345	0.0000	0.0000	8.4589
Promotion	5597	0.3480	0.4764	0.0000	0.0000	1.0000
SOE	5597	0.6904	0.4624	0.0000	1.0000	1.0000
Lnsize	5597	21.7409	1.2083	19.2479	21.6185	25.7821
ROA	5597	0.0380	0.0517	-0.1688	0.0340	0.1944
TobinQ	5597	1.7162	1.4997	0.1635	1.2750	9.6519
Age	5597	2.2275	0.5411	0.6931	2.3979	3.0445
FC	5597	0.4629	0.4987	0.0000	0.0000	1.0000
Top1	5597	0.3852	0.1611	0.0449	0.3685	0.8649
Outratio	5597	0.3579	0.0549	0.1538	0.3333	0.5556
Duality	5597	0.1306	0.3370	0.0000	0.0000	1.0000
Leverage	5597	0.5014	0.1913	0.0565	0.5156	0.9095
Div	5597	0.7298	0.2485	0.0642	0.7911	1.0000
HHI	5597	0.0789	0.0956	0.0183	0.0519	0.7948

续表

Variables	Obs.	Mean	SD	Min	Median	Max

Panel B: Correlation coefficient

Variables	Patent_Total	Patent_Invention	Promotion
Patent_Total	1		
Patent_Invention	0.8798***	1	
Promotion	-0.0489***	-0.0516***	1

Panel C: T-test of difference in means

Variables	Promotion = 0	Promotion = 1	T-test of diff. in means
Patent_Total	0.8957	0.7528	3.6653***
Patent_Invention	0.5453	0.4333	3.8636***

注：*** 表示1%的显著性水平。

t+1 时期获得的，所以我们最后的回归结果中包括 5,597 个观测值。虽然 Patent_Total 的平均值为 0.8459，但 Patent_Invention 的平均值仅有 0.5063，这表明高质量专利的数量并不多。Promotion 指标的平均值为 0.2880，这意味着我们的样本观测值中约有 28.8% 来自于地方官员晋升的前一年。表 3-2 中的面板 B 提供了本章研究中变量的相关矩阵。Patent_Total 和 Patent_Invention 呈正相关，二者均与 Promotion 呈负相关，这一发现与我们的预期一致。我们还比较了在当年或次年有官员晋升和无官员晋升的企业，表 3-2 中的面板 C 呈现了这两组的单变量检验，结果表明：地方官员的晋升导致企业创新的减少。

3.4 实证回归

3.4.1 基础回归

为了评估地方官员激励对企业创新的影响，本章采用 Tobit 回归来估计以下模型：

$$Innovation_{it+1} = \beta_0 + \beta_1 Promotion_{it} + \gamma Controls_{it} + \sum Year + \sum Industry + \varepsilon_{it} \tag{3-1}$$

其中：i 和 t 分别代表企业和时间，被解释变量 Innovation 指的是创新产出指标，包括 Patent_Total 和 Patent_Invention。Patent_Total 是企业的发明、实用新型和外观设计专利的总申请数量加 1 后取自然对数。同理，Patent_Invention 是发明专利的总申请数量加 1 后取自然对数。这两个专利变量分别代表创新的数量和质量。一般来说，创新需要花费时间。因此，我们采用领先一期的创新产出作为被解释变量。无论地方官员是否在竞选晋升职位，如果某年或次年在某市发生了市长或市委书记被晋升的事件，则该年该市的 Promotion 定义为 1，否则为 0。Controls 表示控制变量，这些控制变量的定义在附录中显示。我们在所有回归中采用企业层级的聚类标准误差（Petersen, 2009）。表 3-3 报告了检验假设 1 的回归结果。在所有的模型设定下，Promotion 的系数均为负值，并且在 1% 的显著性水平下显著，这表明地方官员政治晋升和企业创新产出之间呈负相关关系。负向影响的大小对发明专利的意义重大，因为这意味着创新质量的大大降低。相对于实用新型专利和外观设计专利，发明专利具有很高的技术价值、创造性和难模仿性。在政治晋升的压力下，地方官员更偏好刺激短期经济增长的政策。因此，企业会选择少量地进行高质量、长期性的创新活动来迎合当地官员的需求。我们在 Reg-2 和 Reg-4 中进一步加入控制变量后，结果仍是相同的负向关系。考虑到 Tobit 模型的系数不能直接解释边际效应，在 Reg-2 和 Reg-4 回归结果中分别对 Promotion 的系数乘以调整因子后，系数转化为 -0.0457 和 -0.0535。总之，实证结果支持了假设 1A。

SOE 与创新产出呈正相关关系。SOE 需要低成本来为其投资提供资金，因此具有较高的创新产出。ROA 的系数为正并具有统计意义，表明良好的企业绩效有助于创新活动的参与。与 He 和 Tian（2013）一致，我们发现，规模大、利润高、TobinQ 值高、杠杆率低和财务约束低的公司通常具有较高的创新产出。在某种程度上，企业的年龄与其创新活动呈负相关，这表明老企业在创新方面可能比年轻企业更缺少动力。Manso（2011）认为，对失败的容忍和长期的激励对促进企业创新至关重要。CEO 二元性是指企业中有一个强有力的 CEO，这增加了企业对失败的容忍度。与此一致，我们发现 CEO 的二元性与创新产出呈正相关。HHI 的系数为正，这支持了 Schumpeter 的假设，即创新要求企业拥有一定程度的市场垄断。

表 3-3　　　　　　　　　　　政治晋升对企业创新的影响

Variables	Patent_Total$_{t+1}$		Patent_Invention$_{t+1}$	
	Reg-1	Reg-2	Reg-3	Reg-4
Promotion	-0.2436***	-0.1434***	-0.3063***	-0.1996
	(0.020)	(0.023)	(0.020)	(0.021)
SOE		0.3094***		0.3454***
		(0.029)		(0.028)

续表

Variables	Patent_Total$_{t+1}$		Patent_Invention$_{t+1}$	
	Reg-1	Reg-2	Reg-3	Reg-4
Lnsize		0.8052***		0.7648***
		(0.002)		(0.001)
ROA		4.7636***		4.3337***
		(0.242)		(0.230)
TobinQ		0.0747***		0.0883***
		(0.009)		(0.009)
Age		-0.1334***		-0.1165***
		(0.003)		(0.003)
FC		-0.1209***		-0.1439***
		(0.026)		(0.024)
Top1		-0.4224***		-0.5445***
		(0.069)		(0.065)
Outratio		0.3911***		0.6208***
		(0.092)		(0.087)
Duality		0.4245***		0.4340***
		(0.021)		(0.020)
Leverage		-0.2891***		0.2304***
		(0.058)		(0.055)
Div		0.0521		-0.0425
		(0.039)		(0.037)
HHI		1.6058***		2.3844***
		(0.161)		(0.153)
Constant	-19.3920***	-32.5532***	-17.3239***	-32.3151***
	(0.025)	(0.035)	(0.024)	(0.033)
Industry and Year Fixed Effect	Yes	Yes	Yes	Yes
Observations	5597	5597	5597	5597
Pesudo R2	0.1018	0.1458	0.1103	0.164

注：表3-3考察的是政治晋升激励对企业总的/发明专利申请数量的影响。为了简洁起见，我们省略了年度和行业虚拟变量的回归结果。在企业水平修正标准误以进行聚类。*** 表示1%的显著水平；** 表示5%的显著水平；* 表示10%的显著水平。

3.4.2 内生性：工具变量法

在本小节中，我们探讨内生性问题。考虑到潜在的遗漏因素可能同时影响地方官员的政治晋升激励和企业创新产出。在这种情况下，我们的发现可能只反映了地方官员晋升与企业创新之间的联系，而不是它们之间的因果关系。如果没有合适的证明，我们不能根据回归结果进行有效的推断。为了正式解决这个问题，我们引入了一个政治晋升激励的工具变量和一个两阶段最小二乘（2SLS）规范，以确定政治晋升对企业创新的因果效应。一个有效的工具变量应该满足两个条件：第一个条件是相关性，这意味着工具变量与政治晋升的激励因素密切相关。另一个条件是排除限制，这表明除了政治渠道外，该工具不应直接影响企业的创新产出。

具体来讲，我们选择中国城市空气质量指数（AQI）来构建地方官员晋升的外生工具变量。一方面，如果地方官员所在城市的空气质量得到改善，他们更有可能得到提升（Zheng 等 2014），这支持了我们认为的空气污染对地方官员的晋升有负面影响的论点。另一方面，没有直接证据表明空气污染与地方企业创新有关。综上所述，基于当地空气质量的外生变量，满足了地方官员晋升激励适当工具所需的相关性和有效性标准。

2000—2013 年，中华人民共和国环境保护部（MEPC）在其网站上发布了按旧标准编制的日 AQI 的历史数据。2013 年之前，空气质量指数是一个综合指数，根据城市二氧化硫（SO2）、二氧化氮（NO2）和颗粒物 10（PM10）的浓度水平测量每日的空气质量。空气质量等级分为六类：优良、良好、轻度污染、中度污染、重度污染和严重污染，相应的 AQI 分界点为 50、100、150、200、300 和 500。因此，AQI 作为衡量整体空气污染的指标具有代表性，日 AQI 越高，空气质量越差（Dong, Wang 和 Xu 2018；Qin 和 Zhu 2018）。对于 AQI 的度量，我们按照城市、年计算日 AQI 的中位数后再取自然对数，表示为 LnAQI_ median。

表 3-4 给出了基于工具变量回归的估计结果。按照 Giannetti, Liao 和 Yu（2015），我们从因变量中减去行业—年的中位数以控制 IV 第二阶段的

固定效应。首先，工具变量的系数在第一阶段具有统计负显著性，这与我们对城市空气污染负面影响地方官员职业前景的预期是一致的。同时，第一阶段的 F 统计量超过 10，在 1% 的显著性水平下，根据使用一种工具（针对一个内生变量）的经验法则，我们拒绝了原假设，即我们的工具是弱的。第二，由第一阶段回归的 Promotion 的拟合值代替，表 3-4 中第 2 列和第 3 列的第二阶段的结果表明，Promotion 的 IV 系数显著为负，这加固了我们对基础模型的分析。因此，基于表 3-4 中报告的工具变量方法的识别检验证实了政治晋升激励对企业创新的负面因果效应。

3.4.3 横截面检验

在本节中，我们通过确定政治晋升激励对企业创新影响更为显著的条件进行了三次横截面检验。

3.4.3.1 产权的调节作用

由于中国正处于转型期，多种类型的企业所有权可能在经济中共存。Piotroski 和 Wong（2012）指出，中国经济的一个重要制度特征是相当多的企业由政府所有，例如国有企业（SOEs）。此外，剩下的属于个人、机构投资者、私人企业和投资信托的企业被定义为非国有企业（non-SOEs）。由于资源禀赋的不同，国有企业和非国有企业的行为可能会有所不同。国有企业被视为政府的子女（Kornai、Maskin 和 Roland，2003），因为它们之间有着天然的血缘关系。官员们也可以从他们控制的国有企业中获取个人利益。综上所述，政府可以在财政补贴和减税方面向国有企业分配额外的经济资源。一方面，如果国有企业绩效差，政府肯定会救助国有企业；另一方面，如果国有企业绩效好，那么利润将被交付给政府。因此，国有企业进行创新以获得竞争优势的动机较低。如果是这样的话，我们预计地方官员的政治晋升对地方企业创新活动的负面影响只有在国有企业中才是显著的。

表 3-4　　工具变量估计结果

VARIABLES	First Stage	Second Stage	
	Promotion	Patent_Total_adj$_{t+1}$	Patent_Invention_adj$_{t+1}$
LnAQI_median	-0.1936***		
	(0.052)		
Promotion (instrumented)		-1.7754**	-1.1514*
		(0.903)	(0.648)
SOE	-0.0148	-0.0359	0.0364
	(0.017)	(0.055)	(0.038)
Lnsize	0.0038	0.3525***	0.2564***
	(0.009)	(0.032)	(0.024)
ROA	-0.2899	1.8863***	0.9437*
	(0.231)	(0.730)	(0.508)
TobinQ	-0.0056	0.0341*	0.0425***
	(0.006)	(0.020)	(0.014)
Age	0.0356**	-0.2982***	-0.2033***
	(0.016)	(0.063)	(0.045)
FC	-0.0331*	-0.1860***	-0.1107**
	(0.018)	(0.064)	(0.045)
Top1	0.0911*	-0.1347	-0.2460*
	(0.052)	(0.186)	(0.137)
Outratio	-0.1114	0.2520	0.4147
	(0.144)	(0.448)	(0.317)
Duality	0.0037	0.2275***	0.2153***
	(0.023)	(0.072)	(0.053)
Leverage	0.0062	0.0850	0.1847*
	(0.054)	(0.158)	(0.109)
Div	0.1407*	-0.2402	-0.4775***
	(0.081)	(0.249)	(0.171)
HHI	-0.0069	-0.0301	0.0792
	(0.034)	(0.100)	(0.072)
Constant	0.9490***	-5.9475***	-4.5456***
	(0.283)	(0.687)	(0.536)
Observations	5164	5164	5164
F-statistics	13.69***		

注：表 3-4 呈现的是政治晋升对企业创新阻碍影响的两阶段最小二乘回归结果。在企业水平修正标准误以进行聚类。*** 表示 1% 的显著水平；** 表示 5% 的显著水平；* 表示 10% 的显著水平。

我们特别研究了所有权结构对本章是否重要。我们将中国内地上市公司分类为国有企业（SOEs）和私营企业（non-SOEs），并使用 Tobit 模型估计以下模型设定：

$$Innovation_{it+1} = \beta_0 + \beta_1 Promotion_{it} + \beta_2 SOE_{it} + \beta_3 Promotion_{it} \times SOE_{it} + \gamma Controls_{it} + \sum Year + \sum Industry + \varepsilon_{it} \qquad (3-2)$$

我们对模型（3-2）中交互项的估计系数 β_3 感兴趣。表 3-5 中的面板 A 提供了回归结果。在 Reg-1 和 Reg-4 中，在 1% 的显著性水平下，β_3 既是负值又具有统计意义，这表明地方官员激励的负向影响在国有企业中是显著的。根据企业最终是由中央还是地方政府控制，我们进一步划分国有企业（即：中央和地方）。我们发现，结果对于地方国有企业来说还是一样的，这些地方国有企业直接接受地方官员的管辖和控制。此外，地方国有企业的高管一般由地方政府任命，因此，他们极有可能直接受到当地官员的激励。当地方官员为晋升竞选时，他们更关心短期经济增长。因此，地方国有企业注重短期活动，对创新等长期投资兴趣较低。

3.4.3.2 市场化程度的调节作用

中国目前正处于市场化的高级阶段。然而，由于区域资源禀赋、地方政策和区域治理水平的差异（Fan 和 Wang，2006；Fan、Wang 和 Ma，2011），在市场化程度上出现了显著的区域差异。地方官员拥有一些经济和行政资源，可以通过建立烦琐的审批程序来出租（Shleifer 和 Vishny，1994）。企业所处的市场环境对交易成本有重大的影响。此外，减少政府干预、改善政府服务和加强法律保护都有利于减少非生产性开支，如寻租支出。换言之，如果区域市场环境较差，则会引发若干问题。首先，它将引导地方政府进一步干预地方企业。结果，企业将承担额外的政治负担，并影响企业家的独立决策地位和企业行为，最终由于缺乏创新激励而挤压创新（Wan 和 Chen，2010；Xu、He 和 Xu，2019）。其次，市场环境越差，该地区的寻租空间越大，当地企业的非生产性支出也越多（Jiang、Lee 和 Yue，2010）。经济资源极有可能由地方政府分配。因此，企业有更大的动机去满足地方官员的需求。最后，糟糕的市场环境往往伴随着低水平的法律保护（Fan 和 Wang，2006）。如果该地区的法律保护薄弱，那么当地企业将经常面临严重的知识产权侵权问题，他们的创新成果将难以保证，企业家精神受到压制（Fan 和 Wang，2006；Fang、Lerner 和 Chaopeng，2017）。显然，市场环境确实对企业的创新决策产生了影响。当政治晋升激励增强的时候，糟糕的市场环境将会进一步抑制晋升事件前一阶段的创新。相反，改善市场环境将有助于减轻负向影响。

具体来讲，我们通过以下模型设定来对这一推测进行实证检验：

$$Innovation_{it+1} = \beta_0 + \beta_1 Promotion_{it} + \beta_2 Group\_Mktindex_{it} + \beta_3 Promotion_{it} \times Group\_Mktindex_{it} + \gamma Controls_{it} + \sum Year + \sum Industry + \varepsilon_{it} \quad (3-3)$$

依据樊纲市场化指数的样本中位数，将样本分为高、低市场化的子样本。如果一家企业位于市场化程度较高的省份，则其 Group_ Mktindex 的值取 1，否则为 0。表 3 - 5 中的面板 B 报告了回归结果。在所有的回归中，β_3 均为正且具有统计意义，这与我们的预期一致，即：改善市场环境将有助于缓解地方官员的政治晋升激励对企业创新的负面影响。

表 3 - 5　　横截面检验：官员晋升对企业创新的调节作用

Variables	Patent_ Total$_{t+1}$			Patent_ Invention$_{t+1}$		
	Reg - 1	Reg - 2	Reg - 3	Reg - 4	Reg - 5	Reg - 6
Panel A: Moderating effect of ownership						
	Full Sample	CentralSOEs	LocalSOEs	Full Sample	CentralSOEs	LocalSOEs
Promotion	- 0.0241	0.0943	- 0.3474 ***	- 0.0875 **	- 0.0875	- 0.3541 ***
	(0.046)	(0.090)	(0.055)	(0.041)	(0.082)	(0.047)
SOE	0.0805 ***			0.0673 ***		
	(0.028)			(0.025)		
Promotion × SOE	- 0.1241 ***			- 0.1230 ***		
	(0.028)			(0.025)		
Control Variables	Yes	Yes	Yes	Yes	Yes	Yes
Industry and Year Fixed Effect	Yes	Yes	Yes	Yes	Yes	Yes
Observations	5,597	1,167	2,592	5,597	1,167	2,592
Pesudo R2	0.1453	0.1284	0.1614	0.1631	0.1474	0.1796

续表

Variables	Patent_Total$_{t+1}$			Patent_Invention$_{t+1}$		
	Reg-1	Reg-2	Reg-3	Reg-4	Reg-5	Reg-6

Panel B: Moderating effect of marketization

Variables	Reg-1	Reg-2
Promotion	-0.2083***	-0.1977***
	(0.045)	(0.040)
Group_Mktindex	0.2665***	0.4335***
	(0.047)	(0.042)
Promotion × Group_Mktindex	0.1990***	0.0897**
	(0.050)	(0.044)
Control Variables	Yes	Yes
Industry and Year Fixed Effect	Yes	Yes
Observations	5597	5597
Pesudo R2	0.1468	0.1665

Panel C: Moderating effect of political connection

Variables	Reg-1	Reg-2
Promotion	-0.1230***	-0.1147***
	(0.026)	(0.040)
PC	0.2056***	0.3616***
	(0.026)	(0.040)
Promotion × PC	-0.0529*	-0.2281***
	(0.031)	(0.046)
Control Variables	Yes	Yes
Industry and Year Fixed Effect	Yes	Yes
Observations	5597	5597
Pesudo R2	0.1468	0.1658

注：表3-5呈现的是横截面检验的结果。Panel A 检验了不同所有权形式下政治晋升激励对企业总体/发明专利数量的影响，其中 Reg-1 和 Reg-4 是引入交叉项后基于全样本的结果，Reg-2、Reg-5 和 Reg-3、Reg-6 是对中央国企和地方国企采用基础模型回归的分组结果。Panel B 检验了不同市场化程度下政治晋升激励对企业总的/发明专利数量的影响。Panel C 检验了不同程度政治关联下政治晋升激励对企业总的/发明专利数量的影响。为简洁，我们省略了年度、行业虚拟变量和控制变量的回归结果。在企业水平修正标准误以进行聚类。*** 表示1%的显著水平；** 表示5%的显著水平；* 表示10%的显著水平。

3.4.3.3 政治关联的调节作用

一方面,政治关联可以给企业带来有利的待遇,如增加银行贷款和优惠税率、高市场份额和丰富的多元化资源(Faccio,2006)。陷入两难境地的政治关联企业极有可能得到政府的支持(Faccio、Masulis 和 McConnell,2006)。另一方面,最近的研究强调政治关联的黑暗面(Fan、Wong 和 Zhang,2007;Fisman 和 Wang,2015)。尤其是,建立政治关联对企业来说代价高昂。他们可能不得不放弃正净现值(NPV)的投资机会,以优先考虑他们在政治关联方面的投资。因此,对政治关联的投资可能会挤出研发投资。为了检验政治关联的调节作用,我们估计了以下模型设定:

$$Innovation_{it+1} = \beta_0 + \beta_1 Promotion_{it} + \beta_2 PC_{it} + \beta_3 Promotion_{it} \times PC_{it} + \gamma Controls_{it} + \sum Year + \sum Industry + \varepsilon_{it} \quad (3-4)$$

我们在表 3-5 中的面板 C 中报告了回归的结果。交互项的系数为负且统计显著,这表明政治关联增强了地方官员短期政治晋升的负影响。因此,实证结果支持了我们的预期。

3.5 稳健性分析

3.5.1 创新的替代变量

在相关文献中,企业创新主要有两种度量方法:一个是用研发费用来度量企业的创新投入,这在早期研究中很常见。另一个是专利,表示创新的产出。在 3.3.2 小节中,我们讨论了研发支出劣于专利衡量企业创新的原因。考虑到自报研发费用的局限性,在解释研发费用结果时应更加谨慎。尽管如此,我们还是使用研发支出的自然对数进行了稳健性检验,并发现表 3-6 中的 Reg-1 和 Reg-2 中,地方官员晋升对企业创新的负向影响,这与之前基础回归中的系数一致,表明负向影响对于创新的替代变量是稳健的。值得注意的是,研发支出数据来源于 Wind 数据库,并自 2006 年来,各企业被要求披露其研发支出,因此,我们的回归样本从 2006 年开始。此外，我们还在表 3-6 中的 Reg-3—Reg-7 中说明基于研发支出的所有权、市场化程度和政治关联的调节作用。稳健性横截面结果表明，交互项 Promotion × SOE 的系数显著为负，Reg-3—Reg-5 中表明地方官员激励对研发支出的影响在地方国有企业而不是中央国有企业中显著。在 Reg-6 中，交互项 Promotion × Group_Mktindex 的系数显著为正，而 Reg-7 中交互项 Promotion × PC 没有显著的负面影响，部分原因在于研发支出度量的局限性。

3.5.2 创新的长期性

鉴于专利申请或授权可能是经过几年努力后的结果，我们有理由认为地方官员的政治晋升长期影响企业创新，因为创新过程通常需要时间。为了提供更稳健的结果，遵循 Cornaggia 等（2015）和 Luong 等（2017），我们扩展了我们的实证分析，将提前 2 年或 3 年的基于专利的指标作为稳健性检验中基础回归的因变量，而不是使用提前 1 年的，以捕捉创新过程的长期性质。我们也得到了定量和定性两方面的，一致在政治锦标赛中的政府官员对企业创新产生长期的负向影响结果，具体结果见表 3-7。

3.5.3 政治晋升的不同形式

3.5.3.1 市委书记和市长的比较结果

在我们之前的讨论中，我们定义的 Promotion 或者是基于市委书记的政治晋升，或者是基于市长的政治晋升。Xu、Qian 和 Li（2013）指出，市委书记是党的领导，而市长是行政领导，市委书记往往被视为权力更大。因此，我们引入政治晋升的其他定义来检验结果的稳健性。表 9 中的面板 A 报告了市委书记和市长的比较结果，其中 Promotion 被重新定义为分别基于市委书记和市长晋升的指标。如果企业所在地的市长（市委书记）在当年或次年被晋升，则 Promotion 的值取 1，否则为 0。实证结果表明，正如预期的那样，市委书记的晋升激励对企业创新的负向影响比市长更为显著，这与市委书记在区域政治决策和经济发展方面作用更强大和更重要相一致。

3. 地方官员的政治晋升会阻碍企业创新吗

表 3-6 稳健性检验：创新的替代变量

	Baseline Regression			Cross-sectional Tests			
					LnR&D		
VARIABLES	Reg-1	Reg-2	Reg-3	Reg-4	Reg-5	Reg-6	Reg-7
	Full Sample	Full Sample	Full Sample	CentralSOEs	LocalSOEs	Full Sample	Full Sample
Promotion	-0.2080***	-0.1004*	0.0267	-0.0904	-0.2554**	-0.4581*	-0.0352
	(0.077)	(0.061)	(0.069)	(0.136)	(0.128)	(0.242)	(0.052)
SOE			0.0016				
			(0.052)				
Promotion × SOE			-0.1688***				
			(0.065)				
Group_Mktindex						0.0997***	
						(0.013)	
Promotion × Group_Mktindex						0.0426*	
						(0.025)	
PC							0.0147
							(0.046)
Promotion × PC							-0.1043
							(0.094)
Control Variables	No	Yes	Yes	Yes	Yes	Yes	Yes
Industry and Year Fixed Effect	Yes	Yes	Yes	Yes	Yes	Yes	Yes
Observations	3568	3568	3,568	721	985	3,568	3,568
Adj-R-squared	0.187	0.496	0.498	0.633	0.487	0.511	0.497

注：表 3-6 呈现了用研发支出（R&D）作为创新替代变量时，政治晋升激励对企业创新影响的稳健性检验。LnR&D 表示的是研发支出的自然对数。Reg-1 和 Reg-2 是基础回归，Reg-3 通过引入交叉项检验了政治晋升激励对研发支出的影响，其中 Reg-3 检验了不同所有权下政治晋升激励对研发支出的影响，Reg-4 和 Reg-5 分别是中央国企和地方国企的基础回归结果，Reg-6 检验了市场化不同程度政治晋升激励对研发支出的影响，Reg-7 检验了不同程度政治关联下晋升激励对研发支出的影响。为简洁，我们省略了年度、行业虚拟变量和控制变量的回归结果。在企业水平修正标准误以进行聚类。*** 表示 1% 的显著水平；** 表示 5% 的显著水平；* 表示 10% 的显著水平。

表 3-7　　稳健性检验：提前 2 年或 3 年的创新度量

VARIABLES	Reg-1 Patent_Totalt+2	Reg-2 Patent_Totalt+3	Reg-3 Patent_Inventiont+2	Reg-4 Patent_Inventiont+3
Promotion	-0.2143** (0.105)	-0.0833* (0.046)	-0.2283** (0.104)	-0.0639** (0.027)
Control Variables	Yes	Yes	Yes	Yes
Industry and Year Fixed Effect	Yes	Yes	Yes	Yes
Observations	4,314	3,518	4,314	3,518
Pseudo R2	0.1509	0.1519	0.1661	0.1652

注：表 3-7 通过使用提前 2 年或 3 年的创新度量作为因变量，检验了政治晋升激励对企业专利申请量的影响。为简洁，我们省略了年度、行业虚拟变量和控制变量的回归结果。在企业水平修正标准误以进行聚类。*** 表示 1% 的显著水平。** 表示 5% 的显著水平；* 表示 10% 的显著水平。

3.5.3.2　内部晋升和外部晋升的比较结果

在这一部分中，我们探讨外部晋升和内部晋升对企业创新影响的区别。如果市长或市委书记在同一个省中担任更高的职务，或者市长在同一个城市中被晋升为市委书记，我们定义这两种晋升为"内部晋升"，否则为"外部晋升"。子样本结果见表 3-8 中的面板 B。结果表明，外部晋升对企业创新的负向影响强于内部晋升。与升职到其他城市或省份的官员相比，那些在当地升职的官员考虑到自己的政治视野和下一个任期内地方经济的发展，可能较少避免从事长期的有风险的创新活动。因此，政治短视问题更可能出现在外部晋升锦标赛期间。

3.5.3.3　安慰剂检验

我们还通过伪造政治晋升点来进行安慰剂检验以获得虚假的政治晋升激励。表 3-8 中的面板 C 给出了安慰剂检验的结果。政治晋升点分别在实际点的前两年和后两年被错误地指定。如果企业年份落在错误指定地政治晋升点上，则 P_Promotion 的值为 1，否则为 0。鉴于政府官员的正常任期为五年，我们认为两年期是合理的（Kong、Liu 和 Xiang，2018）。然后，我们发现虚假的政治晋升激励与地方企业创新之间没有因果关系，这进一步缓解了对内生性的担忧，并提供了支持性证据，证明地方官员的政治晋升激励确实会阻碍企业创新。

表 3 – 8　　稳健性检验：不同形式的政治晋升

Panel A: Municipal party secretaries vs. Mayors

Variables	Patent_Total$_{t+1}$		Patent_Invention$_{t+1}$	
	Secretaries	Mayors	Secretaries	Mayors
Promotion	-0.3182***	-0.0390*	-0.4022***	-0.0259
	(0.036)	(0.022)	(0.033)	(0.020)
Control Variables	Yes	Yes	Yes	Yes
Industry and Year Fixed Effect	Yes	Yes	Yes	Yes
Observations	5,597	5,597	5,597	5,597
Pseudo R2	0.1462	0.1456	0.1648	0.1635

Panel B: External promotion vs. Internal promotion

Variables	External	Internal	External	Internal
Promotion	-0.2864***	-0.0449	-0.4422***	-0.0897**
	(0.067)	(0.045)	(0.061)	(0.039)
Control Variables	Yes	Yes	Yes	Yes
Industry and Year Fixed Effect	Yes	Yes	Yes	Yes
Observations	1,835	3,762	1,835	3,762
Pseudo R2	0.1702	0.1397	0.1895	0.1565

Panel C: Placebo tests

Variables	Two years before the actualpoints		Two years after the actualpoints	
	Patent_Total$_{t+1}$	Patent_Invention$_{t+1}$	Patent_Total$_{t+1}$	Patent_Invention$_{t+1}$
P_Promotion	-0.0720	-0.0188	-0.1090	-0.0950
	(0.047)	(0.047)	(0.123)	(0.117)

续表

Panel C: Placebo tests				
Variables	Two years before the actualpoints		Two years after the actualpoints	
	Patent_Totalt+1	Patent_Inventiont+1	Patent_Totalt+1	Patent_Inventiont+1
Control Variables	Yes	Yes	Yes	Yes
Industry and Year Fixed Effect	Yes	Yes	Yes	Yes
Observations	4,817	4,817	4,696	4,696
Pseudo R2	0.1590	0.1870	0.1517	0.1672

注：表3-8检验了不同政治晋升形式下晋升激励对企业专利申请量的影响。Panel A 介绍了政治晋升的另一个定义，分别基于市委书记和市长定义。Panel B 检验了内部晋升和外部晋升对企业创新影响的区别。Panel C 呈现了通过伪造政治晋升点来进行的安慰剂检验结果，政治晋升点被错误地指定在实际点的前后2年。如果企业年份落在错误指定的政治晋升点上，则 P_Promotion 的值为1，否则为0。为简洁，我们省略了年度、行业虚拟变量和控制变量的回归结果。在企业水平修正标准误以进行聚类。*** 表示1%的显著水平；** 表示5%的显著水平；* 表示10%的显著水平。

3.6 结论

本章通过实证研究，探讨了政治晋升对企业创新的影响。结果表明，来自政治晋升的压力塑造了地方官员的短期视野，这严重阻碍了企业的创新激励。通过基于中国城市空气质量指数（AQI）的工具变量和安慰剂检验，在确定因果关系并控制遗漏变量后，我们得出了一致的结果。我们发现，地方官员的政治晋升对企业创新的负向影响在不同特点的企业之间是异质的。国有企业、有政治关联的企业和位于低市场化的企业的创新成果更容易受到更高水平的地方政治压力影响。此外，额外的检验表明，地方官员的晋升对企业创新的负向影响对于各种模型的设定和子样本分析都是稳健的。

我们的结论提供了明确的政策含义。本章研究了政治对企业行为的影响以及从政治经济学的角度来看中国企业创新活动变化背后的机制。企业创新会受到政治的影响，企业应该考虑经济增长的重要因素和关键驱动力。为了鼓励企业创新，政府和政策制定者应减少对企业的过度干预，继续推进市场改革，使市场在资源配置中发挥重要作用。

4. 何时出国：经济政策不确定性和中国企业的海外投资

4.1 引言

对外直接投资（OFDI）是金融全球化的重要组成部分，而且不仅是在发达国家，在新兴国家里，同样起着刺激经济增长的重要作用。世界发展指标报告称，国际对外直接投资占国内生产总值（GDP）的年均比例从20世纪80年代的0.5%增长到2014年的3%，增长了6倍多（Albuquerque等，2019）。中国作为最大的新兴国家之一，在过去20年里从对外直接投资中受益匪浅。然而，国家发展和改革委员会2017年对中国海外投资的政策的调整对国家海外投资产生了负面影响。例如，根据商务部的数据，2017年前10个月，中国对外直接投资总额约为112亿美元，仅占2016年同期总额的60%左右。此外，万达作为中国最大的房地产公司，需要以总计50亿美元的价格出售其5个海外房地产项目，这对公司的资产负债表产生了重大影响（Tang，2017）。因此，了解经济政策不确定性（EPU）如何影响中国企业海外投资是非常必要的，这是影响企业投资决策的最重要因素之一。现有的实证研究大多考察EPU如何影响企业的国内投资（Julio和Yook，2012；Kang等，2014；Wang等，2014、2016；Gulen和Ion，2016；Nguyen和Phan，2017）。然而，此前没有研究考察EPU与企业海外投资之间的关系，这项研究旨在填补这一空白。

宏观经济环境是影响企业融资和投资决策的核心因素（Wang等，

2014、2016；Yang 和 Li，2015；Gulen 和 Ion，2016）。在不完全竞争条件下，战略增长期权理论认为，当产品市场不具有垄断性时，面临不确定性的企业可能会增加投资，否则，潜在的竞争对手可以抓住增长机会（Vo 和 Le，2017）。然而，大多数文献表明不确定性与企业投资之间存在负向影响（Dixit 和 Pindyck，1994；Abel 和 Eberly，1996；Bloom 等，2007）。根据实物期权理论，不确定性增加了等待价值，并使企业谨慎地做出投资决策。因此，对于面临高度不确定性的公司来说，最好的选择是限制投资并增加现金储备，为推迟到下一个时期的投资做准备（Bernanke，1983；McDonald 和 Siegel，1986；Dixit 和 Pindyck，1994；Abeland Eberly，1996；Bloom 等，2007）。

由于 EPU 的存在，使得企业很难做出准确的预测，因此，这可能对公司未来的投资产生巨大的影响。在政策不确定的环境下，企业不清楚什么样的经济政策将被采用。经济环境中有许多不确定性的因素，大多数研究者认为 EPU 是影响企业发展的主要因素（Wang 等，2014；Yang 和 Li，2015；An 等，2016）。EPU 的存在会对宏观经济发展和企业行为产生相当大的影响（Baker 等，2016）。Baker 等（2016）为美国以及中国、澳大利亚、加拿大和英国等其他国家制定了一个衡量 EPU 的指数。他们的 EPU 指数已经过测试，证明是真实 EPU 的良好指标。他们报告说，政策不确定性的增加相当于 2006—2011 年观察到的实际变化，总体结果呈现出急剧和持续的下降，实际 GDP 峰值下降 3.2%，私人投资下降 16%，总就业人数下降 230 万人。Gulen 和 Ion（2016）得出结论，高水平的 EPU 会限制企业投资，尤其是对于严重依赖政府销售其产品的企业来说，这种影响是强大的。因此，在严重依赖政府支出的行业中运营的企业的投资受到 EPU 的负面影响。Gulen 和 Ion（2016）也发现，经过一段长期且持续的高水平政策不确定性后，EPU 与投资的关系减弱。

一些国家通过对外直接投资来利用国际资本流动,以此促进经济发展①。Yeaple (2003) 认为,美国的 ODFI 是基于一个国家的熟练劳动力丰富程度和行业熟练劳动力强度的比较优势的重要来源。Herzer 和 Schrooten (2008) 进一步发现,在很长一段时间内,美国的对外直接投资和当地投资之间存在显著的正相关关系,但德国没有。对外直接投资在新兴市场经济发展中也发挥着越来越重要的作用。新兴市场依靠对外直接投资增强竞争力,融入世界经济。对外直接投资通过提供先进的创新、人才、自然资源和市场营销渠道,并通过提高企业的技术水平,来增强国内企业的进取性。Luo 等 (2010) 指出,新兴国家政府决定对外直接投资的发展战略。Huang 和 Zhang (2017) 报告称,新兴国家政府更倾向于通过对外直接投资及其推动创新的战略来提升企业竞争力。此外,在发达国家的投资也很重要。因此,经济政策的变化对企业海外投资至关重要。

改革开放 30 年来,中国经济发生了翻天覆地的变化。中国是检验企业海外投资与 EPU 关系的理想环境。首先,由于中国有着独特的社会经济体制和政治官僚体制,相对于发达国家,中国中央政府对国民经济增长有着重要的影响。由中国共产党中央政治局代表的中央政府,包括 25 名共产党员,在制定经济政策时拥有绝对的权力。中国中央政府经常使用"看得见的手"直接控制企业的经济活动,这反过来又给企业的经营活动带来不确定性 (Xu 等, 2016; Chen 等, 2017; Luo 等, 2017a, b)。其次,中国企业缺乏游说政府实施优惠经济政策的渠道。自 1992 年中国共产党第十四次全国代表大会以来,中国共产党一直在努力将决策等政府职能与企业职能分开。中国共产党最近甚至决定禁止党员参加企业组织的活动,这些活动是根据 2012 年出台的八项规定决定的,包括庆祝仪式、展览和纪念仪式。中央政府认为,这是控制中国日益严重的政府腐败的有效途径之一。因此,新经济政策的出台对企业来说很可能是外生的。第三,2015 年中国成

---

① 在本研究中,我们将中国企业对外直接投资定义为企业的海外投资,包括固定收益证券、财富管理、非金融和金融企业股份,但不包括跨境并购活动(并购)。

为资本净出口国，中国对外投资首次超过外国对华投资（中国与全球化智库，2016）。报告还显示，2015 年中国企业在海外的投资达到创纪录的 1.456 亿美元。当前，在全球经济一体化的背景下，全球市场变得越来越复杂和不确定。第四，利用中国的数据，我们可以考虑更多的公司层面的控制变量和调节因素，如公司的政治地位、公司总部所在地、公司是否接受政府补贴等。我国各省经济发展水平不平衡，这些特点可能会影响 EPU 对企业投资决策的驱动作用，这是值得探讨的。最后，通过 2013 年习近平主席提出的标志性经济政策——一带一路倡议，"走出去"战略得到进一步推进。中国的某智库表示，尽管世界各地贸易保护主义抬头，但中国对外投资已进入增长的黄金时代。因此，了解中国企业海外投资政策是如何制定的，对学术界和全球投资者都很有帮助。

为了测量 EPU，我们采用 Baker 等（2016）的月度中国 EPU 指数（以下简称 BBD 指数[①]），并通过计算某一年 BBD 指数的平均值、中值和几何平均值，将其聚合到年度水平。Baker 等（2016）通过加权平均以下三种要素构建了该指数：新闻指数（1/2）、税收指数（1/6）和预测差值指数（1/3）。我们用海外总投资除以总资产来衡量企业的海外投资。本章以 2007—2016 年中国上市公司为研究对象，考察了 EPU 对公司海外投资的影响，发现在控制了其他公司异质性特征和宏观经济变量后，中国 EPU 与公司海外投资之间存在显著的负相关关系。我们进一步发现，企业海外投资与中国 EPU 之间的负相关关系是由于中国企业减少了对固定收益证券的海外投资。我们的主要结果对国有企业、财务约束的公司、政府补贴和海外收入较低的公司也是稳健的。中国 EPU 与企业海外投资之间的负相关关系仅在市场化程度较低的地区具有显著性。最后，当我们使用不同的指标来代表中国的 EPU，以及当我们对最近的全球金融危机的影响进行控制时，我们的主要结果仍然是稳健的。

[①] BBD 指数在最近的文献中被广泛应用于测量 EPU，如在 Kang et al. (2014)，Wang et al. (2014)，Brogaard and Detzel (2015)，Gulen and Ion (2016)。

我们使用了几种方法来减轻潜在的内生性问题，如反向因果效应、遗漏变量以及测量误差。

首先，我们通过对大型和小型企业集团分别进行主测试来控制反向因果效应。其次，我们通过工具变量（POL_TURNOVER）进行2SLS回归，该工具变量在2013年习近平成为中华人民共和国主席之后的这段时间取1，其余取0。第三，我们采用Gulen和Ion（2016）的方法提取与美国、澳大利亚和欧洲EPU指数正交的中国EPU指数成分，使用残差作为中国EPU的纯度量，并重复了我们的主测试，在解决了潜在的内生性问题后，我们的主要结果仍然是稳健的。我们的贡献体现在三个方面。首先，就我们所知，这是首次对EPU如何影响企业在中国这个全球最大新兴经济体中的对外投资进行了实证分析。现有研究主要关注政策不确定性对中国国内资本投资的影响（Bloom等，2007；Julio和Yook，2012；Gulen和Ion，2016）以及国内金融市场的股票回报率（Boutchkova等，2012；Pastor和Veronesi，2013；Chen等，2017）。而这次研究强调了国内EPU对企业对外投资的影响。随着中国等新兴国家的崛起，新兴市场对发达市场的对外投资在全球经济中发挥着越来越重要的作用，这引发了我们的研究问题，同时本研究的结果可以为这一研究领域提供新的思路。

其次，本研究对实物期权理论的研究有一定的贡献。我们的研究为说明在不确定的情况下，"等待期权"是否会主导"增长期权"或者反之亦然提供了实证证据。我们的研究结果支持了实物期权理论的争论（Boutchkova等，2012；Pastor和Veronesi，2013；Chen等，2017）。我们发现，在EPU较高的时期，中国企业可能减少海外投资。我们的研究结果表明，在经济政策稳定之前，中国企业可能会一直持有投资，因为这有助于增加投资的价值。

最后，相较于国内几项利用政府更替来衡量EPU的研究，本章以BBD指数来代表中国的EPU。BBD指数是一个时间序列指数，涵盖了在我们所选取的时间段内重大政治和经济事件的时间序列变化。因此，我们的研究结果应该比其他研究更准确地反映了中国企业在EPU过程中的对外投资行为。

本章的其余部分组织如下：第二节回顾了该领域的相关文献，第三节讨论我们的研究假设，第 4 节讨论了我们的研究方法，包括我们的数据收集方法、中国的 EPU 构建、变量定义和使用的模型，第 5 节给出了我们的实证结果，最后，第 6 节给出了研究结论。

4.2 文献综述

4.2.1 EPU 的定义

EPU 认为政策不确定性是存在的（Baker 等，2016）。地方政府高层官员的更替会增加政策的不确定性，引发"坏消息"（Julio 和 Yook，2012）。例如，澳大利亚联邦选举的不确定性对澳大利亚股市的不确定性有显著影响（Smales，2016）。Pastor 和 Veronesi（2013）建立了一个政府政策选择的一般均衡模型，指出政策不确定性降低了政府对市场提供保护的价值，这导致了股票波动。因此，选举年的政治不确定性平均高于非选举年。一般来说，EPU 受下列因素影响：谁制定经济政策，什么时候实施经济政策，政策行动如何影响经济，以及在何处发生不确定性。

然而，在某些情况下，无论最终谁获胜，政策改变的结果也可能被认为是"好消息"（Julio 和 Yook，2012）。政治联系可以帮助企业获得有利的政策结果，并减少 EPU。受 EPU 水平显著影响的公司可能会有强烈的动机来增加他们的政治联系（Francis 等，2009；Liand Zhao，2015；Pan 和 Tian，2017；Schweizer 等，2017）。这种关联性共存于国有企业与非国有企业中，这为检验政治关系对企业投资决策的影响提供了独特的制度环境。例如，中国国有企业与中央政府或地方政府有着天然的联系，它们的政治关系是一种资源。然而，大多数非国有企业没有政治关系，因此，他们有动机与政府建立联系，以获得宝贵的资源（Li 和 Zhao，2015）。在不确定的政策环境下，国有企业和非国有企业可能会受到不同的影响。例如，在利用中国正在发生的腐败丑闻后，Pan 和 Tian（2017）研究发现，政治人物下台后，事件国有企业的投资效率提高，而事件非国有企业的投资效率相对于非事件国有企业有所下降。他们识别了下台的腐败政客，并将事件公司定义为那些通过贿赂和私人关系与这些政客联系在一起的公司。

自 2008 年金融危机以来，各国政府频繁调整经济政策，以平抑经济波动，避免经济衰退，从而使得 EPU 越来越受到关注。这一研究领域的主要挑战之一是找到合适的 EPU 度量方法。Julio 和 Yook（2012）报告称，在选举期间观察到的不确定性水平高于非选举年份，因此，政治选举可以 EPU 的做为一种度量方法。Jens（2017）使用了包括 1984—2008 年所有美国州长选举在内的样本作为不确定性的外生变量，结果发现，在所有选举之前，投资减少了 5%，而对那些特别容易受到政治不确定性影响的公司的子样本，投资最多减少了 15%。然而，选举指标没有捕捉到非选举年 EPU 的变化，这在某些国家可能是显著的，并且在调查国家级 EPU 对公司决策的影响时，可能会对推断产生强烈的偏差，因为公司级投资在非选举年有很大的差异（Gulen 和 Ion，2016）。

Baker 等（2016）通过构建一个总体 EPU 指数来解决文献中的这一偏差。在本研究中，我们采用了他们基于中国新闻的指数作为 EPU 的代理。BBD 指数在以下研究中促进了 EPU 的研究：Gulen 和 Ion（2016）认为 EPU 的增加会限制美国公司的投资；Wang 等（2014）报告了中国 EPU 与中国企业资本投资之间的稳健的负相关关系，此外，非国有企业可以减轻政策不确定性对企业投资的负面影响；Yang 和 Li（2015）进一步发现有证据表明，投资的不可逆性、学习能力、所有权性质和机构所有者会影响中国 EPU 对中国企业投资的抑制作用。

4.2.2 EPU 对企业投资的影响

目前，关于 EPU 与企业风险之间联系的研究较为缺乏。关于 EPU 如何影响企业投资存在两种不同的观点。一方面，支持增长期权理论的研究人员断定 EPU 的增加可以对企业投资产生积极的影响（Oi，1961；Hartman，1972；Vo 和 Le，2017）。Knight（1921）认为企业可以在不确定的经济环境中识别并抓住投资机会，通过资源整合实现盈利。投资者往往担心潜在的机会和收益，而在不确定性日益增加的时候增加投资。另一方面，基于实物期权理论的相反阵营认为，政策不确定性会对企业投资产生负面影响（Julio 和 Yook，2012；Wang 等，2014, 2016；Narayan 等，2017）。投资的不可逆性和沉没成本使得公司在做出投资决策时非常谨慎（Bernanke，1983）。不确定性程度越高，等待未来投资的回报越大，等待的价值也就越大，反过来，企业就减少了当前的投资支出。

下面两个因素同样可以揭示 EPU 对企业投资的影响。从企业管理来看，EPU 的增加会使企业管理团队难以判断未来的经济政策绩效，从而影响企业的投资决策（Stokey，2016）。Stokey（2016）进一步论证，政策变化会导致企业停止投资，并采取临时观望的政策。Julio 和 Yook（2012）在考察了从 1980—2005 年 48 个国家举行的全国选举后得出结论，在选举年，企业投资支出相对于非选举年平均可下降 4.8%。

4.2.3 OFDI 的收益

一些国家利用 OFDI 引发的国际资本流动来促进经济发展。Yeaple（2003）的研究表明，美国的 OFDI 符合基于国家熟练劳动力数量和行业熟练劳动力强度的比较优势链。Yeaple 认为，美国跨国公司将更多的资金投入到缺乏熟练劳动力的国家，而不是投入到低技术含量劳动密集型产业中有充足的熟练劳动力的国家。根据 Herzer 和 Schrooten（2008）的研究发现，OFDI 对美国本土投资的正向影响时间较长，但对德国的正向影响时间较短。

发达国家对 OFDI 的考虑相对较低，主要原因是它还没有引起足够的重视。新兴经济体 OFDI 在提升竞争力、融入全球经济中发挥着越来越重要的作用。OFDI 通过提供先进的创新、能力、自然资源和营销渠道，并通过提高企业的技术水平，增强了国内企业的进取性。新兴市场国家政府提出的 OFDI 发展战略，在平衡新兴市场企业在全球竞争中的竞争劣势方面具有经济基础和制度关联性（Luo 等，2010）。此外，在发达国家为促进创新和投资的 OFDI 战略从根本上强化了企业自主效应（Huang 和 Zhang，2017）。因此，一些新兴市场国家的政府目前正在考虑通过 OFDI 来解决其企业竞争力问题。

中国是世界领先的发展中经济体，考虑到中国的市场规模和增长速度，我们认为这是一个非常好的测试案例。Cozza 等（2015）研究了 OFDI 对欧洲发达国家的中国企业的影响。研究结果表明，中国 OFDI 对提升企业生产率水平和经营规模具有积极作用。Buckley 等（2007）利用 1984—2001 年间收集的中国官方 OFDI 数据论证了他们的假设。他们的假设认为，中国的 OFDI 与东道国政治风险水平的上升呈负相关。尽管如此，他们在研究中并没有找到支持这一假设的证据。这一结果与该变量的典型发现相反，需要进一步研究。基于他们的研究，我们的动机是进一步检验 EPU 与中国 OFDI 之间的联系。

4.3 假设检验

文献表明，EPU 对企业投资具有显著影响，然而，EPU 在国内是否会影响企业的海外投资还不清楚。根据实物期权理论，不确定性会抑制企业对任何形式投资的热情。实证研究表明，EPU 可以减少企业的投资支出（Julio 和 Yook，2012；Wang 等，2014，2016；Baker 等，2016；Gulen 和 Ion，2016）。EPU 对企业投资有两方面的负面影响。首先，等待价值促使企业等待周围环境确定或推迟投资以获得准确的信息；其次，投资不可逆性或高沉没成本使企业重新考虑投资决策（Bernanke，1983；McDonald 和 Siegel，1986）。

然而，反对阵营认为，公司应该在类似于实物期权理论所建议的不确定时期增加投资（Segal 等，2015；Vo 和 Le，2017）。Knight（1921）认为利润是对不确定性的一种奖励，这意味着利润是企业承担不确定性的剩余收益。Knight（1921）也强调企业可以在不确定的经济环境中识别并抓住投资机会，通过资源整合实现盈利。在一个不确定的时期，投资决策者变得追逐风险，往往特别热衷于潜在的投资机会和回报，从而增加投资。当企业在较高不确定性时期减少海外投资时，则丧失了市场占有率，企业当前收益和预期收益下降（Vo 和 Le，2017）。基于上述分析，我们的假设如下：

H1 中国 EPU 对中国企业海外投资具有重要影响。

4.4 数据和方法

4.4.1 数据收集

我们的样本包括在深圳和上海证券交易所上市的所有 A 股公司。我们从国泰安数据库（CSMAR）中获取样本公司的外国投资、财务和所有权数据。样本周期为 2007—2016 年，对应样本公司海外投资数据的可获得性。我们的样本不包括商业银行、投资信托基金和共同基金等金融机构。我们还排除了过度投资公司，即海外投资总额超过总资产的公司。最后，样本中还保留了 7,309 个公司年度观测值。所有数据都在 1% 和 99% 的水平上进行了 winsor 处理，以尽量减小异常值的影响。

4.4.2 EPU 指数

我们使用 Baker 等（2016）的中国 EPU 指数来衡量中国 EPU，该指数在文献中被广泛用于衡量 EPU。Baker 等（2016）在香港出版的主要英文报纸 South China Morning Post（SCMP）上，对与政策相关的经济不确定性的文章进行了按比例的频次统计，为中国构建了一个 EPU 指数。首先，作者识别出 SCMP 上所有至少涉及以下一个关键术语的文章：中国、经济和不确定性。其次，他们确认样本章是否使用任何与政策术语相关的关键词，如政策、支出、预算、政治、利率、改革、政府、北京、税收、监管、央行、中国人民银行、PBOC 和 WTO。最后，将每月过滤的文章数量除以同一月发表在 SCMP 上的所有文章的总数，最终得到中国 EPU 指数。由于企业的海外投资数据是按年度编制的，我们使用均值、中值和几何均值方法将这些月度 EPU 数据转换为年度规模。

4.4.3 模型

我们用公式（4-1）考察 EPU 对企业海外投资的影响。

$$\frac{Overseas\ Investment}{Total\ Assets}_{i,t} = \alpha + \beta_1 \ln EPU_t + \beta_{controls} \sum Control\ Variable +$$

$$\sum Industry\ dummies + \sum Provincial\ dummies + \varepsilon_{i,t}$$

$$(4-1)$$

$\frac{Overseas\ Investment}{Total\ Assets}$ 在这里代表企业的海外投资。解释变量 $\ln EPU_t$ 是中国 EPU 指数在 t 年的年化率的自然对数。我们的控制变量包括公司的财务信息（e.g., Tobin's q, company size, leverage ratio, ROA, PPE/at, Capex/at, and financial constraints）、中国的宏观经济变量（e.g., China GDP growth rate）、公司治理（e.g., independent director percentage and board size）、所有权信息（e.g., institutional ownership and top five concentration）、董事信息（e.g., overseas background）和时间趋势。所有控制变量都在附录中定义。指标 t 和 i 分别表示年份和公司，$\varepsilon_{i,t}$ 为相关的误差项。

4.4.4 描述统计量

表 4-1 显示了每个变量的描述性统计。中国上市公司的海外平均投资水平约为总资产的 0.095，标准差为 0.163。中国 EPU 自然对数的均值、中值和几何均值分别为 4.876、4.818 和 4.796。2007—2016 年，中国 GDP 年平均增长率为 8.90%，从 2015 年的 6.90% 到 2007 年的 14.20% 不等。以总资产的自然对数值来衡量，我们样本中的平均公司规模为 9.648，Tobin's q 的平均值为 2.46，这表明我们的样本中主要是表现良好的大型公司。平均杠杆率为 47.90%，范围从 12.70% 到 83.60%，与 Wang 等

(2014) 的结果相似。平均 ROA 为 3.90%，最小值为 16.60%，最大值为 20%。董事会的平均规模约为 9 名成员，平均 36.90% 的董事会成员是独立的。此外，样本公司中 74.40% 的董事有海外经验。机构投资者平均持有 7.12% 的股份，但最多可占 58.58%。平均而言，前五大股东集中地持有 17.40% 的流通股。在我们的样本中，国有企业占 53.10%。

表 4-1 描述统计量

Variables	Obs	Mean	Std. Dev.	Min	Max
Oversea investment	8,223	0.095	0.163	1.99e-05	0.994
LEPU_mean	8,223	4.876	0.356	4.294	5.499
LEPU_median	8,223	4.818	0.363	4.243	5.478
LEPU_geomean	8,223	4.796	0.353	4.229	5.472
China GDP growth	8,223	0.089	0.019	0.069	0.142
Tobin's q	8,223	2.460	1.794	0.901	11.360
Company size	8,223	9.648	0.576	8.555	11.360
Board size	8,223	9.043	1.850	5.000	15.000
Independent%	8,223	0.369	0.053	0.286	0.571
Leverage	8,223	0.479	0.203	0.127	0.836
ROA	8,223	0.039	0.052	-0.166	0.200
PPE/at	8,223	0.236	0.169	0.003	0.716
Capex/at	8,223	0.052	0.049	2.50e-04	0.235
State	8,223	0.531	0.499	0.000	1.000
Institution ownership	8,223	0.071	0.104	0.001	0.586
Top5con	8,223	0.174	0.125	0.013	0.572
Overseas background	8,223	0.744	0.437	0.000	1.000
Financial constrain	7,324	-1.022	0.661	-53.280	-0.362

4.5 实证结果

4.5.1 主回归结果

表 4-2 报告了我们的普通最小二乘（OLS）回归的主要结果。因变量

是企业的海外投资，三个模型中使用的主要自变量是 EPU 指数年度均值的自然对数、EPU 指数的中位数和 EPU 指数的几何平均值。上述三项 EPU 指标对中国企业海外投资均呈现显著的负相关关系。EPU 的三个主要自变量均值、中值和几何均值的系数分别为 0.016、0.019 和 0.010。此外，平均值和中位数的系数在 1% 水平上均统计显著，而几何平均值的系数在 5% 水平上统计显著。我们的研究结果表明，在 EPU 水平较高的时期，中国企业倾向于减少海外投资。我们的研究结果与其他发达国家的研究结果一致，EPU 与企业国内投资之间存在负相关关系（Baker 等，2016；Gulen 和 Ion，2016）。因此，我们的实证结果支持实物期权理论（McDonald 和 Siegel，1986；Dixit 和 Pindyck，1994）。

表 4-2　　海外投资与经济政策的不确定性

VARIABLES	(1)	(2)	(3)
LEPU_mean	-0.018*** (-4.24)		
LEPU_median		-0.021*** (-4.84)	
LEPU_geomean			-0.011*** (-2.62)
China GDP growth	-2.717*** (-14.16)	-2.726*** (-14.26)	-2.644*** (-14.08)
Tobin's q	0.009*** (4.23)	0.009*** (4.12)	0.009*** (4.29)
Company size	0.004 (0.70)	0.004 (0.63)	0.005 (0.76)
Board size	-0.004*** (-2.94)	-0.004*** (-2.92)	-0.004*** (-2.99)
Independent%	0.027 (0.54)	0.028 (0.57)	0.025 (0.51)
Leverage	-0.227*** (-11.43)	-0.226*** (-11.41)	-0.227*** (-11.48)

续表

VARIABLES	(1)	(2)	(3)
ROA	-0.006	-0.004	-0.009
	(-0.11)	(-0.07)	(-0.16)
PPE/at	-0.096***	-0.096***	-0.095***
	(-5.83)	(-5.85)	(-5.81)
Capex/at	-0.081	-0.080	-0.082
	(-1.68)	(-1.66)	(-1.69)
Institution ownership	-0.000	-0.000	-0.000
	(-0.36)	(-0.38)	(-0.34)
Top5con	0.013	0.013	0.012
	(0.54)	(0.57)	(0.51)
Overseas background	-0.006	-0.006	-0.006
	(-1.12)	(-1.08)	(-1.20)
Financial constrain	0.002	0.002	0.002
	(1.86)	(1.89)	(1.78)
Constant	0.523***	0.541***	0.478***
	(7.75)	(7.94)	(7.24)
Industry fixed effect	Yes	Yes	Yes
Province fixed effect	Yes	Yes	Yes
Observations	7,309	7,309	7,309
Adjusted R-squared	0.219	0.219	0.218

注：表中显示了企业海外投资与经济政策不确定性之间的关系。因变量为企业海外投资，所有变量在附录中定义。我们控制行业固定效应和省份固定效应来调整标准误差。在回归分析中，我们采用了在企业层面上聚集的稳健标准误。括号中的稳健 t-统计量。** 和 *** 分别表示 5% 和 1% 水平上统计显著。

对于我们的控制变量，我们使用 GDP 增长率来衡量经济发展的程度。Berthelemy 和 Demurger（2000）认为企业投资与中国区域经济增长负相关。我们的研究结果还表明，中国 GDP 增长与企业海外投资之间存在显著的负相关关系。我们使用 Tobin's q 来控制投资机会。Tobin's q 的显著为正的系数表明，企业海外投资在很大程度上取决于其投资机会（Lang 等，1996）。

表4-2显示董事会规模与公司海外投资之间存在显著的负相关关系，这意味着董事会规模较大的公司在不确定时期可能倾向于减少海外投资。Nakano 和 Nguyen（2012）发现董事会规模与企业风险承担之间存在负相关关系，尤其是对于投资机会很少的企业。与董事会规模较小的公司相比，董事会规模较大的公司在做出投资决策时可能会受到更多阻碍。在大型董事会中，董事会成员持有自己的观点，并谨慎、保守地制定投资决策政策。由于企业海外投资涉及风险行为，我们的结果支持 Nakano 和 Nguyen（2012）的论点。表4-2还显示了杠杆率与企业海外投资之间的显著负相关关系。当杠杆率高时，企业会考虑自身的债务状况，减少海外投资。表4-2还报告了时间趋势的显著正系数。然而，公司规模、最高集中度、ROA 与公司海外投资之间没有显著的关系。不可逆性是 EPU 投资模型的本质特征，这种特征使得反向投资成本高且增加等待价值（Bernanke，1983；McDonald 和 Siegel，1986）。我们使用 PPE/at 变量（工厂、财产和设备占总资产的比例）来衡量 Gulen 和 Ion（2016）提到的投资不可逆性，Gulen 和 Ion（2016）认为企业的 PPE/at 越高，调整成本越高。表4-2所示的结果表明，PPE/at 与公司海外投资之间存在显著的负相关关系，表明投资不可逆性越高的公司，其外国投资水平可能越低。

我们将公司海外投资分为固定收益证券、财富管理、非金融类和金融类公司股票四大类，并进一步研究了 EPU 与企业海外投资负相关关系的来源。表4-3显示，EPU 与企业海外投资之间的负相关关系仅在企业投资于固定收益证券时显著，其他三个类别不显著。这些结果表明，面临国内政策不确定性的中国企业减少了对固定收益证券的海外投资，因为固定收益证券是流动性最强的证券，对企业来说可以迅速转化为现金。

4.5.2 检验 EPU 对企业异质性的影响

首先，我们检验 EPU 与企业海外投资之间的显著负效应是否与企业的政治地位有关。中国政府为国有企业和非国有企业提供了独特的制度环境，但同时也明确支持国有企业。国有企业通过政府持股与政府自然相

表4-3 采用企业海外投资替代测试的海外投资与经济政策不确定性

VARIABLES	(1) Fixed Income Securities	(2) Wealth management	(3) Non-financial firms' shares	(4) Financial firms' shares
LEPU_median	-0.008***	0.003	0.001	0.006
	(-3.81)	(0.25)	(0.44)	(1.78)
China GDP growth	-0.337***	-4.434***	0.063	0.329
	(-2.81)	(-6.64)	(0.84)	(1.84)
Tobin's q	0.001	0.005	0.004	-0.003
	(1.31)	(1.29)	(1.43)	(-0.94)
Company size	-0.001	-0.056***	-0.003	0.012
	(-0.31)	(-4.10)	(-0.70)	(1.37)
Board size	-0.001	-0.004	-0.002***	-0.001
	(-1.15)	(-1.23)	(-2.82)	(-0.68)
Independent%	-0.002	0.027	-0.026	-0.029
	(-0.10)	(0.25)	(-1.03)	(-0.53)
Leverage	-0.026**	-0.254***	-0.037***	-0.189***
	(-2.39)	(-6.71)	(-3.02)	(-5.32)
ROA	-0.003	0.170	0.004	-0.131
	(-0.09)	(1.42)	(0.11)	(-1.89)
PPE/at	-0.016**	-0.155***	-0.007	-0.059***
	(-2.01)	(-3.85)	(-0.76)	(-2.70)
Capex/at	-0.078***	0.016	-0.093***	-0.168***
	(-3.30)	(0.13)	(-4.05)	(-3.31)
Institution ownership	-0.000	0.000	-0.000**	0.000
	(-1.09)	(0.47)	(-2.36)	(0.27)
Top5con	-0.026***	0.105**	-0.001	-0.032
	(-2.66)	(2.52)	(-0.11)	(-1.05)
Oversea background	-0.006**	-0.002	0.002	-0.008
	(-2.10)	(-0.17)	(0.74)	(-1.34)
Financial constrain	0.001**	-0.012	0.004	0.008
	(2.05)	(-0.92)	(0.83)	(0.53)

续表

VARIABLES	(1) Fixed Income Securities	(2) Wealth management	(3) Non-financial firms' shares	(4) Financial firms' shares
Constant	0.126***	1.187***	0.109***	0.025
	(3.72)	(7.45)	(2.89)	(0.32)
Industry fixed effect	2,006	2,339	3,581	2,538
Province fixed effect	Yes	Yes	Yes	
Observations	Yes	Yes	Yes	
Adjusted R-squared	0.0936	0.173	0.149	0.199

注：表中显示了企业海外投资与经济政策不确定性之间的关系。因变量是衡量企业海外投资的替代指标，如固定收益证券投资、财富管理、非金融企业股份或金融企业股份。所有变量在附录中定义。我们控制行业固定效应和省份固定效应来调整标准误差。在回归分析中，我们采用了在企业层面上聚集的稳健标准误。括号中的稳健 t – 统计。** 和 *** 分别表示 5% 和 1% 的水平上统计显著。

连，在融资和投资方面可能受到政府的青睐（Pan 和 Tian，2017）。国有企业与政府之间的"自然关系"使其投资行为倾向于"亲政策"。因此，国有企业比非国有企业更容易获得最新的政策信息。Wang 等（2014）报告称，EPU 对中国国有企业的影响很大，因为它们主要依赖于政府的贷款政策。因此，我们希望国有企业的海外投资比非国有企业对 EPU 更加敏感。

为了检验 EPU 与企业海外投资关系对国有企业的影响，我们将所有样本企业分为两组：国有企业和非国有企业。表 4-4 中模型（1）—（3）给出了国有企业的回归结果。正如预期的那样，EPU 的三项指标均为负，且在 1% 的水平上显著。模型（1）—（3）的三个 EPU 系数在各个水平上均不显著。因此，从表 4-4 可以看出，EPU 对企业海外投资的负面影响只对国有企业显著，对非国有企业不显著，这支持了 Wang 等（2014）的证据。

表4-4　　　国有企业与非国有企业的海外投资和经济政策不确定性

VARIABLES	(1)	(2)	(3)
LEPU_mean	-0.024*** (-4.43)		
LEPU_median		-0.027*** (-4.95)	
LEPU_geomean			-0.015*** (-2.95)
LEPU_mean×State	-0.003** (-2.00)		
LEPU_median×State		-0.003** (-1.99)	
LEPU_geomean×State			-0.003** (-2.02)
China GDP growth	-3.548*** (-14.04)	-3.553*** (-14.10)	-3.454*** (-13.94)
Tobin's q	0.012*** (4.14)	0.011*** (4.03)	0.012*** (4.20)
Company size	0.001 (0.18)	0.001 (0.10)	0.002 (0.24)
Board size	-0.004** (-2.35)	-0.004** (-2.32)	-0.004** (-2.39)
Independent%	0.060 (0.89)	0.062 (0.91)	0.058 (0.87)
Leverage	-0.280*** (-11.48)	-0.280*** (-11.46)	-0.281*** (-11.53)
ROA	-0.051 (-0.72)	-0.048 (-0.67)	-0.055 (-0.77)
PPE/at	-0.128*** (-6.21)	-0.129*** (-6.24)	-0.128*** (-6.19)
Capex/at	-0.126** (-2.13)	-0.125** (-2.10)	-0.127** (-2.14)

续表

VARIABLES	(1)	(2)	(3)
Institution ownership	-0.000	-0.000	-0.000
	(-0.20)	(-0.21)	(-0.18)
Top5con	0.040	0.041	0.039
	(1.29)	(1.31)	(1.26)
Oversea background	-0.007	-0.006	-0.007
	(-0.97)	(-0.93)	(-1.05)
Financial constrain	0.003***	0.003***	0.003***
	(3.14)	(3.17)	(3.07)
Constant	0.708***	0.729***	0.652***
	(7.94)	(8.08)	(7.46)
Industry fixed effect	Yes	Yes	Yes
Province fixed effect	Yes	Yes	Yes
Observations	7,436	7,436	7,436
Adjusted R-squared	0.211	0.212	0.211

注：该表显示了公司的政治地位如何影响公司海外投资与 EPU 之间的关系。因变量是企业的海外投资。所有变量在附录中定义。我们控制行业固定效应和省份固定效应来调整标准误差。在回归分析中，我们采用了在企业层面上聚集的稳健标准误。括号中的稳健 t - 统计。** 和 *** 分别表示 5% 和 1% 的水平上统计显著。

其次，我们检验 EPU 与企业海外投资之间的显著负相关关系是否与市场化程度有关。中国的经济发展极不平衡。例如，北京市、上海市、广州市和深圳市这四个一线城市的经济发展水平超过了中国其他城市。因此，研究总部位于市场化程度较低城市的企业是否比总部位于市场化程度较高城市的企业更容易受到 EPU 的影响是一件值得探讨的事情。一方面，Pastor 和 Veronesi（2013）认为，政策不确定性通过降低政府为市场提供的保护价值，增加了股票价格的波动性。Wang 等（2014）认为，政府在市场化程度较低的省份/地区提供了更多的保护，因此，政策的不确定性应该对企业的投资行为会产生显著的负面影响。Li 和 Zhao（2015）认为，在市场化程度较低的地区经营的公司可能会对经济政策变化做出积极反应。另一方面，我们期望一个理性的决策者选择一个财政状况良好、市场环境稳定的地区来实施政策，使 EPU 对企业的负面影响最小化。在市场化程度较高的地区，企业管理者遵循一般市场运作规律，这可能减轻政策不确定性对企业投资的不利影响。

在本节中，我们使用 Fan 等（2011）指数来衡量中国的市场化程度。我们研究了中国企业对市场化程度最高/最低的 25% 的省份的 EPU 投资效应。从表 4-5 的模型（1）—（3）可以看出，EPU 与企业海外投资之间的负相关关系对于在市场化程度最低的省份经营的企业（排名在倒数 25% 的省份）仍然显著，而在市场化程度最高的省份（排名前 25% 的省份），没有一家企业显著地招致 EPU 投资效应。这一发现表明，EPU 与企业海外投资之间的负相关关系只对在低市场化地区经营的企业具有显著意义。

表 4-5　　不同市场化程度下的海外投资和经济政策不确定性

VARIABLES	（1）	（2）	（3）
LEPU_ mean	-0.032*** (-5.34)		
LEPU_ median		-0.036*** (-5.80)	
LEPU_ geomean			-0.023*** (-4.05)
LEPU_ mean × Marketization	0.001** (2.33)		
LEPU_ median × Marketization		0.001** (2.31)	
LEPU_ geomean × Marketization			0.001** (2.34)
China GDP growth	-3.700*** (-14.59)	-3.705*** (-14.65)	-3.607*** (-14.51)
Tobin's q	0.012*** (4.15)	0.011*** (4.03)	0.012*** (4.21)

续表

VARIABLES	(1)	(2)	(3)
Company size	-0.003	-0.003	-0.002
	(-0.36)	(-0.43)	(-0.29)
Board size	-0.005***	-0.005***	-0.005***
	(-2.78)	(-2.75)	(-2.83)
Independent%	0.058	0.060	0.056
	(0.84)	(0.86)	(0.81)
Leverage	-0.279***	-0.279***	-0.280***
	(-11.32)	(-11.29)	(-11.36)
ROA	-0.045	-0.042	-0.048
	(-0.61)	(-0.57)	(-0.66)
PPE/at	-0.137***	-0.137***	-0.136***
	(-6.65)	(-6.67)	(-6.62)
Capex/at	-0.102	-0.100	-0.102
	(-1.73)	(-1.71)	(-1.74)
Institution ownership	-0.000	-0.000	-0.000
	(-0.43)	(-0.44)	(-0.41)
Top5con	0.031	0.031	0.030
	(1.00)	(1.03)	(0.97)
Oversea background	-0.008	-0.008	-0.009
	(-1.16)	(-1.13)	(-1.25)
Financial constrain	0.002***	0.002***	0.002***
	(2.70)	(2.73)	(2.59)
Constant	0.748***	0.769***	0.691***
	(9.00)	(9.13)	(8.52)
Industry fixed effect	Yes	Yes	Yes
Observations	7,436	7,436	7,436
Adjusted R-squared	0.203	0.204	0.203

注：该表显示了区域市场化水平如何影响公司海外投资与 EPU 之间的关系。因变量是企业的海外投资。所有变量在附录中定义。我们控制行业固定效应和省份固定效应来调整标准误差。在回归分析中，我们采用了在企业层面上聚集的稳健标准误。括号中的稳健 t - 统计。** 和 *** 分别表示 5% 和 1% 的水平上统计显著。

第三,我们研究政府补贴是否会改变我们的主要发现。政府补贴在发展中国家的经济调控中发挥着至关重要的作用,因此,接受政府补贴的公司可能比没有政府补贴的公司有更紧密的政治关系,这种"特殊关系"可能使企业的投资行为"亲政策"。例如,中央和地方政府可以通过发放政府补贴直接影响企业的投资决策(Pan 和 Tian,2017)。因此,我们预计有政府补贴的企业对经济政策变化的敏感度要高于没有政府补贴的企业。

表4-6给出了政府补贴对主要结果的影响,将所有抽样企业分为两组:有政府补贴和没有政府补贴的企业。表4-6中的模型(1)—(3)给出了政府补贴企业的回归结果,三个EPU指标在1%的水平上为负且显著。如我们所料,模型(4)—(6)的三个EPU系数均为正,且不显著。表4-6表明,EPU与企业海外投资之间的负相关关系仅存在于政府补贴的企业群体中。

表4-6 有/无政府补贴的企业的海外投资和经济政策不确定性

VARIABLES	with GS (1)	with GS (2)	with GS (3)	without GS (4)	without GS (5)	without GS (6)
LEPU_mean	-0.019*** (-4.29)			0.008 (0.50)		
LEPU_median		-0.022*** (-4.81)			0.005 (0.32)	
LEPU_geomean			-0.011*** (-2.65)			0.008 (0.49)
China GDP growth	-2.710*** (-13.98)	-2.713*** (-14.06)	-2.635*** (-13.90)	-1.850*** (-3.28)	-1.888*** (-3.33)	-1.872*** (-3.41)
Tobin's q	0.009*** (4.12)	0.009*** (3.99)	0.009*** (4.21)	0.006** (2.03)	0.007** (2.06)	0.006** (2.02)
Company size	0.005 (0.71)	0.004 (0.63)	0.005 (0.78)	0.003 (0.17)	0.003 (0.18)	0.002 (0.17)
Board size	-0.004*** (-2.98)	-0.004*** (-2.95)	-0.004*** (-3.03)	-0.001 (-0.22)	-0.001 (-0.20)	-0.001 (-0.22)

续表

VARIABLES	with GS (1)	with GS (2)	with GS (3)	without GS (4)	without GS (5)	without GS (6)
Independent%	0.027	0.028	0.026	0.111	0.111	0.110
	(0.53)	(0.55)	(0.50)	(0.84)	(0.84)	(0.84)
Leverage	-0.235***	-0.235***	-0.236***	-0.119***	-0.119***	-0.119***
	(-11.38)	(-11.36)	(-11.43)	(-3.77)	(-3.77)	(-3.76)
ROA	-0.012	-0.009	-0.015	0.151	0.152	0.152
	(-0.20)	(-0.16)	(-0.25)	(1.42)	(1.42)	(1.43)
PPE/at	-0.096***	-0.097***	-0.096***	-0.116***	-0.116***	-0.116***
	(-5.55)	(-5.57)	(-5.52)	(-3.46)	(-3.45)	(-3.46)
Capex/at	-0.088	-0.087	-0.090	-0.020	-0.022	-0.021
	(-1.73)	(-1.70)	(-1.75)	(-0.15)	(-0.17)	(-0.16)
Institution ownership	-0.000	-0.000	-0.000	-0.000	-0.000	-0.000
	(-0.45)	(-0.46)	(-0.43)	(-0.03)	(-0.05)	(-0.04)
Top5con	0.025	0.026	0.024	-0.091**	-0.090**	-0.090**
	(1.01)	(1.03)	(0.97)	(-2.00)	(-1.99)	(-1.99)
Oversea background	-0.006	-0.006	-0.006	0.005	0.005	0.005
	(-1.08)	(-1.04)	(-1.17)	(0.31)	(0.31)	(0.30)
Financial constrain	0.002**	0.002**	0.002	0.027	0.026	0.026
	(2.03)	(2.06)	(1.94)	(0.35)	(0.34)	(0.35)
Constant	0.540***	0.557***	0.490***	0.204	0.219	0.207
	(7.49)	(7.67)	(6.97)	(1.30)	(1.39)	(1.35)
Industry fixed effect	Yes	Yes	Yes	Yes	Yes	Yes
Province fixed effect	Yes	Yes	Yes	Yes	Yes	Yes
Observations	6,719	6,719	6,719	541	541	541
Adjusted R-squared	0.221	0.222	0.220	0.276	0.276	0.276

注：该表显示了企业的政府补贴如何影响企业海外投资与 EPU 之间的关系。因变量是企业的海外投资。所有变量在附录中定义。我们控制行业固定效应和省固定效应来调整标准误差。在回归分析中，我们采用了在企业层面上聚集的稳健标准误。括号中的稳健 t-统计。** 和 *** 分别表示 5% 和 1% 的水平上统计显著。

第四，跨境经营在传统商业模式中发挥着越来越重要的作用。海外业务对企业来说至关重要，不仅是因为他可以开拓国际市场以实现高速增长，并且可以通过多元化收入来源来抓住机会，创造可观的价值。Osnago 等（2015）发现，贸易政策不确定性对出口概率和资本出口具有负向影响。

表 4-7 显示了在海外收入水平不同的企业中，EPU 对企业海外投资的影响。我们将样本分为两组，海外收入高（高于中位数）和海外收入低（低于中位数）的公司。表 4-7 中的模型（1）—（3）给出了海外收益较低企业的回归结果。所有三项 EPU 指标均呈显著负相关。然而，模型（4）—（6）的所有 EPU 测度均为正且不显著。这些模型适用于海外收入高的公司。对于海外收入高的公司，其海外投资不受国内经济政策变化的影响，因为这些公司可以依靠其海外收入做出外商投资决策（Berthou 和 Vicard，2015）。海外收入较少的公司很容易受到经济政策变化的影响，尤其是资本控制政策的影响。

表 4-7　不同海外收入水平下的海外投资和经济政策不确定性

VARIABLES	Low oversea revenue	Low oversea revenue	Low oversea revenue	High oversea revenue	High oversea revenue	High oversea revenue
	(1)	(2)	(3)	(4)	(5)	(6)
LEPU_ mean	-0.027*** (-3.92)			0.009 (0.67)		
LEPU_ median		-0.031*** (-4.30)			0.008 (0.60)	
LEPU_ geomean			-0.017** (-2.51)			0.012 (0.85)
China GDP growth	-3.045*** (-10.28)	-3.044*** (-10.36)	-2.949*** (-10.13)	-2.073*** (-5.02)	-2.091*** (-5.11)	-2.072*** (-5.07)
Tobin's q	0.011*** (3.40)	0.011*** (3.26)	0.012*** (3.49)	0.020*** (2.61)	0.021*** (2.63)	0.020*** (2.60)
Company size	0.001 (0.11)	0.001 (0.06)	0.002 (0.14)	-0.015 (-1.11)	-0.014 (-1.10)	-0.015 (-1.11)

续表

VARIABLES	Low oversea revenue	Low oversea revenue	Low oversea revenue	High oversea revenue	High oversea revenue	High oversea revenue
	(1)	(2)	(3)	(4)	(5)	(6)
Board size	-0.007***	-0.007***	-0.007***	-0.002	-0.002	-0.002
	(-3.00)	(-2.98)	(-3.04)	(-0.64)	(-0.63)	(-0.65)
Independent%	0.029	0.031	0.027	-0.305***	-0.304***	-0.305***
	(0.35)	(0.37)	(0.32)	(-3.57)	(-3.57)	(-3.58)
Leverage	-0.229***	-0.229***	-0.230***	-0.126***	-0.126***	-0.126***
	(-8.22)	(-8.21)	(-8.26)	(-3.19)	(-3.19)	(-3.20)
ROA	0.039	0.040	0.038	-0.061	-0.062	-0.062
	(0.43)	(0.45)	(0.42)	(-0.44)	(-0.44)	(-0.44)
PPE/at	-0.134***	-0.135***	-0.133***	-0.092**	-0.092**	-0.092**
	(-5.05)	(-5.08)	(-5.01)	(-2.49)	(-2.49)	(-2.50)
Capex/at	-0.079	-0.077	-0.081	0.176	0.175	0.177
	(-1.07)	(-1.05)	(-1.11)	(1.49)	(1.48)	(1.50)
Institution ownership	-0.000	-0.000	-0.000	0.001	0.001	0.001
	(-0.57)	(-0.58)	(-0.54)	(1.38)	(1.38)	(1.38)
Top5con	0.026	0.027	0.025	0.062	0.062	0.062
	(0.65)	(0.67)	(0.62)	(1.57)	(1.56)	(1.56)
Oversea background	-0.010	-0.010	-0.010	-0.026**	-0.026**	-0.026**
	(-1.23)	(-1.21)	(-1.30)	(-2.17)	(-2.16)	(-2.17)
Financial constrain	-0.026	-0.026	-0.026	0.006	0.006	0.006
	(-0.96)	(-0.95)	(-0.98)	(0.23)	(0.23)	(0.22)
Constant	0.617***	0.637***	0.554***	0.560***	0.567***	0.551***
	(5.23)	(5.37)	(4.78)	(3.53)	(3.60)	(3.53)
Industry fixed effect	Yes	Yes	Yes	Yes	Yes	Yes
Province fixed effect	Yes	Yes	Yes	Yes	Yes	Yes
Observations	3,015	3,015	3,015	684	684	684
Adjusted R-squared	0.235	0.236	0.233	0.244	0.244	0.244

注：该表显示了公司海外收入如何影响公司海外投资与EPU之间的关系，因变量是企业的海外投资，所有变量在附录中定义。我们控制行业固定效应和省固定效应来调整标准误差。在回归分析中，我们采用了在企业层面上聚集的稳健标准误。括号中的稳健t-统计。** 和 *** 分别表示5%和1%的水平上统计显著。

第五，考察公司董事的背景经验是否也会影响 EPU 与公司海外投资之间的关系。文献表明，具有国外经验的董事可以显著提高公司的财务绩效 (Dai 等，2018；Zhang 等，2018)。有海外经验的董事可能比没有海外经验的董事做出更多的海外投资决策。因此，我们预计，我们的主要研究结果将只对拥有海外经验董事的公司显著。

表 4-8 中的模型 (1) — (3) 为具有海外经验的董事的公司的回归结果。结果表明，无论采用何种 EPU 测度，EPU 对企业海外投资仍存在显著的负向影响。然而，表 4-8 中的模型 (4) — (6) 表明，对于没有海外经验的董事的公司来说，EPU 的三个测度都与公司海外投资呈负相关，但三个系数均不显著。

表 4-8 不同董事背景下的海外投资和经济政策不确定性

VARIABLES	Oversea background	Oversea background	Oversea background	Non-Oversea background	Non-Oversea background	Non-Oversea background
	(1)	(2)	(3)	(4)	(5)	(6)
LEPU_mean	-0.019*** (-3.93)			-0.014 (-0.98)		
LEPU_median		-0.023*** (-4.52)			-0.016 (-1.16)	
LEPU_geomean			-0.012*** (-2.63)			-0.003 (-0.25)
China GDP growth	-2.628*** (-12.63)	-2.646*** (-12.74)	-2.550*** (-12.59)	-3.435*** (-8.55)	-3.405*** (-8.59)	-3.420*** (-8.56)
Tobin's q	0.011*** (4.65)	0.011*** (4.57)	0.011*** (4.67)	0.001 (0.29)	0.001 (0.24)	0.001 (0.39)
Company size	0.009 (1.37)	0.008 (1.31)	0.009 (1.40)	-0.012 (-0.90)	-0.012 (-0.94)	-0.011 (-0.83)
Board size	-0.004*** (-2.90)	-0.004*** (-2.87)	-0.004*** (-2.95)	-0.005 (-1.79)	-0.005 (-1.78)	-0.005 (-1.80)
Independent%	0.032 (0.63)	0.033 (0.65)	0.031 (0.60)	0.034 (0.32)	0.035 (0.32)	0.033 (0.31)

续表

VARIABLES	Oversea background	Oversea background	Oversea background	Non-Oversea background	Non-Oversea background	Non-Oversea background
	(1)	(2)	(3)	(4)	(5)	(6)
Leverage	-0.224***	-0.223***	-0.224***	-0.242***	-0.241***	-0.242***
	(-10.93)	(-10.91)	(-10.97)	(-6.67)	(-6.66)	(-6.69)
ROA	-0.071	-0.068	-0.073	0.266**	0.268**	0.263**
	(-1.24)	(-1.20)	(-1.28)	(2.24)	(2.26)	(2.22)
PPE/at	-0.080***	-0.081***	-0.080***	-0.166***	-0.167***	-0.165***
	(-4.71)	(-4.74)	(-4.70)	(-5.22)	(-5.23)	(-5.20)
Capex/at	-0.099**	-0.099**	-0.099**	-0.041	-0.038	-0.047
	(-2.06)	(-2.05)	(-2.05)	(-0.33)	(-0.31)	(-0.37)
Institution ownership	-0.000	-0.000	-0.000	-0.000	-0.000	0.000
	(-0.25)	(-0.26)	(-0.23)	(-0.01)	(-0.02)	(0.02)
Top5con	-0.004	-0.004	-0.005	0.070	0.071	0.069
	(-0.18)	(-0.15)	(-0.20)	(1.49)	(1.50)	(1.46)
Financial constrain	0.003***	0.003***	0.003***	-0.005	-0.005	-0.005
	(3.99)	(4.06)	(3.87)	(-0.85)	(-0.85)	(-0.90)
Constant	0.466***	0.486***	0.424***	0.732***	0.742***	0.671***
	(6.74)	(6.95)	(6.28)	(4.71)	(4.87)	(4.40)
Industry fixed effect	Yes	Yes	Yes	Yes	Yes	Yes
Province fixed effect	Yes	Yes	Yes	Yes	Yes	Yes
Observations	5,897	5,897	5,897	1,412	1,412	1,412
Adjusted R-squared	0.220	0.220	0.219	0.199	0.199	0.199

注：该表显示了公司董事的海外背景如何影响公司海外投资与EPU之间的关系。因变量是企业的海外投资。所有变量在附录中定义。我们控制行业固定效应和省份固定效应来调整标准误差。在回归分析中，我们采用了在企业层面上聚集的稳健标准误差。括号中的稳健t-统计。** 和 *** 分别表示5%和1%的水平上统计显著。

最后，我们检查我们的主要结果是否受到公司财务约束的严重程度的影响。Im. 等（2017）发现，面临高度不确定性的公司持有的现金往往是面临较少不确定性的公司的2倍以上，尤其是在财务受约束的公司（Han 和 Qiu，2007；Gulen 和 Ion，2016）。因此，企业在经历高 EPU 时期时可能会减少投资。我们使用 Whited 和 Wu（2006）的方法来衡量企业的财务约束，为样本企业构建一个约束指标。

表4-9分别考察了我们对高经济约束组和低经济约束组的主要研究结果。我们只观察到三个 EPU 测度与高财务约束组企业海外投资之间存在显著的负相关关系，而三个 EPU 测度与低财务约束组企业海外投资之间的负相关关系不显著。研究结果表明，当企业面临严重的政策不确定性时，面临强大财务约束的企业会减少海外投资。

表4-9　不同财务约束水平下的海外投资和经济政策不确定性

VARIABLES	high finconstrain	high finconstrain	high finconstrain	low finconstrain	low finconstrain	low finconstrain
	(1)	(2)	(3)	(4)	(5)	(6)
LEPU_mean	-0.022*** (-4.33)			-0.012 (-1.38)		
LEPU_median		-0.025*** (-4.78)			-0.016 (-1.75)	
LEPU_geomean			-0.015*** (-3.07)			-0.004 (-0.48)
China GDP growth	-2.466*** (-11.57)	-2.462*** (-11.64)	-2.394*** (-11.46)	-3.175*** (-8.81)	-3.213*** (-8.86)	-3.088*** (-8.82)
Tobin's q	0.007** (2.24)	0.007** (2.10)	0.008** (2.34)	0.011*** (4.19)	0.011*** (4.16)	0.011*** (4.19)
Company size	0.000 (0.00)	-0.000 (-0.06)	0.000 (0.06)	0.014 (0.67)	0.013 (0.66)	0.014 (0.69)
Board size	-0.003** (-2.06)	-0.003** (-2.03)	-0.003** (-2.11)	-0.005** (-2.34)	-0.005** (-2.33)	-0.005** (-2.35)
Independent%	0.038 (0.68)	0.039 (0.69)	0.037 (0.66)	0.039 (0.48)	0.040 (0.50)	0.038 (0.47)
Leverage	-0.221*** (-9.26)	-0.221*** (-9.24)	-0.222*** (-9.30)	-0.209*** (-7.17)	-0.209*** (-7.16)	-0.210*** (-7.19)
ROA	0.039 (0.49)	0.045 (0.55)	0.034 (0.43)	-0.070 (-1.09)	-0.068 (-1.06)	-0.072 (-1.13)

续表

VARIABLES	high finconstrain (1)	high finconstrain (2)	high finconstrain (3)	low finconstrain (4)	low finconstrain (5)	low finconstrain (6)
PPE/at	-0.096***	-0.096***	-0.095***	-0.082***	-0.082***	-0.083***
	(-5.33)	(-5.37)	(-5.29)	(-2.78)	(-2.78)	(-2.79)
Capex/at	-0.076	-0.075	-0.078	-0.079	-0.080	-0.078
	(-1.36)	(-1.34)	(-1.39)	(-0.97)	(-0.97)	(-0.96)
Institution ownership	-0.000	-0.000	-0.000	-0.000	-0.000	-0.000
	(-0.11)	(-0.12)	(-0.09)	(-0.57)	(-0.58)	(-0.56)
Top5con	0.007	0.007	0.006	0.037	0.038	0.036
	(0.27)	(0.30)	(0.23)	(0.80)	(0.81)	(0.78)
Oversea background	-0.012**	-0.012**	-0.013**	0.011	0.011	0.011
	(-2.08)	(-2.04)	(-2.18)	(1.03)	(1.04)	(1.02)
Financial constrain	0.002**	0.002**	0.002**	-0.168	-0.166	-0.167
	(2.16)	(2.18)	(2.08)	(-1.21)	(-1.19)	(-1.20)
Constant	0.560***	0.576***	0.513***	0.269	0.296	0.222
	(6.70)	(6.84)	(6.30)	(1.64)	(1.79)	(1.35)
Industry fixed effect	Yes	Yes	Yes	Yes	Yes	Yes
Province fixed effect	Yes	Yes	Yes	Yes	Yes	Yes
Observations	5,111	5,111	5,111	2,198	2,198	2,198
Adjusted R-squared	0.214	0.215	0.213	0.242	0.243	0.242

注：该表显示了企业的财务约束如何影响企业海外投资与EPU之间的关系。因变量是企业的海外投资，所有变量在附录中定义。我们控制行业固定效应和省份固定效应来调整标准误差。在回归分析中，我们采用了在企业层面上聚集的稳健标准误差。括号中的稳健t-统计。** 和 *** 分别表示5%和1%的水平上统计显著。

4.5.3 减轻内生性

在本节中，我们控制多个内生性源，如测量误差偏差、遗漏变量或自选择误差。我们采用三种方法来缓解主要研究结果中的内生性问题：（1）我们控制了反向因果效应；（2）采用工具变量估计；（3）应用EPU指数的残差。

4.5.3.1 控制反向因果关系

我们在本节表4-2中报告的主要结果中讨论了反向因果关系效应。Demsetz（1973）认为，大公司有强烈的动机要求决策者在引入新政策时给予他们优惠，特别是当这些公司在垄断行业经营时。如果这是真的，我们应该观察到EPU与大公司海外投资之间的负相关关系，而不是小公司。为了缓解这种潜在的反向因果关系问题，我们将样本公司分为两组：大公司（样本中值以上规模的公司）和小公司（样本中值以下规模的公司）。

表4-10显示，我们的三项EPU测度对小企业仍然是显著负相关的。然而，没有一个EPU测度对大公司显著。这一结果表明，我们的主要发现不存在反向因果关系问题。

表4-10　　　　　　　　控制反向因果关系

VARIABLES	Small (1)	Small (2)	Small (3)	Big (4)	Big (5)	Big (6)
LEPU_mean	-0.029 *** (-3.65)			-0.002 (-0.46)		
LEPU_median		-0.032 *** (-4.20)			-0.005 (-1.05)	
LEPU_geomean			-0.019 ** (-2.42)			0.001 (0.20)
China GDP growth	-3.401 *** (-12.96)	-3.418 *** (-13.09)	-3.279 *** (-12.66)	-1.403 *** (-5.73)	-1.421 *** (-5.83)	-1.381 *** (-5.77)
Tobin's q	0.008 *** (4.99)	0.007 *** (4.75)	0.008 *** (5.11)	0.006 (1.43)	0.006 (1.39)	0.006 (1.44)
Company size	0.005 (0.48)	0.004 (0.37)	0.007 (0.57)	-0.013 (-1.43)	-0.013 (-1.44)	-0.013 (-1.41)
Board size	-0.004 ** (-1.97)	-0.004 (-1.95)	-0.004 ** (-2.02)	-0.005 *** (-3.03)	-0.005 *** (-3.00)	-0.005 *** (-3.05)
Independent%	0.043 (0.75)	0.045 (0.78)	0.041 (0.71)	-0.030 (-0.47)	-0.030 (-0.47)	-0.031 (-0.48)

续表

VARIABLES	Small (1)	Small (2)	Small (3)	Big (4)	Big (5)	Big (6)
Leverage	-0.214***	-0.214***	-0.215***	-0.210***	-0.209***	-0.211***
	(-13.20)	(-13.19)	(-13.22)	(-6.26)	(-6.24)	(-6.29)
ROA	-0.046	-0.043	-0.051	0.108	0.111	0.107
	(-0.87)	(-0.81)	(-0.95)	(1.20)	(1.22)	(1.18)
PPE/at	-0.111***	-0.112***	-0.110***	-0.070***	-0.070***	-0.070***
	(-5.67)	(-5.71)	(-5.62)	(-3.38)	(-3.39)	(-3.38)
Capex/at	-0.166***	-0.163***	-0.168***	-0.116**	-0.116**	-0.115**
	(-2.76)	(-2.72)	(-2.80)	(-1.98)	(-1.98)	(-1.97)
Institution ownership	-0.000	-0.000	-0.000	0.000	0.000	0.000
	(-0.47)	(-0.49)	(-0.42)	(0.04)	(0.04)	(0.05)
Top5con	0.024	0.025	0.023	-0.026	-0.026	-0.027
	(0.93)	(0.97)	(0.87)	(-0.92)	(-0.91)	(-0.93)
Oversea background	0.002	0.002	0.001	-0.009	-0.009	-0.010
	(0.23)	(0.24)	(0.17)	(-1.47)	(-1.43)	(-1.52)
Financial constrain	0.002	0.002	0.002	-0.002	-0.002	-0.002
	(0.65)	(0.67)	(0.62)	(-0.34)	(-0.33)	(-0.34)
Constant	0.594***	0.621***	0.524***	0.511***	0.528***	0.493***
	(4.68)	(4.89)	(4.18)	(4.96)	(5.07)	(4.90)
Industry fixed effect	Yes	Yes	Yes	Yes	Yes	Yes
Province fixed effect	Yes	Yes	Yes	Yes	Yes	Yes
Observations	4,011	4,011	4,011	3,298	3,298	3,298
Adjusted R-squared	0.228	0.229	0.226	0.203	0.203	0.203

注：该表显示了对公司海外投资与EPU的反向因果关系的控制结果。因变量是企业的海外投资，所有变量在附录中定义。我们控制行业固定效应和省份固定效应来调整标准误差。在回归分析中，我们采用了在企业层面上聚集的稳健标准误差。括号中的稳健t-统计。** 和 *** 分别表示5%和1%的水平上统计显著。

4.5.3.2 2SLS检验

在本节中，我们使用2SLS方法，用一个工具变量来缓解潜在的内生性问题，如遗漏变量、测量误差和自选择问题。

先前的研究表明，政治选举和经济政策的不确定性是高度相关的（Julio 和 Yook，2012；Bhattacharya 等，2017；Jens，2017）。在我们的样本期内，唯一一次全国性的政治选举是 2012 年中国共产党第十八届全国代表大会，当时中国共产党选举产生了习近平新的总书记。习近平主席在选举后正式就职。在 2SLS 回归中，我们使用一个虚拟变量（POL_ TURNOVER）来表示选举年作为我们的工具变量（IV）。

表 4-11 给出了 2SLS 回归结果。第一阶段的结果显示，我们的 IV 与 EPU 的平均值之间存在显著的正相关。这一结果表明，我们的 IV 与经济政策变化相关。第二阶段的研究结果表明，在控制内生性因素后，EPU 与企业海外投资之间的负相关关系仍然显著。

表 4-11　　2SLS 回归中的海外投资和经济政策不确定性

VARIABLES	1st stage of OBOR	2nd stage of OBOR
POL_ TURNOVER	0.169 ***	
	(39.96)	
LEPU_ mean		-0.112 ***
		(-38.25)
Tobin's q	-0.012 ***	-0.001 ***
	(-5.86)	(-5.97)
Company size	-0.026 ***	-0.005 ***
	(-4.55)	(-7.69)
Board size	0.006 ***	0.001 ***
	(4.34)	(5.53)
Independent%	0.159 ***	0.018 ***
	(3.01)	(3.07)
Leverage	0.051 ***	0.011 ***
	(3.13)	(6.18)
ROA	0.218 ***	0.038 ***
	(3.03)	(4.81)
PPE/at	-0.033 **	-0.001
	(-2.00)	(-0.76)

续表

VARIABLES	1st stage of OBOR	2nd stage of OBOR
Capex/at	-0.010	0.002
	(-0.15)	(0.20)
Institution ownership	-0.001***	-0.000**
	(-3.78)	(-2.46)
Top5con	0.087***	0.010***
	(4.46)	(4.47)
Oversea background	0.043***	0.006***
	(4.56)	(6.31)
Financial constrain	0.009***	0.001***
	(7.14)	(6.28)
Constant	4.959***	0.661***
	(95.98)	(46.55)
Industry fixed effect	Yes	Yes
Province fixed effect	Yes	Yes
Observations	7,309	7,309

注：此表显示了 2SLS 回归结果。我们使用一个虚拟变量（POL_TURNOVER），当它等于 1 时，表示习近平担任中国共产党主席后 1 年，其余年份为 0，所有变量在附录中定义。我们控制行业固定效应和省份固定效应来调整标准误差。在回归分析中，我们采用了在企业层面上聚集的稳健标准误差。括号中的稳健 t-统计。** 和 *** 分别表示 5% 和 1% 的水平上统计显著。

4.5.3.3 减轻内生性问题的测试

在本节中，我们将进一步研究其他经济政策来源是否会影响政策驱动的不确定性。与使用 BBD 指数有关的一个担忧是，它可能捕捉到的是经济的不确定性，而不是影响企业投资的政策不确定性（Wang 等，2014；Gulen 和 Ion，2016）。如果存在这样的问题，那么我们的主要发现可能会受到测量误差偏差的影响。因此，我们试图通过利用中国与其他三个经济市场（澳大利亚、美国和欧洲）之间的相似性，进一步缓解测量误差偏差。中国与这三个国家/地区之间广泛的国际贸易活动，使这些经济体之间建立了密切的联系。

当前研究中使用的 EPU 测量可能涉及与政策无关的经济不确定性。为

4. 何时出国：经济政策不确定性和中国企业的海外投资

了消除该元素对 EPU 的污染，我们采用 Gulen 和 Ion（2016）的方法，提取与美国 EPU 指数正交的中国 EPU 指数的组成部分，进行以下年度时间序列回归：其中 $EPU_{i,t}$ 是 Baker 等（2016）为美国、澳大利亚和欧盟制定的基于各国新政策不确定性测度，$EPU_{China,t}$ 代表中国。我们使用剩余项 $\varepsilon_{i,t}$ 来表示中国 EPU 的一个纯测度，这是影响两国的不确定性的真正因素。

$$\ln EPU_{China,t} = \alpha + \beta_1 \ln EPU_t + \beta_{controls} \sum ControlVariable + \sum Industrydummies + \sum Provincialdummies + \varepsilon_{i,t} \quad (4-2)$$

表 4-12 显示了这三个国家/地区的 EPU 指数与模型（1）、（3）和（5）中的中国 EPU 之间的积极迹象，这表明三个国家/地区的政策不确定性与中国 EPU 高度相关。我们通过在模型（2）、（4）和（6）中使用中国 EPU 的纯测度来复制我们的主要测试，发现，在所有三个模型中，我们对 EPU 和企业海外投资之间的负相关关系的发现仍然显著。

表 4-12　控制美国、澳大利亚、欧元和中国之间的共同经济冲击后海外投资与经济政策不确定性

VARIABLES	(1) LEPU_China_mean	(2) Oversea Investment	(3) LEPU_China_mean	(4) Oversea Investment	(5) LEPU_China_mean	(6) Oversea Investment
LEPU_AUS_mean	0.630 *** (118.32)					
LEPU_mean_AUS		-0.006 *** (-20.09)				
LEPU_EURO_mean			0.750 *** (84.46)			
LEPU_mean_EURO				-0.031 *** (-73.30)		
LEPU_US_mean					0.927 *** (94.40)	
LEPU_mean_US						-0.005 *** (-12.68)
Tobin's q	0.016 *** (10.25)	-0.001 *** (-9.62)	0.003 (1.46)	-0.001 *** (-9.04)	0.019 *** (10.46)	-0.001 *** (-9.59)

续表

VARIABLES	(1) LEPU_China_mean	(2) Oversea Investment	(3) LEPU_China_mean	(4) Oversea Investment	(5) LEPU_China_mean	(6) Oversea Investment
Company size	0.027***	-0.007***	-0.052***	-0.006***	0.033***	-0.007***
	(4.13)	(-18.26)	(-6.92)	(-17.66)	(4.69)	(-18.21)
Board size	-0.001	0.001***	0.008***	0.001***	-0.001	0.001***
	(-0.78)	(9.04)	(4.18)	(9.58)	(-0.60)	(8.96)
Independent%	-0.002	0.003	0.048	0.007**	0.003	0.003
	(-0.04)	(1.11)	(0.77)	(2.27)	(0.04)	(1.03)
Leverage	-0.041**	0.011***	0.081***	0.011***	-0.044**	0.011***
	(-2.29)	(11.03)	(3.96)	(11.48)	(-2.26)	(10.94)
ROA	-0.272***	0.034***	0.114	0.035***	-0.293***	0.034***
	(-4.68)	(10.54)	(1.71)	(10.54)	(-4.61)	(10.42)
PPE/at	0.026	0.001	0.040	0.001	0.022	0.001
	(1.35)	(1.31)	(1.81)	(0.85)	(1.06)	(1.33)
Capex/at	-0.194***	0.027***	0.055	0.021***	-0.217***	0.028***
	(-3.14)	(8.66)	(0.79)	(6.67)	(-3.27)	(8.67)
Institution ownership	-0.000	0.000***	0.000	0.000**	-0.000	0.000***
	(-0.71)	(4.39)	(0.83)	(2.52)	(-1.09)	(4.46)
Top5con	-0.032	0.009***	0.082***	0.009***	-0.035	0.009***
	(-1.31)	(7.16)	(2.99)	(7.86)	(-1.30)	(7.09)
Oversea background	0.002	0.006***	0.070***	0.006***	0.005	0.006***
	(0.21)	(19.39)	(8.76)	(15.38)	(0.64)	(19.41)
Financial constrain	0.000	0.000	0.003	0.000***	0.001	0.000
	(0.06)	(0.43)	(1.16)	(2.98)	(0.26)	(0.29)
Constant	1.650***	0.165***	1.444***	0.283***	0.092	0.158***
	(25.66)	(42.07)	(19.15)	(81.91)	(1.17)	(38.66)
Industry fixed effect	Yes	Yes	Yes	Yes	Yes	Yes
Province fixed effect	Yes	Yes	Yes	Yes	Yes	Yes
Observations	7,309	7,309	7,309	7,309	7,309	7,309

注：本表考察了经济政策不确定性的其他来源是否会影响中国政策驱动的不确定性。我们遵循 Gulen 和 Ion (2016) 的方法来缓解我们发现中主要的内生性问题。我们提取了与美国、澳大利亚或欧洲 EPU 指数正交的中国 EPU 指数的组成部分。然后我们收集残差来代表中国政策不确定性的更纯粹的度量，并复制我们的主要测试。所有变量在附录中定义。我们控制行业固定效应和省份固定效应来调整标准误差。在回归分析中，我们采用了在企业层面上聚集的稳健标准误差。括号中的稳健 t - 统计。** 和 *** 分别表示 5% 和 1% 的水平上统计显著。

4.5.4 排除全球金融危机的影响

我们的主要发现可能要归因于2007—2009年全球金融危机（GFC）的影响。因此，我们进一步研究了在没有GFC时期的抽样期间，EPU诱导企业海外投资减少的情况是否仍然存在。为了做到这一点，我们创建了一个虚拟变量，该变量在2007—2009年不运行的采样周期内等于1，否则为0。我们复制在表4-2和表4-3中的主要测试，结果见表4-13。表4-13的模型（1）表明，在没有GFC的时期，EPU与企业海外投资之间的负相关关系仍然显著。表4-13中的模型（2）—（4）证实了表4-3中的结果，并表明表4-3中的结果并非由于GFC效应。总的来说，表4-13所示的结果表明，我们的主要发现是对GFC效应免疫的。

表4-13　海外投资与全球金融危机效应的经济政策不确定性控制

VARIABLES	（1）	（2）	（3）	（4）	（5）
LEPU_median	-0.024***	-0.008***	0.005	1.35E-04	0.008
	(-5.49)	(-4.10)	(0.33)	(0.11)	(1.38)
Dummy	0.002***	0.001**	0.006	-0.001	2.82E-04
	(3.38)	(2.07)	(1.25)	(-1.25)	(0.39)
China GDP growth	-2.612***	-0.281**	-4.026***	-4.01E-04	0.356***
	(-14.35)	(-2.36)	(-6.01)	(-0.01)	(2.13)
Tobin's q	0.009***	0.001	0.005	0.004	-0.003
	(4.21)	(1.33)	(1.41)	(1.51)	(-0.98)
Company size	0.003	-0.001	-0.056***	-0.002	0.012
	(0.54)	(-0.43)	(-4.09)	(-0.43)	(1.32)
Board size	-0.004***	-0.001	-0.004	-0.002***	-0.001
	(-2.90)	(-1.15)	(-1.25)	(-2.80)	(-0.65)
Independent%	0.025	-0.003	0.031	-0.021	-0.030
	(0.52)	(-0.14)	(0.28)	(-0.82)	(-0.54)
Leverage	-0.226***	-0.026**	-0.253***	-0.036***	-0.189***
	(-11.37)	(-2.41)	(-6.67)	(-3.00)	(-5.32)
ROA	-0.008	-0.004	0.167	0.008	-0.132*
	(-0.14)	(-0.14)	(1.39)	(0.24)	(-1.90)

续表

VARIABLES	(1)	(2)	(3)	(4)	(5)
PPE/at	-0.095***	-0.015*	-0.151***	-0.004	-0.059***
	(-5.73)	(-1.83)	(-3.75)	(-0.50)	(-2.68)
Capex/at	-0.081*	-0.076***	0.019	-0.098***	-0.168***
	(-1.67)	(-3.20)	(0.15)	(-4.38)	(-3.31)
Institution ownership	-8.34E-05	-1.11E-04	3.37E-04	-0.000**	7.47E-05
	(-0.31)	(-0.99)	(0.49)	(-2.30)	(0.27)
Top5con	0.013	-0.025***	0.106***	-0.005	-0.032
	(0.56)	(-2.56)	(2.56)	(-0.41)	(-1.04)
Oversea background	-0.005	-0.006*	-0.002	0.001	-0.009
	(-1.01)	(-2.03)	(-0.21)	(0.58)	(-1.38)
Financial constrain	0.002*	0.001*	-0.013	0.003	0.008
	(1.78)	(2.000)	(-1.00)	(0.69)	(0.53)
Constant	0.525***	0.123***	1.158***	0.102***	0.107
	(7.75)	(3.61)	(7.26)	(2.94)	(0.22)
Industry fixed effect	Yes	Yes	Yes	Yes	Yes
Province fixed effect	Yes	Yes	Yes	Yes	Yes
Observations	7,309	1,992	2,336	3,571	2,532
Adjusted R-squared	0.219	0.093	0.173	0.162	0.200

注：表中显示了企业海外投资包括企业海外投资的替代变量，如固定收益证券投资、财富管理、非金融企业股份或金融企业股份，与控制全球金融危机影响的经济政策不确定性之间的关系。我们创建了一个虚拟变量，当采样周期为2010—2016年时，该变量等于1，否则为0。附录中定义了所有变量。我们控制行业固定效应和省份固定效应来调整标准误差。在回归分析中，我们采用了在企业层面上聚集的稳健标准误差。括号中的稳健 t - 统计。** 和 *** 分别表示5%和1%的水平上统计显著。

4.6 结论

本研究以2007—2016年8,223家公司的年度观察数据为样本，研究EPU对中国企业海外投资的影响。我们用海外投资总额除以总资产价值来定义中国企业的海外投资，采用Baker等（2016）月度中国EPU指数，并使用均值、中值和几何平均三种方法将月度指数转换成年化数据来衡量 EPU。研究期间，我们发现 EPU 与中国企业海外投资之间存在显著的负相关关系。这种关系是由于中国公司减少了对外国固定收益证券的投资。研究发现，EPU 对国有企业海外投资的影响强于非国有企业。我们进一步确定，与其他公司相比，财务更紧张、更依赖政府补贴、海外收入更低的公司存在这种负面关系。我们还发现，这种负面影响只适用于有海外经验的董事的公司，而不适用于没有海外经验的董事的公司。此外，当企业总部位于市场化程度较高的地区时，EPU 对企业海外投资的负面影响可以得到缓解。我们的结果不能归因于 GFC 效应。最后，即使我们使用不同的方法来代表中国 EPU，并且在减轻潜在的内生性问题和控制反向因果效应之后，我们的结果仍然是稳健的。

据我们所知，本研究是首次调查 EPU 对新兴市场企业海外投资的影响。我们的研究结果表明，EPU 影响企业的国内外投资。在国内政策不稳定的时候，中国企业可能持有海外投资。因此，我们的结果支持实物期权理论。我们揭示了企业海外投资的驱动因素。我们的研究表明，中国政府应该提高政府政策的透明度和稳定性，以帮助企业规划其投资政策。

第三部分　公司治理

5. 聘请具有国外经验的董事,做好生意

5.1 基本介绍

企业可能被视为利益相关者之间明确合同(例如,债务合同和补偿合同)和隐性合同(例如,工作环境和客户服务)的联系(Jensen 和 Meckling,1976)。如果一方违背了隐含或明确的合同义务,另一方可能会在其特定关系投资中承担额外费用。国家层面的合同可执行性环境可能会阻止合同方违背其义务(Bergman 和 Nicolaievsky,2007;Nunn,2007),并从利益相关者那里获得更多关系特定的投资。除了国家层面的法律体系外,企业还可以通过参与对社会负责的活动来表达其对履行合同的承诺,从而在加强特定关系投资方面发挥作用(Bowen 等,1995;Raman 和 Shahrur,2008;Dou 等,2013;Deng 等,2013)。因此,在合同可执行性较弱的环境中,企业有更多的动机来表明他们愿意通过 CSR 投资来履行合同。虽然大量文献表明公司受益于企业社会责任的参与(Huang,2013;McWilliams 等,2006;Ramasamy 和 Yeung,2009;Moon 和 Shen,2010),很少有研究考虑增强企业的企业社会责任参与的因素,特别是在弱合同可执行性环境中,企业社会责任参与更有价值。在本章中,我们试图通过调查返回者② 董事的角色来填补文献中的这一空白——企业在弱合同可执行性环境中的

---

② 范指那些有在中国(大陆)以外学习和/或工作经历,且回国工作的人员,也称"回归者"。

企业社会责任参与。

  董事会在上市公司中扮演着两个重要角色：监督和建议经理（Hermalin 和 Weisbach, 1991、1998、2003；Klein, 1998；Mehran, 1995）。许多关于金融和人力资源管理的研究表明，董事/首席执行官过去的经历对公司的决策产生了重大影响（Pérez – González, 2006；Bennedsen 等, 2007；Kaplan 等, 2012；Benmelech 和 Frydman, 2015；Bernile 等, 2016）。因此，董事过去的经历可能会通过董事履行其监督或顾问角色来影响公司的投资决策。Giannetti 等（2015）表明具有海外经验的董事可以显著改善公司的公司治理效果并减少管理性近视。管理近视的减少致使管理者更加关注公司的长期价值，而企业社会责任是公司的重要长期投资。因此，回归董事加强了公司的企业社会责任参与，因为他们的监督可以提高治理质量并减少管理近视。此外，返回者董事可以建议管理人员进行额外的 CSR 活动。由于他们在发达国家的经验，海外归国人员更有可能将社会责任视为一种常态。Wright 等（2008）表明个人在特定背景下获得的知识（例如，外国经验），可能导致他们公司行为的某些变化（Brüderl 等, 1992；Gimeno 等, 1997）。Khanna（2008）表明，具有道德缺陷的公司可以通过聘用在发达国家居住，并接受教育或在治理实践方面积累了一定经验的年轻经理来达到国际治理标准。因此，回归董事可能在改善企业在新兴经济体中的企业社会责任参与方面发挥重要作用。

  作为全球最重要的新兴经济体，中国提供了一个完美的环境，可以研究回归董事对企业在新的合约可执行性环境较弱的市场中参与企业社会责任的影响。首先，中国仍处于过渡时期，法律体系薄弱。Dou 等（2013）认为在明确合同的可执行性特别弱的国家，企业社会责任的参与更为重要，因为它可以表明企业愿意遵守隐性索赔并重视与利益相关者的长期关系。因此，企业社会责任对于中国企业从利益相关方引发公司特定投资尤为重要。其次，中国经济在过去 30 年中已经成为全球经济的重要组成部分（Ip, 2008），因此，企业社会责任问题已经成为中国企业全球管理的一个关键特征（Matten 和 Moon, 2008；Moon 和 Shen, 2010）。中国企业对社会的不负责任或疏忽降低了他们对全球合作伙伴的信任和信心，而这反过来也为中国企业带来重大损失。一个引人注目的例子是涉及三鹿公司的 2008 年牛奶污染丑闻。因此，为了维持全球合作伙伴关系，中国企业被要求改善其企业社会责任。最后，自 20 世纪 70 年代以来，留学海外的中国学生人数一直在增加，2012 年达到 155 万人。他们大多数在美国和英国等发达国家学习。此外，这些中国学生中的许多人在完成学业后获得了外国工作经验。随着中国经济的持续发展，海归人数从 1995 年的 5,000 人增加到 2012 年的 272,900 人。中国公司有足够的回归董事，这使我们能够检验这种"大脑收益"能否加强企业社会责任的参与。

根据经验，我们手动收集有关所有中国上市公司董事的外国经验的信息来自互联网资源和公司披露。我们使用董事会中的返回董事的百分比作为回返者董事的监督和咨询效果的代理。我们根据 Running 的 CSR 报告衡量公司对 CSR 的参与度。在控制了其他公司特征之后，我们发现，董事会中的回归董事比例与公司的 CSR 得分显著正相关。换句话说，中国的回归董事显著提高了企业的企业社会责任参与度。当公司处于竞争性行业，公司没有政府所有权，公司首席执行官没有政治关联，以及公司的 CEO 年龄较大时，回归董事的百分比与企业社会责任参与之间的正相关关系更为显著。此外，虽然我们发现具有外国工作和教育经验的回归董事更加关注企业社会责任的参与，但这一发现并不适用于只有短期访问经验的回归董事。最后，显著积极的关系仍在继续，甚至在控制了省效应之后，以及在控制由于省略变量偏差和反向因果关系引起的内生性问题之后。

本章以 4 种方式为文献做出贡献。首先，我们通过研究人力资本在企业中的作用来阐明企业社会责任的驱动因素，这一主题在很大程度上被现有文献所忽视。据我们所知，这是第一篇研究回归董事与企业社会责任合作关系的论文。其次，我们为越来越多的关于董事特征对决策制定的重要性的文献做出了贡献。特别是，我们探讨了回归董事过去的经历如何有助于提高企业的企业社会责任参与度的经验证据。第三，我们为人力资本理论做出贡献，该理论侧重于知识观和社会资本理论。我们提供证据支持这样的观点，即人力资本（回归董事过去的经验）对公司而言非常重要，不仅因为它对明确合同的影响，还因为它对隐含主张的尊重。我们还确认了近期文献中关于企业社会责任投资的"大脑获得"现象。第四，我们的研究结果不仅对中国有重要影响，而且对于合同可执行性较弱的其他新兴市场的公司也具有重要意义。通过任命返回者到公司董事会，新兴市场的公司可以加强企业社会责任的参与，从而鼓励利益相关者进行更多关系特定的投资。

本章的其余部分安排如下："文献评论"部分回顾重要文献；"假设发展"部分提出了研究假设；"数据和样本选择"部分描述了我们的数据样本的构建；"回归结果"部分介绍了实证结果；"稳健性分析"部分描述了稳健性分析；"结论"部分总结了论文。

5.2 文献评论

企业社会责任参与的决定因素、企业社会责任的概念是在西方国家引入的。强调企业社会责任的兴起源于20世纪50年代。在20世纪60年代，在激进的政治议程和改革之后，企业社会责任警惕性升级。在20世纪70年代，公众开始对企业提出更高的要求，以关注以前被忽视的社会问题（Hill等2007）。之前的文献主要关注企业如何从企业社会责任参与中受益。例如，研究表明企业可以通过企业社会责任参与来改善其财务业绩（Abratt和Sacks, 1988; Russo和Fouts, 1997; Waddock和Graves, 1997; Li和Zhang, 2010）。此外，研究证明，企业社会责任的实施提高了企业在5个不同领域的竞争力：公司形象和声誉（Fombrun和Wiedmann, 2001; Thorpe和Prakash – Mani, 2003; Schwaiger, 2004）；就业动机（COM, 2001; Schaltegger和Wagner, 2006）；降低成本（Thorpe和Prakash – Mani, 2003; Schaltegger和Wagner, 2006; Weber, 2008）；收入增加（Thorpe和Prakash – Mani, 2003; Weber, 2008）和风险降低（Thorpe和Prakash – Mani, 2003; Weber, 2008）。

然而，很少有研究涉及激励企业实施企业社会责任实践的因素。Stanwick 和 Stanwick（1998）认为企业实施企业社会责任与企业规模、财务绩效和竞争环境之间存在正相关关系。此外，Johnson 和 Greening（1999）发现公司的所有权结构对其 CSR 参与有重大影响。Jones（1999）得出结论，企业社会责任的参与可能由制度框架决定，包括社会文化、经济发展、行业特征、企业特征和个人背景。最近，一些研究关注新兴市场，以研究改善企业的企业社会责任参与的因素。例如，根据 7 个亚洲国家的 50 家公司的回应，Chapple 和 Moon（2005）发现企业社会责任的参与度与国家经济商业周期密切相关。Zu 和 Song（2009）注意到，在中国，企业的企业社会责任参与是由企业特征决定的。具体而言，位于贫困地区和传统业务领域的小型国有企业更有可能获得更高的企业社会责任参与度排名。Muller 和 Kolk（2010）将企业的 CSR 实施与管理者的特征联系起来。具体而言，他们对墨西哥的 121 家汽车供应商进行了调查，发现管理道德水平极大地影响了公司的企业社会责任投入。总之，文献表明企业的企业社会责任参与应该与企业特征（如财务绩效，所有权结构和竞争环境）或管理特征（即经理人的道德规范）相关。然而，仍然缺乏研究，提供董事会之间关系的直接经验证据和企业的企业社会责任的质量。

董事会的角色是为了建议并监督最高管理层（Jensen，1993；Business Round–table，1990）。Dalton 等（1999）认为董事人数与提供给 CEO 的建议的质量正相关。Fich（2005）辩称，任命其公司的首席执行官为董事，会产生更多的专家意见。Huang 等（2014）找到那些导演投资银行业务经验，可以建议最高管理层通过确定合适的目标和降低交易成本来寻求更有利的收购。董事会的监督作用也得到了广泛的研究。董事会的监督活动提高了公司治理的质量，从而增加了 CEO 的营业额（Weisbach，1988；Byrd 和 Hickman，1992），降低财务重述的频率（Dechow 等，1996；Beasley，1996），并增加股东财富（Cotter 等，1997）。

有趣的是，具有海外背景的董事对公司的治理，通过促进采用强有力的公司治理实践和国际化来探索具有海外经验的董事是否能够更有效地监督最高管理层。据我们所知，Giannetti 等（2015）的论文是讨论回归董事在公司董事会中的作用的唯一论文。另外，他们发现董事会一定比例的回归董事非常消极，这与盈余管理程度有关。如果公司至少有一名具有丰富经验的回归董事管理投资，这对公司的影响更加强大。最后，两者之间存在显著的正相关关系，即返回者董事的比例与首席执行官的营业额正相关，尤其是业绩表现不佳的公司。但是只有当返回者的董事在强烈的投资者中工作时保护国家。因此，Giannetti 等人。CON 组包括返回者董事改善公司的公司治理。显然，仍有足够的空间研究回归董事的角色。本章试图通过调查研究的作用填补文献中的空白，即参与企业社会责任的回归董事。

5.3　假设发展

5.3.1　主要假设

公司董事在公司中扮演两个重要角色：监督和建议经理（Jensen，1993；Business Roundtable，1990）。Giannetti 等（2015）建议返回者董事向实施严格的监督实践管理过度，从而显著改善公司的公司治理效果。更严格的监控返回者董事有助于调整公司利益相关项。这减少了管理近视。因此，管理者更有可能关注公司的长期价值，这反过来又增强了公司的长期投资。企业社会责任是企业可以做出的最重要的长期投资之一。因此，减少管理性近视应该鼓励管理者参与额外的 CSR 活动。文献还表明，公司治理可以增强企业的企业社会责任参与度（Esa 和 Mohd Ghazali，2010；Gao，2009；Khan 等，2013）。因此，回归董事可能与公司的 CSR 投资正相关。

企业社会责任战略的有效实施有助于企业创造长期价值并获得可持续的竞争优势（McWilliams 和 Siegel，2001，2010；Porter 和 Kramer，2006；Waldman 等，2006；Huang，2013）。返回董事的海外教育或工作经历使他能够了解企业社会责任参与对公司长期价值的重要性（Matten 和 Moon，

2004；黄，2013）。或者，企业社会责任可能会受到回归董事海外工作经历所产生的道德组织气氛的影响（Hegarty 和 Sims 1978；Posner 和 Schmidt，1984；Wimbush 和 Shepard，1994）。因此，研究表明，返回者董事往往受到他们在西方国家的经历的影响，因此他们更有可能以伴随的社会规范支持利益相关者向的商业文化。因此，回归董事更有可能建议管理人员采用额外的 CSR 活动。

企业还有能力将特定的人力资本特征（如知识，技能和个人规范）整合到企业文化中（Nonaka，1994；Spender，1996；Teece，1998）。Bhagwati 和 Hamada（1974）声称返回者将在国外学到的知识和技能转移到他们的祖国，其过程被称为"大脑获得"现象（Kerr，2008；Giannetti 等，2015）。公司不仅整合了回归董事的知识和技能，还整合了以利益相关者为导向的商业方法。

一个问题是返回的董事在返回后是否可能长期受到不道德的国内商业环境的影响。Lawrence（1969）和 Manner（2010）从理论上说，人类抵制改变他们的思维模式和行为的做法。此外，经验证据表明，CEO 们过去的经历会影响他们长期的决策。例如，Benmelech 和 Frydman（2015）认为具有军事经验的 CEO 不太可能参与公司欺诈。Bernile 等（2016）发现首席执行官早年在自然灾害中的经历可能会影响其公司的财务和投资政策。事实上，如果我们的结果显示回归董事的百分比与企业的企业社会责任分数之间存在显著的正相关关系，那么结果就会减轻这种担忧，因为即使他们可能被不道德的国内环境感染，回归董事仍然积极地提高企业的企业社会责任分数、商业环境。因此，我们提出以下测试假设：

H1 中国公司的回归董事比例与公司的 CSR 参与度正相关。

5.3.2　企业特征

利益相关者的关系特定投资创造了企业价值，并提高了企业竞争力（Bae 等，2011；Edmans，2011）。Williamson（1979）认为利益相关者的关系特定投资在关系中比在外部更有价值，因为这种专门投资是特定于特定公司的。由于隐性合同没有法律地位并且是自我执行的，如果公司违背交易条款，利益相关者会因特定关系投资而蒙受损失（Bowen 等，1995；Raman 和 Shahrur，2008；Dou 等，2013）。当公司处于财务困境时，它更有可能违背其隐含的承诺。因此，利益相关者面临企业的下行风险，但不具备上行潜力。因此，利益相关者对公司的可持续性有相当大的兴趣。为了促进利益相关者的特定关系投资以提高企业竞争力，鼓励管理者投资于企业社会责任，并发出信号使他们尊重公司的隐含合同。公司决策通常由经理和董事会共同决策。因此，推动企业社会责任，投资的回归董事可能会面临竞争行业管理者较少的抵制，因为这些经理对企业社会责任的参与感兴趣相同。因此，可以预期回归者董事对企业社会责任投资的影响在竞争性行业中更为重要。

Li 和 Zhang（2010）假设如果公司具有较高的政府影响力，中国上市公司的管理将满足政府的期望。作为交换，如果中国政府与该公司有利害关系，它更有可能拯救陷入财务困境的公司。因此，没有政府所有权的公司的利益相关者可能更关心公司的可持续性。因此，没有政府所有权的公司的管理者有更大的动力去投资 CSR 活动，以便向利益相关者发送有关公司前景的信号。由于没有政府所有权的公司的经理和回归董事对企业社会责任投资有共同的兴趣，因此回归董事对企业社会责任投资的影响在这些企业中更为重要。

H1 回归者董事对企业社会责任投资的影响在竞争性行业和没有政府所有权的企业中更为重要。

5.3.3 CEO 特征

中国的经济组织与西方国家的经济不同。中国政府对哪些企业获得资源和政策利益具有重大影响。与没有政治关系的公司相比，政治关系紧密的公司在获取资源方面具有优势（La Porta 等，1999；Wang 和 Qian，2011）。中国政府也更有可能拯救与政治相关的公司。因此，利益相关者对与政治关联的首席执行官的公司前景的关注较少。相比之下，由于没有政治关联的首席执行官的公司难以从政府获得资源，他们更有动力发出信号，以便利益相关者进行公司特定的投资以提高公司业绩。此外，拥有政治关系的首席执行官的公司利益相关方可能会对履行合同义务产生更多担忧，因为这些公司不太可能得到政府的支持，更有可能遇到财务问题。因此，没有政治关联的首席执行官的公司的经理人更有动力参与企业社会责任活动来表明他们的财务状况。由于企业社会责任投资中，管理者和回归者的利益在没有政治关系的企业中是一致的，因此回归董事无须与管理者就企业社会责任投资进行斗争。因此，可以预期，返回者董事对企业社会责任投资的影响在没有政治关系的企业中更为重要。

与年长的 CEO 相比，年轻的首席执行官往往不太重视信任和声誉（Barnett 和 Karson，1989）。Waldman 等（2006）注意到，年龄的增长可能使决策者在决策中采用更广泛的视角，例如，年长的董事可能会考虑多个利益相关者的观点，并可能导致更强的企业社会责任价值观。虽然在首席执行官职业生涯的早期阶段对管理"类型"的信息有限，但研究表明年轻的首席执行官更重视他们的个人成长，相比年长的 CEO，他们不那么注重道德规范（Hall，1976；Terpstra 等，1993；Singhapakdi 等，1999；Godos – Díez 等，2011）。因此，与年长的 CEO 相比，年轻的 CEO 更关注短期业绩，并且不太愿意进行长期投资，以较快实现净利好的未来价值。由于企业社会责任活动是长期投资，年轻的首席执行官可能会忽视企业社会责任的参与，有利于在短期内提供高额和持续利润的项目（Fabrizi 等，2014）。相比之下，年龄较大的 CEO 面临来自市场的压力较小，因此更广泛地关注各种利益相关者，即使这些担忧与公司的短期利润无关。这一理论得到了最近的经验证据的支持，即老年董事比年轻董事更有动力参与企业社会责任（McCuddy 和 Cavin，2009；Ng 和 Sears，2012）。由于回归者董事与年长的 CEO 在企业社会责任投资中有共同的兴趣，因此对于年龄较大的 CEO 来说，回归董事对企业社会责任的影响更为显著。由此，我们提出第三个测试假设：

H2 回归者董事对企业社会责任投资的影响应该在政治上无关联的公司和老一辈的公司中更为重要。

5.3.4 国外经验

西方国家的移民需要时间来了解企业社会责任的重要性，企业社会责任越来越被视为西方企业和学术文化中的社会规范。因此，在国外度过的持续时间决定了回归者是否将企业社会责任视为是合理的社会规范。例如，一些回归董事花了4年或更长时间进行学术研究。毕业后，他们中的很多人在国外工作。具有外国教育或工作经验的返回者董事很有可能在回到中国公司工作时以对社会负责的方式行事，因为他们融入了西方文化。相比之下，其他董事如果只是短期访问西方国家，无论是商务谈判还是学术交流计划。由于国外时间有限，这些董事很难受到西方国家社会规范的影响。因此，我们提出第三个假设：

H3 如果具有外国教育或工作经验，返回者董事在促进企业社会责任投资方面的作用更为重要。

5.4 数据和样本选择

我们从 Running 的 CSR 报告中获取每个中国上市公司的 CSR 分数（该报告由 Common and Loving Consulting for Common Welfare Co. Ltd. 准备）。Rob 的 CSR 报告是评估中国企业 CSR 参与度的主要来源之一。Running 的企业社会责任报告根据公司自我披露的企业社会责任报告评估企业的企业社会责任参与度，Running 的 CSR 报告得分越高表明 CSR 参与度越高。需注意的是，由于中国上市公司不需要发布企业社会责任报告，因此并非所有中国上市公司都包含在 Running 的企业社会责任报告中。Running 在 2009 年开始发布此报告，每家公司的主要 CSR 得分是四个加权方面的总和，即宏观（30%）、内容（45%）、技术（15%）和工业（10%）。由 M 代表的大世界专注于公司的战略、公司治理和经济关系。以 C 表示的内容包括财务信息、就业和人权、环保、客户关系，并参与当地社会发展。由 T 表示的技术包括信息公开、革新、信任和透明度、通信的规律性和效率。最后，行业以 I

为代表。不同的行业有自己的特定标准来评估 CSR 参与度。

我们手工收集了有关中国上市公司董事履历的数据。我们从万维网、新浪网，及公司的年度报告中。寻找董事的外国教育经历、外国工作经验和短期交流经验。这些信息使我们能够探索董事的外国经验的影响。而在国外分公司工作的经历中国公司，外国公司的中国分公司，或涉及外国工作经验的合资企业，不被视为外国经验，不在样本范围内。如果他们有在中国（大陆）以外学习和/或工作的经历，我们将董事定义为"回归董事"。如上所述，人类抵制改变他们的思维模式的行为；此外，过去的经历会对个人的决策行为产生长期影响。因此，我们不会根据他们回到中国的时间来区分回归者。最后，我们计算了董事会中回归董事的百分比作为我们研究中的主要独立变量。

所有公司的财务和所有权数据均来自 CSMAR，这是由国泰安信息技术（GTA Information Technology）提供的主要数据库，其中包含有关中国公司的数据。在合并所有数据之后，我们在 2009—2012 年期间为所有上市公司提供了 1957 年的公司年度观察在 Running 的中国报告中获得 CSR 评分。所有变量均在 1% 和 99% 的水平下进行 Winsorized。

表 5-1 显示我们样本的描述性统计数据。我们样本公司在 Running 的 CSR 报告中的平均 CSR 得分约为 35.28，标准差为 13.22。CSR 得分范围为 16.97—78。对于 M 指数，CSR 得分的每个子类别的平均得分（标准差）为 11.2（4.72），C 指数为 16.96（6.37），T 指数为 16.96（6.37），I 指数为 1.82（1.62）。平均而言，返回者董事占我们样本中所有董事的约 6%，其数量与其他研究相似（Giannetti 等，2015）。3% 的董事具有外国工作或教育经验，而 1% 的董事具有短期外国访问经验。我们样本中的平均企业的公司规模（总资产的对数值）为 23.07，托宾的 Q 为 1.70，这表明我们在样本中有许多大型且表现良好的公司。这一发现似乎是合理的，因为大型和表现良好的公司更有可能披露企业社会责任报告。平均董事会规模约为 10 名成员，37% 的董事会成员是独立的。我们样本中有 11% 的 CEO 拥有 CEO 和董事长的双重职位。在所有权结构方面，11% 的股份平均

由政府持有,而高管、外国投资者和机构投资者持有的股份分别占 1.1% 和 3%。这一结果是由于中国政府通过部分私有化继续控制上市公司的大量股权。平均而言,最大股东持有已发行股份总数的 39%,而前 5 大股东持有已发行股份总数的 55%。表 5-2 显示每个变量之间的相关矩阵的结果。结果表明,每个变量之间的相关性较低,这表明我们的结果没有共线性问题。

表 5-1 变量统计表

VARIABLES	(1) N	(2) mean	(3) sd	(4) min	(5) max
CSR Score	1,825	35.28	13.22	16.97	78.00
M	1,535	11.20	4.72	2.81	26.83
C	1,534	16.96	6.37	3.00	39.58
T	1,534	6.61	2.36	0.56	22.36
I	1,264	1.82	1.62	0.00	8.37
Oversea returnee ratio	1,957	0.06	0.08	0.00	0.33
Oversea_ working_ ratio	1,957	0.03	0.06	0.00	0.41
Oversea_ visit_ ratio	1,957	0.01	0.03	0.00	0.25
Oversea_ edu_ ratio	1,957	0.03	0.06	0.00	0.48
Size	1,957	23.07	1.55	20.20	26.83
Board size	1,951	9.78	2.18	5.00	15.00
Indep%	1,951	0.37	0.06	0.27	0.56
Director_ age	1,956	49.32	3.15	37.54	60.71
CEO Duality	1,933	0.11	0.31	0.00	1.00
Leverage	1,957	0.54	0.20	0.08	0.95
ROA	1,957	0.05	0.05	-0.17	0.24
Tobinq	1,955	1.70	1.06	0.69	6.83
PPE/at	1,942	0.25	0.20	0.00	0.81
Capex/at	1,957	0.05	0.05	0.00	0.23
Gov. ownership	1,957	0.11	0.20	0.00	0.74
Foreign ownership	1,957	0.01	0.03	0.00	0.23
Executives ownership	1,957	0.01	0.07	0.00	0.49
Institutional ownership	1,957	0.03	0.06	0.00	0.28
Analyst	1,957	16.59	14.06	0.00	47.00
Top1 ownership	1,957	0.39	0.17	0.09	0.76
Top5 ownership	1,957	0.55	0.18	0.18	0.90
Top5 concentration	1,957	0.20	0.14	0.01	0.58

5. 聘请具有国外经验的董事，做好生意

表 5-2 相关矩阵表

Variable	Returnee	Size	Board size	Indep%	Dir. age	Duality	Lev	ROA	Tobinq	PPE/at	Capex/at	Analyst	Gov. own	Foreign own	Exe own	Inst. own.	Top1 own.	Top5 own.	Top5 con.
Returnee	1.00																		
Size	0.37	1.00																	
Board size	0.20	0.43	1.00																
Indep%	0.07	0.07	-0.26	1.00															
Dir. age	0.19	0.48	0.25	0.07	1.00														
Duality	-0.05	-0.15	-0.15	0.07	-0.12	1.00													
Lev	0.15	0.54	0.22	0.02	0.16	-0.13	1.00												
ROA	-0.05	-0.12	-0.06	0.00	-0.07	0.09	-0.43	1.00											
Tobinq	-0.11	-0.45	-0.18	0.01	-0.19	0.10	-0.38	0.39	1.00										
PPE/at	-0.10	0.00	0.06	-0.06	0.04	-0.03	-0.10	-0.11	-0.08	1.00									
Capex/at	-0.08	-0.09	0.03	-0.04	-0.09	0.06	-0.12	0.06	0.02	0.40	1.00								
Analyst	0.29	0.60	0.37	0.00	0.21	-0.05	0.16	0.30	-0.02	-0.02	0.09	1.00							
Gov. own	0.06	0.17	0.12	0.04	0.09	-0.08	0.01	0.01	-0.19	0.03	-0.01	0.10	1.00						
Foreign own	0.12	0.00	0.05	0.01	-0.03	0.02	-0.03	0.04	-0.07	-0.03	0.00	0.08	0.05	1.00					
Executive own	0.00	-0.16	-0.09	0.01	-0.14	0.15	-0.17	0.08	-0.04	-0.09	0.08	0.00	-0.11	0.03	1.00				
Inst. own	0.02	0.08	0.06	0.03	-0.10	0.06	-0.03	0.23	0.15	-0.07	0.05	0.31	-0.03	0.04	0.13	1.00			
Top1 own	0.03	0.20	-0.03	0.08	0.19	-0.10	-0.03	0.07	-0.10	0.16	0.00	0.08	0.30	-0.04	-0.10	-0.14	1.00		
Top5 own	0.25	0.33	0.10	0.06	0.24	-0.08	0.03	0.10	-0.17	0.12	-0.01	0.22	0.32	0.10	0.04	-0.12	0.74	1.00	
Top5 con	0.11	0.29	0.02	0.09	0.24	-0.10	-0.01	0.07	-0.14	0.17	-0.02	0.13	0.32	0.00	-0.08	-0.15	0.96	0.8313	1.00

5.5 回归结果

5.5.1 主要发现

为了捕捉公司的回归董事与其 CSR 参与之间的关系,我们估计以下普通最小二乘(OLS)回归:

$$CSR\ score_{it} = \alpha + \beta_1 * returnee_{it} + \gamma * Controls_{it} + Industry dummies + Year dummies + \varepsilon_{it} \tag{5-1}$$

其中,t 为年份,i 为公司,ε_{it} 为误差项。CSR 的得分是从 Running 的 CSR 报告中获得的企业 CSR 得分。返回者是公司董事会中返回者董事所占的百分比。控制是公司层面控制的向量,包括财务信息(例如,规模、杠杆、托宾 Q、PPE/at、Capex/at),公司治理(例如,董事会规模,独立董事百分比,分析师覆盖范围)和所有权信息(例如,政府所有权、行政所有权、外国所有权、机构所有权、前 1 名所有权、前 5 名所有权、前 5 名集中)。

表 5-3 介绍 OLS 回归的结果。因变量是公司的整体 CSR 分数或每个子类别(M、C、T 和 I)的分数。第 1 栏显示,返回者董事的百分比具有正的和显著的系数,表明返回者比例较高的公司在企业社会责任参与方面投入更多。此外,我们观察到第 1 列中公司规模与企业社会责任评分之间存在显著正相关关系,这意味着较大的公司更有可能投资于企业社会责任。大公司通常具有一定程度的市场支配力,可能会在企业社会责任活动上投入更多资金,与利益相关者建立友好关系,提高声誉,提升品牌价值。相比之下,小公司在短期内面临更大的生存压力,因此无法承担增加的 CSR 投资成本。董事会规模也与企业社会责任的参与正相关。行政所有权是一个额外的积极和重要的系数,这意味着高管和股东之间的利益一致性会刺激管理者通过更多地投资于企业社会责任来更多地关注长期的企业绩效。第 2、3 和 4 栏中的结果与第 1 栏中的结果定性相同,这表明返回者

董事可以在各个方面改善企业的 CSR 参与，包括宏观、内容和技术，这些都支持了 Giannetti 等（2015）。我们的研究结果还表明，中国上市公司可能存在"大脑收益"过程（Bhagwati 和 Hamada，1974；Kerr，2008；Giannetti 等，2015）。更重要的是，我们的结果表明，企业可以通过雇用回归董事来提高企业社会责任的质量。此外，我们的结果表明，董事过去的经历可能会影响他们当前的决策；这一结果支持 Bernile 等（2016）、Benmelech 和 Frydman（2015）最近的研究结果。总体而言，我们的主要研究结果支持假设 H1，即回归董事的百分比与企业在中国的企业社会责任参与之间存在显著的正相关关系。

表 5-3　　　　　　　　　海外背景与 CSR 的关系

VARIABLES	(1) CSR score	(2) M	(3) C	(4) T	(5) I
Oversea returnee	9.43**	2.86*	6.51***	2.17**	0.83
	(2.29)	(1.75)	(2.93)	(2.33)	(1.34)
Size	3.57***	1.28***	1.75***	0.68***	0.29***
	(9.74)	(8.61)	(8.91)	(8.86)	(5.38)
Board size	0.42***	0.17***	0.23***	0.08**	0.03
	(2.63)	(2.63)	(2.69)	(2.25)	(1.31)
Indep%	-3.97	-1.41	-2.15	-0.26	-0.23
	(-0.83)	(-0.74)	(-0.83)	(-0.26)	(-0.32)
Director age	0.03	0.01	0.01	-0.01	0.02
	(0.33)	(0.34)	(0.21)	(-0.35)	(1.39)
CEO duality	-0.36	-0.21	0.06	-0.19	-0.03
	(-0.47)	(-0.68)	(0.14)	(-1.34)	(-0.29)
Leverage	0.08	-0.43	-0.31	0.28	-0.07
	(0.04)	(-0.56)	(-0.32)	(0.76)	(-0.26)
ROA	-8.67	-5.64**	-3.30	-0.11	-1.97*
	(-1.25)	(-2.03)	(-0.88)	(-0.09)	(-1.95)
Tobinq	0.30	0.22	0.06	0.17***	-0.01
	(0.91)	(1.51)	(0.35)	(2.71)	(-0.16)

续表

VARIABLES	(1) CSR score	(2) M	(3) C	(4) T	(5) I
PPE/at	0.99	0.24	-0.41	-0.00	0.38
	(0.49)	(0.28)	(-0.39)	(-0.00)	(1.29)
Capex/at	3.30	2.97	1.77	0.38	0.89
	(0.57)	(1.28)	(0.56)	(0.34)	(0.98)
Analyst	0.03	-0.01	0.01	-0.00	0.01*
	(0.97)	(-0.55)	(0.85)	(-0.22)	(1.69)
Gov. ownership	-1.74	-0.47	-0.86	-0.54	-0.45**
	(-1.14)	(-0.70)	(-1.03)	(-1.64)	(-2.02)
Foreign ownership	2.24	2.11	1.95	1.17	1.00
	(0.26)	(0.57)	(0.41)	(0.74)	(0.98)
Executives ownership	8.71**	3.37***	3.29*	2.07***	0.52
	(2.33)	(2.64)	(1.72)	(3.13)	(0.99)
Inst. ownership	1.61	2.41	2.78	-1.09	-0.17
	(0.36)	(1.28)	(1.14)	(-1.23)	(-0.25)
TOP1 ownership	-11.69*	-3.42	-3.13	-2.99**	-1.72*
	(-1.83)	(-1.34)	(-0.93)	(-2.24)	(-1.73)
TOP5 ownership	10.83***	4.59***	4.41**	1.45**	0.63
	(2.95)	(3.18)	(2.29)	(2.02)	(1.26)
TOP5 concentration	10.77	2.41	2.62	3.12	2.21
	(1.12)	(0.63)	(0.52)	(1.60)	(1.49)
Constant	-55.44***	-20.93***	-28.93***	-10.22***	-6.21***
	(-6.70)	(-6.31)	(-6.74)	(-6.03)	(-5.08)
Year fixed effect	Yes	Yes	Yes	Yes	Yes
Industry fixed effect	Yes	Yes	Yes	Yes	Yes
Observations	1,783	1,503	1,502	1,502	1,240
R-squared	0.39	0.32	0.38	0.33	0.36

注：*、**、***分别在10%、5%、1%水平上显著。

5.5.2 CSR 和企业特征

为了检验假设 H2，我们基于两个度量将样本分成两个子样本。第一个是中国证券监督管理委员会（CSRC）发布的行业分类的赫芬达尔指数。我们将 Herfindahl 指数低于样本中位数的行业的公司归类为竞争行业；赫芬达尔指数高于样本中位数的行业中的公司被归类为处于非竞争行业中。第二项措施是政府所有权。如果政府在公司中持有股份，我们将公司分类为能够获得政府的支持。

我们重新估计表 5-3 中的回归用于子样本分析并在表 5-4 中报告结果。首先，我们发现回归董事与企业社会责任之间的正相关只有在企业处于竞争性行业时才存在。我们的研究结果表明，回归董事在竞争激烈的行业中推动企业社会责任投资，这与假设 H2 一致。这一结果也支持了 Waddock 和 Graves（1997）先前的调查结果（Husted 和 de Jesus Salazar (2006)，Boulouta 和 Pitelis（2014）等）。此外，我们发现，当公司没有政府所有权时，返回者董事所占的百分比与企业社会责任分数之间也存在正相关性，这也与假设 H2 一致。

表 5-4　　　　　　　　　　　公司特征的子样本回归

Variable	Industry competition		Government ownership	
	Low	High	With	Without
Oversea returnee	5.75	14.15**	0.02	17.27***
	(1.17)	(2.05)	(0.00)	(3.37)
Size	3.86***	3.18***	3.89***	3.17***
	(6.89)	(6.61)	(5.55)	(6.64)
Board size	0.42*	0.43*	0.25	0.55**
	(1.89)	(1.93)	(0.91)	(2.57)
Indep%	-2.44	-9.66	-7.98	0.54
	(-0.37)	(-1.38)	(-0.88)	(0.09)
Director age	0.08	-0.09	0.17	0.02
	(0.53)	(-0.70)	(0.90)	(0.14)

续表

Variable	Industry competition		Government ownership	
	Low	High	With	Without
CEO duality	0.89	-0.62	-0.79	0.45
	(0.81)	(-0.59)	(-0.43)	(0.52)
Leverage	4.30	-4.38*	-0.61	0.94
	(1.51)	(-1.87)	(-0.16)	(0.43)
ROA	-12.24	-2.11	-12.07	-7.57
	(-1.38)	(-0.19)	(-0.90)	(-0.91)
Tobinq	1.05**	-0.75	0.20	0.28
	(2.34)	(-1.62)	(0.30)	(0.74)
PPE/at	-0.17	1.26	-0.27	1.60
	(-0.05)	(0.48)	(-0.07)	(0.68)
Capex/at	1.89	9.15	15.25	-3.67
	(0.24)	(1.09)	(1.37)	(-0.54)
Analyst	0.04	0.02	0.06	0.02
	(0.91)	(0.53)	(1.10)	(0.50)
Gov. ownership	-1.26	-3.53*		
	(-0.57)	(-1.72)		
Foreign ownership	-10.21	14.37	7.45	-0.96
	(-0.99)	(0.98)	(0.56)	(-0.08)
Executives ownership	8.38*	7.70	-49.31***	11.73***
	(1.73)	(1.19)	(-3.09)	(3.01)
Inst. ownership	-9.62	14.19**	10.53	1.42
	(-1.47)	(2.31)	(1.33)	(0.24)
TOP1 ownership	-33.40***	14.25	-11.10	-7.14
	(-3.74)	(1.59)	(-0.93)	(-0.95)
TOP5 ownership	12.99**	12.93**	15.18**	10.00**
	(2.52)	(2.51)	(2.25)	(2.20)
TOP5 concentration	36.46**	-23.63*	8.72	3.35
	(2.57)	(-1.80)	(0.49)	(0.29)
Constant	-64.19***	-37.01***	-65.01***	-50.98***
	(-5.42)	(-3.10)	(-4.13)	(-4.92)

续表

Variable	Industry competition		Government ownership	
	Low	High	With	Without
Industry fixed effect	Yes	Yes	Yes	Yes
Year fixed effect	Yes	Yes	Yes	Yes
Observations	848	935	599	1,184
R-squared	0.52	0.24	0.44	0.39

注：*、**、***分别在10%、5%、1%水平上显著。

5.5.3 CSR 和 CEO 特征

大量文献强调 CEO 在企业投资中的作用（Roll，1986；希顿，2002；马尔门迪尔和泰特，2005）。企业社会责任的参与可以被视为一项长期的企业投资；因此，它应受到首席执行官特征的影响，如政治地位和年龄。因此，在本节中，我们试图通过探讨 CEO 特征如何影响回归董事所占百分比与企业社会责任参与之间的正相关关系来检验假设 H2。

表 5-5 介绍有关 CEO 特征影响的结果。我们将首席执行官归类为政治关联董事比率和董事离职的虚拟变量回归。结果表明，相互作用项的系数不显著，海外董事比率系数保持正值且非常显著。这一结果表明，我们的发现不受董事流动的影响。这些结果可根据要求提供。

当我们将样本公司分为有政府所有权和无政府所有权子样本时，我们从子样本分析中删除政府所有权的控制变量。当我们将样本公司分为高杠杆和低杠杆子样本时，我们还会删除控制变量以进行杠杆作用。我们感谢匿名裁判的评论。如果 CEO（1）他/她是前政府官员；（2）他/她是人民代表大会的现任或前任成员；（3）他/她是人民政治协商会议的现任或前任成员。同时，我们根据 CEO 年龄的样本中位数区分老年 CEO 和年轻 CEO。我们发现，只有当一家公司有一个没有政治关系的 CEO 和一家公司有一位年长的 CEO 时，回归董事的系数才是积极和重要的（Hall，1976；Terpstra 等，1993；Singhapakdi 等，1999；McCuddy 和 Cavin，2009；Godos-Díez 等，2011；Ng 和 Sears，2012；Fabrizi 等，2014）。我们的研究结果支持假设 H2，表明返回者董事可能会得到没有政治关系的 CEO 和年长的 CEO 的支持。

表 5 – 5　　　　　　　　　　CEO 特征的子样本回归

VARIABLES	Politically connected CEO		CEO's age	
	Yes	No	Old CEO	Younger CEO
Oversea returnee	20.16	9.37**	10.39**	-4.66
	(1.25)	(2.17)	(2.12)	(-0.51)
Size	2.55*	3.61***	3.71***	2.82***
	(1.73)	(9.49)	(8.74)	(3.68)
Board size	0.30	0.41**	0.51**	0.50
	(0.54)	(2.38)	(2.54)	(1.61)
Indep%	-12.51	-4.86	-1.97	-3.71
	(-0.61)	(-0.96)	(-0.34)	(-0.45)
Director age	-0.38	0.08	0.04	-0.38**
	(-1.02)	(0.74)	(0.31)	(-2.11)
CEO duality	-4.65*	0.63	-0.75	-0.11
	(-1.84)	(0.75)	(-0.85)	(-0.06)
Leverage	14.43	-0.04	0.39	1.11
	(1.58)	(-0.02)	(0.18)	(0.30)
ROA	5.88	-7.08	-11.45	1.06
	(0.20)	(-0.96)	(-1.39)	(0.07)
Tobinq	-1.37	0.27	0.51	0.03
	(-0.88)	(0.79)	(1.22)	(0.06)
PPE/at	-1.97	1.51	0.28	2.47
	(-0.23)	(0.72)	(0.12)	(0.72)
Capex/at	34.41*	-2.60	2.53	3.88
	(1.70)	(-0.43)	(0.34)	(0.41)
Analyst	0.09	0.03	-0.01	0.11*
	(0.82)	(1.02)	(-0.35)	(1.94)
Gov. ownership	-4.07	-1.84	-2.24	1.84
	(-0.66)	(-1.15)	(-1.27)	(0.56)

续表

VARIABLES	Politically connected CEO		CEO's age	
	Yes	No	Old CEO	Younger CEO
Foreign ownership	35.34	3.53	12.79	7.06
	(1.25)	(0.35)	(1.40)	(0.44)
Executives ownership	0.83	9.93**	9.08*	12.36**
	(0.11)	(2.23)	(1.74)	(2.15)
Inst. ownership	-13.02	3.20	5.21	-9.59
	(-0.75)	(0.65)	(0.91)	(-1.16)
TOP1 ownership	-15.54	-11.31*	-15.62**	4.00
	(-0.49)	(-1.71)	(-2.14)	(0.29)
TOP5 ownership	-15.49	11.53***	13.32***	3.80
	(-0.94)	(3.04)	(3.15)	(0.49)
TOP5 concentration	39.89	9.24	14.22	-4.01
	(0.88)	(0.92)	(1.28)	(-0.20)
Constant	-5.73	-58.21***	-59.28***	-23.60
	(-0.17)	(-6.62)	(-5.89)	(-1.49)
Industry fixed effect	Yes	Yes	Yes	Yes
Year fixed effect	Yes	Yes	Yes	Yes
Observations	155	1,628	1,326	457
R-squared	0.67	0.39	0.42	0.28

注：*、**、***分别在10%、5%、1%水平上显著。

5.5.4 企业社会责任与回归董事的不同外国经验

为了检验假设 H3，我们采用 3 个连续变量来衡量董事会中具有外国工作经验、外国访问经历和外国教育经历的董事比例。我们在表中重新估算了我们的模型 6 通过使用变量来衡量具有不同类型的外国经验的董事比例。实证结果表明，具有外国工作或教育经历的回归董事的存在对企业社会责任参与具有显著和积极的影响，而具有短期海外访问经验的回归董事与企业社会责任分数之间没有显著关系。我们的发现与假设 H3 一致，表 5－6 明海外花费的时间长短是决定返回者董事对企业社会责任投资影响的重要因素。

表 5-6　　海外背景特征的子样本回归

VARIABLES	(1) Model	(2) Model	(3) Model
Oversea_work_ratio	16.65***		
	(2.71)		
Oversea_visit_ratio		-2.41	
		(-0.27)	
Oversea_edu_ratio			19.05***
			(2.92)
Size	3.56***	3.72***	3.46***
	(9.67)	(10.11)	(9.27)
Board size	0.43***	0.44***	0.44***
	(2.67)	(2.75)	(2.71)
Indep%	-4.07	-3.02	-3.86
	(-0.85)	(-0.63)	(-0.81)
Director age	0.03	0.04	0.03
	(0.31)	(0.36)	(0.27)
CEO duality	-0.33	-0.42	-0.37
	(-0.43)	(-0.55)	(-0.48)
Leverage	0.09	-0.12	-0.04
	(0.05)	(-0.07)	(-0.02)
ROA	-8.23	-10.73	-9.25
	(-1.20)	(-1.54)	(-1.33)
Tobinq	0.30	0.37	0.31
	(0.93)	(1.14)	(0.94)
PPE/at	1.36	0.91	0.74
	(0.68)	(0.45)	(0.37)
Capex/at	3.19	3.28	4.13
	(0.55)	(0.57)	(0.72)
Analyst	0.04	0.04	0.03
	(1.16)	(1.14)	(0.98)

续表

VARIABLES	(1) Model	(2) Model	(3) Model
Gov. ownership	-1.71	-1.88	-1.71
	(-1.12)	(-1.24)	(-1.12)
Foreign ownership	3.12	4.48	2.86
	(0.36)	(0.51)	(0.32)
Executives ownership	8.43**	8.94**	8.77**
	(2.25)	(2.39)	(2.34)
Inst. ownership	1.51	1.16	2.45
	(0.34)	(0.26)	(0.55)
TOP1 ownership	-10.86*	-13.56**	-10.80*
	(-1.68)	(-2.12)	(-1.70)
TOP5 ownership	10.67***	12.28***	10.82***
	(2.93)	(3.44)	(2.99)
TOP5 concentration	10.08	12.01	10.03
	(1.04)	(1.24)	(1.05)
Constant	-55.24***	-59.34***	-52.79***
	(-6.78)	(-7.19)	(-6.24)
Industry fixed effect	Yes	Yes	Yes
Year fixed effect	Yes	Yes	Yes
Observations	1,783	1,783	1,783
R-squared	0.41	0.41	0.41

注：*、**、***分别在10%、5%、1%水平上显著。

5.6 稳健性分析

5.6.1 内生性问题

有一个遗漏的变量问题影响了董事会的回归董事和企业社会责任的参与（（Boulouta 和 Pitelis，2014）。此外，我们的结果可能会因反向因果关系而产生偏差。位于注重道德规范的省份的公司可能会比其他省份的公司实施更高的企业社会责任标准。因此,位于注重道德规范的省份的公司更有可能任命具有相似态度的董事。

为了缓解内生性问题,我们使用工具变量回归,采用两个工具变量,这些变量与回归董事的百分比高度相关,但与企业社会责任的参与度无关。两个工具变量是返回者政策发行年份和英国殖民地。"返回者政策发行年"是中国各省政府颁布的政策,鼓励具有外国经验的高技能人才返回省内工作。在我们的样本期间,几乎所有省份都发布了这样的政策。我们认为,董事的劳动力市场主要在中国本土(Knyazeva 等,2013;Giannetti 等,2015)。因此,引入这种政策将外生改变这些省份具有外国经验的潜在董事的供应。英国殖民地是一个虚拟变量,如果一个公司位于一个以前属于英联邦国家的地区,则等于1,否则等于0。研究表明,英国公司通常有明确的战略来管理他们的利益相关者关系和他们的企业社会责任计划(Knox 等,2005;Chen 和 Bouvain,2009)。这个因素可能是由文化和传统引起的,这两者都影响道德价值观(Langlois 和 Schlegelmich,1990)。与其他一些国家相比,英国公司和机构投资者会发布有关健康和安全问题的长期社会和环境风险的报告(Aguilera 等,2006)。更重要的是,与其他国家的公司相比,英国公司更加关注与客户和供应商相关的问题(Hughes,2001;Chen 和 Bouvain,2009)。因此,我们预计这些做法将影响位于受英国文化影响较大的地区的中国公司。

表5-7报告实证结果。第1列报告第一阶段回归结果,第2列报告第二阶段回归结果。在第1列中,因变量是返回者董事的百分比。两个工具变量和其他控制变量是独立变量。第一阶段回归显示,返回者政策发布年和英国殖民地的系数与返回者董事的百分比高度显著正相关。这一发现与这样的观点是一致的,即实施回归政策的省份的公司和以前属于英国殖民地的地区的公司更有可能雇用回归董事。Cragg 和 Donald(1993)的 F 值仪器相关性测试拒绝零假设并确认两个工具变量作为独立变量相关。第2列报告第二阶段 OLS 回归结果。表明,回归董事的百分比系数仍然是积极而

显著的。因此，我们的研究结果见表5-3在控制内生性问题后，它们是强劲的。

表5-7 两阶段回归结果

VARIABLES	(1) First Stage	(2) Second Stage
Oversea returnee		86.16***
		(3.00)
Size	0.02***	2.23***
	(5.99)	(3.59)
Board size	0.00**	0.29
	(2.25)	(1.47)
Indep%	0.10***	-11.09*
	(2.87)	(-1.79)
Director_age	0.00	0.01
	(0.07)	(0.09)
CEO duality	-0.01	0.56
	(-1.47)	(0.64)
Leverage	-0.02	3.28
	(-1.54)	(1.49)
ROA	-0.22***	5.65
	(-4.55)	(0.57)
Tobinq	0.01***	-0.23
	(3.76)	(-0.49)
PPE/at	-0.01	2.37
	(-0.79)	(1.08)
Capex/at	0.02	1.87
	(0.54)	(0.28)
Analyst	0.00	0.00
	(1.59)	(0.09)
Gov. ownership	-0.01	-0.77
	(-0.99)	(-0.43)

续表

VARIABLES	(1) First Stage	(2) Second Stage
Foreign ownership	0.26***	-15.65
	(3.54)	(-1.14)
Executives ownership	0.02	8.31*
	(0.78)	(1.88)
Inst. ownership	-0.05*	3.97
	(-1.69)	(0.74)
TOP1 ownership	-0.19***	5.61
	(-4.08)	(0.62)
TOP5 ownership	0.15***	-1.16
	(6.84)	(-0.20)
TOP5 concentration	0.13**	-0.84
	(1.98)	(-0.07)
British_ colony	0.02***	
	(5.16)	
Hiring returnee policy	0.02**	
	(2.15)	
Hansen J statistic P-value	0.9242	
Cragg-Donald Wald F statistic	14.70	
Constant	-0.45***	-24.30*
	(-7.30)	(-1.66)
Year fixed effect	Yes	Yes
Industry fixed effect	Yes	Yes
Observations	1,698	1,698
R-squared	0.31	0.26

注：*、**、***分别在10%、5%、1%水平上显著。

5.6.2 CSR 的替代措施

我们在本节中执行两个测试，并创建两个虚拟变量作为 CSR 参与的替代措施。首先，我们定义一个虚拟变量来表明公司是否已包含在 Running

的报告中。如果公司包含在 Running 的报告中，我们分配的值为 1，否则为 0。结果报告在表 5-8 的第 1 列中。其次，作为企业社会责任参与的替代衡量标准，我们定义了一个虚拟变量来衡量企业是否已纳入可持续发展报告指南。可持续发展报告指南仅报告分数在企业社会责任活动中表现优于其他企业的中国企业。因此，我们将 GRI 中包含的公司指定值为 1，否则指定值为 0。结果报告在第 2 列中表明，无论我们使用哪种替代变量，返回者董事的百分比与 CSR 得分之间存在显著正相关关系。

表 5-8　　　　　　　　　　CSR 替代变量回归

VARIABLES	(1) Whether the firm is included in Run Ling's CSR report	(2) Whether the firm obeys GRI < Sustainability Reporting Guidelines >
Oversea returnee	0.17 ** (2.44)	0.36 *** (3.01)
Size	0.17 *** (26.93)	0.12 *** (12.39)
Board size	-0.00 (-0.56)	0.01 ** (2.41)
Indep%	0.23 ** (2.28)	-0.02 (-0.10)
Director age	0.00 (0.77)	-0.00 (-0.33)
CEO duality	0.03 ** (2.25)	-0.01 (-0.59)
Leverage	-0.20 *** (-5.62)	-0.19 *** (-3.02)
ROA	0.25 * (1.72)	-0.83 *** (-4.66)
Tobinq	0.03 *** (2.92)	0.02 *** (3.53)

续表

VARIABLES	(1) Whether the firm is included in Run Ling's CSR report	(2) Whether the firm obeys GRI ＜Sustainability Reporting Guidelines＞
PPE/at	0.15***	-0.06
	(3.72)	(-0.85)
Capex/at	-0.09	-0.03
	(-1.05)	(-0.19)
Analyst	0.01	-0.03**
	(1.04)	(-2.25)
Gov. ownership	-0.02	0.01
	(-0.69)	(0.24)
Foreign ownership	-0.20***	0.05
	(-3.46)	(0.38)
Executives ownership	-0.11***	0.05
	(-3.45)	(0.72)
Inst. ownership	-1.30**	-8.66***
	(-2.28)	(-3.58)
TOP1 ownership	0.00	-0.00
	(0.47)	(-0.61)
TOP5 ownership	-0.00	0.00***
	(-1.30)	(3.95)
TOP5 concentration	-0.18	-0.13
	(-0.99)	(-0.54)
Constant	-3.43***	-2.51***
	(-23.03)	(-11.63)
Industry fixed effect	Yes	Yes
Year fixed effect	Yes	Yes
Observations	6,512	1,686
R-squared	0.28	0.30

注：*、**、***分别在10%、5%、1%水平上显著。

5.6.3 替代解释

回归董事的百分比与公司的 CSR 评分之间的正相关关系可能是由于省级经济增长的差异造成的。Li 和 Zhang（2010）认为企业社会责任与中国的区域经济发展负相关，特别是对于较发达省份的国有企业的政治影响力下降。因此，回归董事的百分比与公司的 CSR 得分之间的正相关关系可能是 GDP 增长较低的省份所特有的现象，因为贫困省份可能对企业社会责任有更强的政治影响力。至为省效应控制，我们为每个省增加一个控制变量，其中人均 GDP 的对数值。结果如表 5-9 所示，结果与表 5-3 相同。因此，省级经济增长的差异并不是我们发现的主要原因。返回者董事比例与企业社会责任质量之间的显著正相关关系保持不变。

表 5-9　　附加控制变量回归

VARIABLES	(1) CSR score	(2) M	(3) C	(4) T	(5) I
Oversea returnee	8.74**	2.71*	6.14***	2.04**	0.72
	(2.12)	(1.65)	(2.76)	(2.14)	(1.16)
Size	3.47***	1.26***	1.69***	0.66***	0.27***
	(9.57)	(8.50)	(8.67)	(8.66)	(5.11)
Board size	0.44***	0.17***	0.24***	0.08**	0.03
	(2.74)	(2.69)	(2.80)	(2.36)	(1.42)
Indep%	-3.56	-1.31	-1.93	-0.18	-0.17
	(-0.74)	(-0.69)	(-0.74)	(-0.18)	(-0.23)
Director age	0.00	0.01	-0.00	-0.01	0.02
	(0.03)	(0.18)	(-0.07)	(-0.62)	(1.05)
CEO duality	-0.47	-0.24	0.01	-0.21	-0.05
	(-0.61)	(-0.75)	(0.02)	(-1.48)	(-0.50)
Leverage	0.29	-0.38	-0.19	0.33	-0.03
	(0.16)	(-0.49)	(-0.19)	(0.89)	(-0.11)
ROA	-8.74	-5.64**	-3.31	-0.11	-1.95*
	(-1.26)	(-2.03)	(-0.88)	(-0.09)	(-1.94)

续表

VARIABLES	(1) CSR score	(2) M	(3) C	(4) T	(5) I
Tobinq	0.26 (0.80)	0.21 (1.45)	0.04 (0.22)	0.16*** (2.58)	-0.02 (-0.32)
PPE/at	0.83 (0.42)	0.20 (0.24)	-0.49 (-0.47)	-0.03 (-0.08)	0.36 (1.24)
Capex/at	4.35 (0.76)	3.19 (1.37)	2.31 (0.74)	0.58 (0.52)	1.02 (1.13)
Analyst	0.03 (1.00)	-0.01 (-0.53)	0.01 (0.89)	-0.00 (-0.18)	0.01* (1.74)
Gov. ownership	-1.74 (-1.14)	-0.47 (-0.70)	-0.86 (-1.03)	-0.54 (-1.63)	-0.46** (-2.03)
Foreign ownership	2.12 (0.24)	2.12 (0.57)	1.96 (0.42)	1.17 (0.75)	1.00 (0.99)
Executives ownership	8.14** (2.19)	3.25** (2.55)	2.99 (1.58)	1.96*** (2.97)	0.44 (0.84)
Inst. ownership	2.75 (0.61)	2.67 (1.41)	3.42 (1.39)	-0.85 (-0.95)	0.03 (0.04)
TOP1 ownership	-12.26* (-1.92)	-3.55 (-1.39)	-3.45 (-1.03)	-3.11** (-2.32)	-1.82* (-1.82)
TOP5 ownership	10.95*** (2.98)	4.61*** (3.19)	4.45** (2.31)	1.46** (2.04)	0.63 (1.26)
TOP5 concentration	10.94 (1.13)	2.46 (0.64)	2.75 (0.54)	3.16 (1.62)	2.26 (1.53)
Log (GDP per capita)	1.11* (1.75)	0.25 (0.91)	0.62* (1.72)	0.23* (1.65)	0.19* (1.87)
Constant	-63.99*** (-6.42)	-22.91*** (-5.56)	-33.78*** (-6.40)	-12.00*** (-5.79)	-7.62*** (-5.14)
Industry fixed effect	Yes	Yes	Yes	Yes	Yes
Year fixed effect	Yes	Yes	Yes	Yes	Yes
Observations	1,783	1,503	1,502	1,502	1,240
R-squared	0.39	0.35	0.38	0.33	0.36

注：*、**、***分别在10%、5%、1%水平上显著。

5.7 结论

在本章中，我们试图确定返回者董事的存在是否以及如何与 2009—2012 年期间中国上市公司的企业社会责任参与相关。我们从 Running 的企业社会责任报告中获得了中国企业的企业社会责任评分。然后，我们从万维网、新浪网和公司的年度报告手动收集了关于返回者董事的个人信息。我们主要发现的是，回归董事的比例与中国上市公司的 CSR 分数之间存在显著的正相关关系。子样本分析表明，当公司处于竞争性行业，公司有政府股东、CEO 没有政治关系，以及 CEO 年龄较大时，这种关系就更为重要。董事的外国经验也会影响他们对企业社会责任参与的态度。具有长期外国经验的董事，如教育和/或工作，能够显著和积极地改善公司的企业社会责任参与；相比之下，董事短期访问经历与企业社会责任得分之间的关系在统计上并不显著。在控制内生性问题后，我们的主要发现是稳健的。

我们的研究结果表明，中国公司可以通过聘请更多具有长期外国经验的回归董事来改善他们的企业社会责任。这是重建中国企业声誉，提高品牌价值，改善与利益相关者关系的有效手段。此外，我们的研究结果表明，各省应该始终如一地实施政策，以吸引在海外学习或工作的熟练和知识渊博的个人；训练有素的海归人员积极参与当地公司的道德规范。最后，我们的结果不仅与中国相关，而且与其他新兴经济体相关，尤其是合同可执行性环境较弱的新兴市场。

6. 谁从出口中获得工资溢价：高层管理还是员工

6.1 简介

在已有文献中对出口工资溢价有激烈的讨论。Bernard、Bradford Jensen 和 Lawrence（1995）提出，现在的证据表明出口公司支付给员工的工资明显高于非出口公司。Alvarez 和 Lopez（2005）、Bernard 和 Jensen（1997）以及 Van Biesebroeck（2005）的研究也得出了一致结果。但是，Breau 和 Rigby（2006）以及 Schbank、chnabel 和 Wagner（2007）认为，控制了公司的特征和多样性之后，出口公司的工资溢价开始变小甚至消失。

为了研究出口工资溢价的潜在机制，一些学者尝试将工资溢价和拥有不同技能水平的员工联系起来。Yeaple（2005）将工资溢价和大多数熟练工人挂钩。Schank 等（2007）认为，蓝领工人的出口工资溢价高于白领阶级。Munch 和 Skaksen（2008）表明只有在拥有较高教育水平员工的出口密集型公司中才存在出口工资溢价。

在本章的研究中，我们尝试将人力资源划分为高级管理人员和普通员工，以及检测不同人力资源水平的工资溢价差异来对已有文献进行补充。管理人员和普通员工不同，这种差异在贸易活动中尤为重要，因为管理层负责公司内部最为复杂的工作（Mion 和 Opromolla，2012）。

据我们所知，即使出口工资溢价和经理薪酬是经济类文献中的重要问题，但也没有相关的研究考虑到管理者的出口工资溢价，及对出口公司中管理层和普通员工的薪酬进行比较。这一研究困难在于很难获取公开交易公司的员工工资的相关信息（少于10%的美国公开交易公司会披露工资信息），以及无法通过调查获得管理者薪酬的相关信息。因此，如果没有对某个公司的经理和普通员工的薪酬的具体信息，很难将企业的工资支出分类和进行比较。

值得注意的是，中国的监管机构要求所有的上市公司在年度报告中披露相关的工资信息。结合年报中披露的高管薪酬信息，我们可以直接研究出口对管理层和普通员工工资溢价的影响。

中国是最具有研究意义的国家之一，因为它不仅是拥有大量低成本劳动力的最大的发展中国家，而且也是世界上主要的贸易国之一，然而，有关中国企业出口工资溢价的文献却很少。傅和吴（2013）的研究表明中国企业的出口工资溢价微不足道，但是他们的研究仅仅基于截面数据（2004年中国企业普查数据），这限制了他们的研究结论。此外，在他们的研究中还排除了高层管理人员的工资溢价。

本章引入了 Tobin 模型来研究出口和工资溢价的关系。我们的研究显示出口对整体的平均工资都有显著的积极影响。在将工资支付分类为对高管和普通员工的支付之后，本章的研究结果表明只有高级管理人员（包括公司排在前三位的高管和其他高级管理人员）从出口工资溢价中获益，而员工则不会从出口工资溢价中受益。

在研究中需要考虑到选择性偏差造成的内生性问题。Bernad 和 Jensen（2004）的研究指出，生产效率高的企业总是倾向于支付更高的工资水平，而这类企业更有可能在出口活动中考虑国际化战略和选择性偏差。如果存在固定出口成本，那企业就可能存在自主选择。因为支付较高工资的企业将有能力支付出口的固定成本，并且发现这样有利于出口中的投资（Bernad 和 Jensen，1999；Melitz，2003；Munch 和 Skaksen，2008）。

本章引入两种方法，工具变量（IV）回归和双重差分（DID）。这两种方法旨在减少潜在的内生性并确定出口和工资之间的因果关系。首先，我们构建一个公司出口的新工具变量，对于给定的出口公司 i 和从公司 i

进口的国家 n，我们首先构建国家 n 的从中国进口的生产总值对国内生产总值（GDP）的比例（即 IMP/GDP）。然后，用所有从公司 i 进口的国家的 IMP/GDP 的平均比率（AvgRatio）作为公司 i 的出口 IV。IMP/GDP 和 n 国的经济还有从中国的进口有关，但是 n 国的经济状况不太可能被中国特定企业的工资影响。其次，我们引入 DID 和倾向评分匹配法（PSM）来确定出口对工资的影响，研究结果再一次证明了我们的主要发现。

进一步，我们研究了人力资源在出口溢价中的作用。我们收集了高层管理人员的海外工作经验和员工的平均教育水平，以建立和人力资本相关的代理人，即高层管理人员和员工。结果表明，出口工资溢价和人力资本高度相关。特别是，具有海外工作经验的高级管理人员可以获得更高的薪酬水平。尽管教育程度较低的员工在我们的研究结果中起决定性作用，但是具有较高教育水平的员工仍然可以获得出口工资溢价，这和之前的研究一致（Munch 和 Skaksen，2008；Yeaple，2005）。

首先，我们的研究从多个方面对已有文献作出贡献。我们调查了高层管理人员和普通员工的出口工资溢价，它补充了已有文献的不足，为收入分配方面的研究提供了新视角。实际上，很少有人关注到国际贸易中的工资不平等，而本章的研究引起了人们对出口公司工资不平等的关注。我们的工资分析有助于文献解释高层管理人员和普通员工的工资决定因素，尤其是经理薪酬的决定因素（Gabaix 和 Landier，2008；Guadalupe 和 Wulf，2010）。之前的关于出口工资溢价的研究只关注普通员工的工资溢价，而忽略了高层管理人员。本章提供了研究高管薪酬问题的新视角，即确定国际化战略是否可以帮助高层管理人员获得工资溢价，以及是否具有海外工作经验的高管更可能获得较高的溢价。高级管理人员和普通员工不同，高管对贸易活动尤为重要，因为他们负责公司内最复杂的任务（Mion 和 Opromolla，2012）。

其次，人力资本的差异性在本章的研究中所起的作用对最近关于出口工资溢价的争论提供了参考（Bernad 等，1995；Greenaway 和 Yu，2004；Munch 和 Skaksen，2008；Schank 等，2007）。在相关文献中，人力资本主要是从宏观层面来衡量的（Barro 和 Lee，1993；Becker，2009；Lucas 和 Robert，1988；Romer，1991）。数据的局限性可能是只有少数文献研究人力资本对出口工资溢价的作用的原因。一些研究将生产线工人和非生产线工人区分（Bernad 和 Wagner，1997；Par，Nan，2004）。更多的研究使用雇主—员工数据集（Munch 和 Skaksen，2008；Schank 等，2007）。在本章的研究中，我们人工收集中国上市公司高管的海外工作经历。同时，我们还从中国所有上市公司的年度报告（类似于美国的 10 - k 表格）中收集员工的教育水平数据。基于这些数据，我们同时检测人力资本的两个方面（具有海外工作经验的管理人员和受过高等教育的员工）在典型新兴经济体中的作用。

最后，我们在有关典型新兴经济体的出口工资溢价文献中增加了新发现。中国是目前最大的，正在向市场经济过渡的发展中国家，也是世界上最大的出口国之一。审查工资不平等以及造成这一不平等的因素是必要的，因为它涉及经济发展和社会稳定，需要政府和相关机构引起关注。因此，我们需要调查人力资本，尤其是海归管理者和受过高等教育的员工如何影响工资分配，并帮助缩小中国的收入差距。我们相信，我们的研究对学界和政策制定者都有重要意义。

在本章的剩余部分安排如下，在第二节我们回顾了以前文献，在第三节我们描述数据并定义变量，在第四节我们进行实证并分析其结果，第五节得出结论。

6.2 文献综述

以前的研究表明在发达国家和发展中国家中存在显著的工资溢价。Bernad 等（1995）的研究表明出口公司支付的工资高于非出口公司。Alvarez 和 Lopez（2005）提出在智利存在出口工资溢价。Van Biesebroeck（2005）在控制了国家、年份、行业、地点和公司规模后，确定撒哈拉沙漠以南的非洲国家的出口工资溢价具有统计显著性。

然后，最近的研究得出来不同的结论。首先，一些学者质疑出口工资溢价的重要性。在控制了工人的特征（如年龄、性别、教育、种族和国籍）后，Breau 和 Rigby（2006）发现出口工资溢价消失了。Schank 等（2007）报告指出，当德国制造企业控制了员工和工作场所的可观察特征和不可观察特征时，工资溢价变小。Munch 和 Skaksen（2008）认为在没有控制公司内部劳动力的技能结构时，前面的研究可能会夸大出口工资溢价。Fu 和 Wu（2013）认为出口活动的工资溢价不是中国的普遍现象，而是和企业特征有关，如所有权、出口导向和地点。其次，一些研究认为最具生产力的企业自主选择进行出口活动，可以解释出口工资溢价（Bernad 和 Jensen，1999；Clerides、Lach 和 Tybout，1998）。Bernad 和 Jensen（1999）报告称，优秀的公司进行出口活动，出口的增长率和成功率水平更高。Schank、Schnabel 和 Wagner（2010）认为出口企业的工资上涨是由于自主选择了更具有生产力，薪酬更高的企业来进行出口。因此更高的工资不是由出口活动造成的。

一些研究试图将工资溢价与不同技能水平的工人联系起来，进一步研究出口工资溢价背后的潜在机制。Yeple（2005）报告称，支付给最高技能工人的工资溢价增加，则中等技术工人的工资溢价下降。Schank 等（2007）确定，蓝领阶级的工资溢价高于白领阶级。Munch 和 Skaksen（2008）将出口工资溢价和丹麦出口公司的人力资本使用联系起来，并认为出口溢价仅限于出口密集公司，且工人具有较高教育水平。

此外，一些研究从外国所有权的角度审视出口工资溢价，Girma 和 Gorg（2007）用 DID 和 PSM 方法，报告了在被美国公司收购后，熟练工和非熟练工的工资受到了极大影响，然而欧盟公司的收购没有产生这样的影响。但是，Heyman、Sjoholm 和 Tingvall（2007）报告称外企的工资溢价很小。此外，外国企业收购瑞典公司没有对工资产生任何负面影响。

6.3 数据和变量

6.3.1 数据

第一，我们采用多种的方式收集数据。我们从中国股票市场会计研究（CSMAR）数据库中获取有关员工工资和高管薪酬的信息，该数据库是对中国上市公司进行分析时的热门数据来源。上市公司的年度报告披露了企业的员工工资支出和高层管理人员的薪酬（包括津贴）。我们将高层管理人员定义为首席执行官（CEO），首席财务官（CFO）和董事。我们还对前三位的高管和其他高层管理人员的薪酬进行了区分。

第二，我们从年度报告的销售补充信息中人工收集有关公司海外销售的信息。公司通常提供有关其销售区域划分的信息。当一家公司分区域披露其销售情况并且未报告中国大陆以外的任何销售时，我们将该公司的海外销售编码为零。如果公司没有对其销售进行区域划分，我们将该公司的海外销售编码设为缺失。

第三，我们基于年度报告中提供的简历，人工收集这些高层管理人员的海外工作经验，以确认高级经理是否有海外工作经验。借鉴 Giannetti、Liao 和 Yu（2015）对方法，我们确定具有海外工作经验的高管是否具有发达国家工作的经验。这些特有的数据使我们从公司层面确认和匹配海外工作经验。

第四，微观企业层面的人力资本衡量很难确定，因为只有少数相关研究使用调查数据或宏观数据（Lucas 和 Robert，1988；Romer，1991；Barro 和 Lee，1993；Becker，2009）。但是，这种数据受到自主选择或主观偏见的影响。为了避免这个潜在的问题，我们选择在 2005—2012 年在中国股票市场公开交易的上市公司，人工收集员工的教育水平。该数据集允许我们从公司层面衡量员工教育水平，并对将教育水平分类为研究生、大学和大学以下水平。

通过以上数据库，我们可以确定员工和高层管理人员的工资，公司的出口和人力资本（高管和员工）。根据股票代码和年份，我们将工资、海外销售和人力资本与 CSMAR 中的其他变量合并。在排除财务信息缺失的公司和金融公司之后，我们的最终样本包括 14,310 个公司年度观察值。

6.3.2 变量

6.3.2.1 因变量

本章的经验研究方法包括估计工资决定因素的模型。因此，我们的因变量是工资。我们将工资定义为公司平均工资的对数，表示为 Wage_Ave。进一步将工资支出分为最高管理者薪酬和员工工资，分别表示为 Exe_Ave 和 Emp_Ave。此外，我们将高层管理人员的薪酬分为前三名经理人薪酬和其他高级管理人员薪酬，分别表示为 Exe_Top3_Ave 和 Exe_Other_Ave。

具体而言，为了计算公司的平均工资，我们从年度报告中的现金流量表中提取了员工支付和支付给员工的现金的相关数据。在中国股票市场，上市公司需要披露给员工的工资支出和员工总数。因此，我们借鉴 Dai、Kong 和 Xu（2017）的方法，将员工的总薪资开支除以员工总数来计算公司的平均工资（Wage_Ave）。至于 Emp_Wage，我们将总薪资费扣除支付给高管的费用后，除以扣除高层管理人员数量之后的员工总数量。

6.3.2.2 自变量

对于出口的衡量和以前的文献一致（Ganotakis 和 Love，2012；Pla - Barber 和 Alegre，2007；Verwaal 和 Donkers，2002；Pla - Barber 和 Alegre，2007）我们将出口强度作为我们的关键自变量 Export_Intensity，并将其定义为从出口销售中获得的总销售额的份额，即海外销售额与总销售额的比率。我们还将出口倾向作为衡量出口活动的重要指标，这是一个虚拟变量，如果公司有出口活动则出口倾向的值为 1，如果没有出口，则该值为 0。

对于企业的人力资本，我们从高层管理人员和员工的两个维度来衡量。对于管理人员，我们着重强调具有海外工作经验的高级管理人员（Overseas）。我们将海外工作经验定义为拥有海外工作经验的公司经理人数与公司所有经理人数的比例。根据中国会计准则（CAS），上市公司的年度报告要求提供不同教育水平的员工在所有员工中占的比例，例如，获得学士学位的员工人数与员工总数的比例。我们使用不同教育水平的比率作为衡量员工教育水平的指标。因此，我们定义变量研究生（Postgraduate），该变量通过计算具有研究生经历（即具有硕士学位或博士学位）的员工所占的百分比来衡量。在中国，学士学位是目前就业申请的基本要求。因此，我们仅将研究生视为受过高等教育的员工。我们使用研究生而不是大学毕业生的比例的原因如下：

当20世纪90年代实施教育大众化政策时，主要是通过合并和扩大学校规模，以实现中国高等教育大众化。该策略是最大限度地利用有限资源的有效方法。然而，合格的教职员工人数、课程开发和计划升级，以及基础设施跟不上快速扩张的规模，使得高等教育质量难以维持。这导致许多大学毕业生没有足够的技能或灵活性来应对不断增长的市场需求。因此，目前中国的学士学位是就业申请的基本要求，所以我们只将研究生视为受过高等教育的员工。

6.3.2.3 控制变量

在实证分析中，我们还引入了一些控制变量，理论和经验证据表明的这些控制变量对平均工资存在影响。特别是，我们引入了以下控制变量：

将国有企业（SOE）定义为虚拟变量，企业为国家所拥有时 SOE=1，否则，SOE=0。Piotroski 和 Wong（2012）讨论了控制国有上市公司所有权的独特性，并论证了国有企业与非国有企业的企业特征之间的显著差异。因此，我们引入国有企业来控制不同类型企业的海外人才的潜在影响。

资产回报率定义为净收入与资产总值的比率。

Em 是企业员工总数的自然对数，用于进一步控制企业规模对企业绩效的复合效应。

Lev 表示公司风险，用公司的债务总额除以总资产来衡量。由于资本结构的差异，该变量控制了公司估值的截面变化。

Size 被定义为企业市场价值的自然对数，引入这个变量可以避免规模经济与企业绩效的任何复合效应。

Age 被定义为公司成立以来公司年龄的自然对数。以前的研究表明公司的年龄和规模可能与财务约束或资本成本有关（Hadlock 和 Pierece，2010）。

此外，我们在考察高层管理人员的影响时考虑了高层管理人员的特点（Giannetti，2015）。Female_Ratio 被定义为所有高层管理人员的女性经理比例。Age_Average 是所有高层管理人员的平均年龄。PC_Ratio 定义为所有高层管理人员中是当前或前政府官员的高层管理人员比例。

6.3.3 摘要统计

表 6-1 显示了实证研究中使用的变量的描述性统计。小组 A 侧重于分析中的关键变量，小组 B 显示了高层管理人员、员工和公司的特征。高层管理人员和员工的年平均工资约为 83,912 元人民币。高层管理人员的平均薪酬为 193,827 元人民币，而员工的平均工资为 84,990 元人民币。特别值得注意的是，前三名经理的平均薪酬为 468,758 元人民币，远高于高层管理人员的平均薪酬和员工的平均工资。在我们的样本中，大约 49% 的公司是出口商，出口强度约为 11.2%，标准差相对较高（20.6%）。具有海外工作经验的高级管理人员比例约为 1.5%。在人力资本方面，研究生的平均值为 3.2%，这表明拥有硕士或博士学位的员工比例在中国上市公司仍然很小。高级女性经理的比例为 15.2%。

表 6-1　　　　　　　　　描述统计

Panel A：主要变量

变量	观察值	平均值	标准差	最小值	P50	P90	最大值
Wage_Ave	14,310	83,912	93,106	12,834	40,574	60,469	92,411
Exe_Ave	14,310	193,827	163,574	17,361	86,000	149,846	246,132
Exe_Top3_Ave	14,310	468,758	392,151	57,739	220,867	363,000	584,367

续表

Panel A：主要变量							
变量	观察值	平均值	标准差	最小值	P50	P90	最大值
Exe_Other_Ave	14,310	128,000	121,780	3,385	46,846	92,744	166,000
Emp_Ave	14,310	84,990	104,028	12,337	39,903	59,392	91,357
Export_Intensity	14,310	0.112	0.206	0.000	0.000	0.405	0.927
Panel B：其他变量							
变量	观察值	平均值	标准差	最小值	P50	P90	最大值
Export_Propensity	14,310	0.490	0.500	0.000	0.000	1.000	1.000
Overseas	12,026	0.015	0.038	0.000	0.000	0.059	0.214
Postgraduate	6,056	0.032	0.048	0.000	0.014	0.088	0.275
Female_Ratio	12,026	0.152	0.104	0.000	0.136	0.294	0.667
Age_Average	12,026	47.492	3.195	39.778	47.558	51.591	55.045
Pc_Ratio	12,026	0.135	0.124	0.000	0.111	0.308	0.556
SOE	14,310	0.521	0.500	0.000	1.000	1.000	1.000
ROA	14,310	6.552	6.426	−14.826	5.935	14.057	28.630
Em	14,310	7.493	1.312	3.135	7.474	9.093	13.223
Lev	14,310	45.655	21.294	4.666	46.704	73.491	89.961
Size	14,310	21.405	1.154	19.019	21.363	22.916	24.699
Age	14,310	2.625	0.344	1.609	2.639	3.045	3.332

注：此表报告了本章中使用的所有变量的描述性统计信息。样本期为2005—2013年。小组A显示了初级研究中使用的关键变量，小组B描述了公司和个人的特征。Wage_Ave是指公司的平均工资。Exe_Ave和Emp_Ave分别是高层管理人员的平均薪酬和员工平均工资。Exe_Top3_Ave和Exe_Other_Ave分别是前三名经理的平均薪酬和其他高级经理的平均薪酬。Export_Intensity和Export_Propensity表示公司出口；Export_Intensity被定义为从出口销售中获得的总销售额的比例。Export Propensity是我们强有力的出口衡量指标，这是一个虚拟变量。如果一家公司有出口，则出口倾向的价值是1，如果没有，则价值是0。Overseas表示高层管理人员海外工作经验，并定义为海外工作的经验丰富的经理人数与公司经理人数的比例。Postgraduate是以拥有硕士学位或博士学位的员工比例来衡量的。Female_Ratio、Age_Average和Pc_Ratio是高层管理者的特征，Female_Ratio和Pc_Ratio分别是女性经理和有政策联系的经理人与所有经理人数的比率。SOE是所有权的虚拟变量，如果公司归政府所有，则价值为1，否则为0。Em是公司员工总数的自然对数，以进一步控制公司规模对公司的复合效应性能。ROA是公司业绩，定义为总资产的利润。Lev是杠杆，定义为总债务与总资产的比例。Size是市场价值的对数。Age被定义为公司成立以来公司年龄的自然对数。

6.4 实验结果

6.4.1 基本结果

本小节考察了出口对高层管理人员和员工工资的影响。我们使用以下Tobit模型：

$$Wage_{i,t} = \alpha + \beta_1 Export_{i,t} + \beta_2 SOE_{i,t} + \beta_3 ROA_{i,t} + \beta_4 Em_{i,t} + \beta_5 Lev + \beta_6 Size_{i,t} + \beta_7 Age_{i,t} + FixedEffects + \varepsilon_{i,t} \qquad (6-1)$$

$Wage_{i,t}$ 表示公司 i 在第 t 年的高层管理人员和员工的工资标准；$Exe\_Ave_{i,t}$ 表示高层管理人员的平均薪酬；$Emp\_Ave_{i,t}$ 表示员工的平均工资，不包括高层管理人员；$Export_{i,t}$ 表示出口强度和出口倾向。我们在本小节中使用出口强度。出口倾向用于计算稳健性。其他控制变量定义于本章第3.2小节。

表6-2显示使用Tobit回归获得的结果。第1栏中的数据验证出口公司是否具有正工资溢价。结果表明，Export_Intensity 的系数显著为正，表明出口商的平均工资高于非出口商。SOE、ROA 和 Size 与平均工资呈正相关，这与 Heyman 等（2007）、傅和吴（2013）得出的结果一致。

第2、第3和第4栏中的数据验证了出口公司的高层管理人员是否具有工资溢价。我们的研究结果表明，出口活动对高层管理人员，尤其是前三名管理人员的薪酬有显著的正面影响。

但是，第5列中的数据表明，出口对员工的平均工资没有显著影响。可能是因为许多发展中国家严重依赖初级产品作为其主要出口收入来源（Sheridan，2014）。作为最大的发展中国家，中国也遇到了同样的问题。中国出口商主要是劳动密集型企业，出口的主要是初级产品。因此，出口企业可以很容易地从劳动力市场中获得雇员（低水平劳动力的供应就足够了），这最终会降低雇员的工资。

表 6-2　　　　　　　　　　　　　Tobin 回归

变量	被解释变量：Average Wage				
	Ln(Wage_Ave)	Ln(Exe_Ave)	Ln(Exe_Top3_Ave)	Ln(Exe_Other_Ave)	Ln(Emp_Ave)
Export_Intensity	0.067***	0.128***	0.184***	0.071	0.015
	(0.017)	(0.035)	(0.031)	(0.048)	(0.026)
SOE	0.284***	-0.074***	-0.048***	-0.026**	0.249***
	(0.017)	(0.008)	(0.011)	(0.011)	(0.035)
ROA	0.007***	0.021***	0.021***	0.022***	0.004
	(0.001)	(0.002)	(0.001)	(0.003)	(0.003)
Em	-0.295***	0.092***	0.077***	0.144***	-0.287***
	(0.034)	(0.018)	(0.017)	(0.019)	(0.030)
Lev	0.003***	0.000	0.001	-0.000	0.003***
	(0.001)	(0.001)	(0.001)	(0.001)	(0.001)
Size	0.278***	0.210***	0.205***	0.230***	0.299***
	(0.027)	(0.017)	(0.013)	(0.023)	(0.025)
Age	-0.100***	0.005	0.036**	-0.055	0.060
	(0.011)	(0.027)	(0.016)	(0.045)	(0.055)
Fixedeffect	YES	YES	YES	YES	YES
Constant	7.397***	6.789***	7.791***	5.696***	6.431***
	(0.345)	(0.382)	(0.264)	(0.557)	(0.461)
Observations	14,310	14,310	14,310	14,310	14,310
Pseudo R^2	0.356	0.278	0.276	0.188	0.248

注：此表显示了基于 Tobit 回归的中国高层管理人员和员工的平均出口工资结果。我们采用以下经验模型：

$$Wage_{i,t} = \alpha + \beta_1 Export_{i,t} + \beta_2 SOE_{i,t} + \beta_3 ROA_{i,t} + \beta_4 Em_{i,t} + \beta_5 Lev_{i,t} + \beta_6 Size_{i,t} + \beta_7 Age_{i,t} + FixedEffects + \varepsilon_{i,t} \quad (6-1)$$

其中，i 和 t 表示公司 i 和时间 t。所有变量的定义都与表 6-1 一致。第 1 列检查出口活动对公司平均工资的影响。第 2、第 3、第 4 和第 5 列分别报告了高层管理人员和员工是否从出口中获得工资溢价的结果。具体而言，第 3 和第 4 列分别显示了出口活动对前三名经理人平均薪酬和其他高级管理人员平均薪酬的影响。固定效应用于控制年份、行业和省份。括号中表示标准误差。***，** 和 * 分别表示 1%，5% 和 10% 水平的统计显著性。

6.4.2 内生性

本小节及后续小节涉及内生性问题。潜在的自我选择偏差会影响我们的估计吗？Bernad 和 Jensen（2004）报告指出，生产率更高、规模更大、薪酬更高的企业更有可能在出口活动中考虑国际化战略和自我选择偏见。如果有固定的出口成本，这种自我选择过程则可能存在，因为支付较高工资的公司将有能力支付固定成本出口并发现它有利于"投资"出口活动（Bernad 和 Jensen，1999；Melitz，2003；Munch 和 Skaksen，2008）。因此，在回归中会出现内生性问题，并且不能准确确定出口商的工资溢价。

在本研究中，我们尝试克服这个问题，并且在回归中引入 IV 变量和使用 DID 匹配估计。这两种方法被广泛用于解决内生性问题。

6.4.2.1 IV 回归

为了引入 IV 作为相关变量（即 Export_Intensity），我们需要引入与进口强度直接相关的外生变量，但变量不能受因变量（即 Wage_Ave）的影响。我们构建了一种新的衡量标准作为企业出口的 IV。值得注意的是，对于给定的出口公司 i 和给定的国家 n 从公司 i 进口，我们首先构建从中国进口的生产总值与国家 n 的 GDP（即 IMP/GDP）的比率。然后，我们使用所有向公司 i 进口的国家的 IMP/GDP 平均比率作为公司 Export_Intensity 的工具。具体来说，我们将 AvgRatio 定义为：

$$AvgRatio_i = 1/N * \sum\nolimits_{n=1,N} (IMP_{FromChina,n}/GDP_n) \qquad (6-2)$$

其中，N 是给定公司的出口国家的数量。$IMP_{FromChina,n}$ 是从中国进口的国家 n，GDP_n 是国家 n 的 GDP。

我们认为 IMP/GDP 与 n 国经济和中国进口有关。因此，国家 n 的 IMP/GDP 影响了向该国的出口。然而，n 国的经济状况不太可能受因变量——中国公司的创新的影响。在此论证的基础上，我们引入 AvgRatio 来表示 Export_Intensity 的 IV。

构建 AvgRatio 的困难在于，我们无法确定中国特定公司的出口国，因为公司的年度报告中不需要公司出口国的信息。例如，一些公司报告不同国家的具体数据，其他公司报告不同大洲或地理区域（例如，东南非），而一些公司报告国家和大陆的具体数据。为了解决这个问题，我们遵循 Garcia 和 Norli（2012）的方法，对公司的年度报告进行文本分析。具体来说，我们搜索每年公司年度报告中提到的所有国家。为了简化我们的数据收集，我们只关注样本期间开始的中国出口量排前 15 位的国家。这些主要国家和地区是美国、日本、中国香港、印度、新加坡、韩国、中国台湾、英国、德国、法国、意大利、荷兰、俄罗斯、加拿大和澳大利亚。如果年度报告中提到了上述国家，我们将特定国家视为公司的海外客户所在国。总的来说，我们在 2005—2013 年的样本中阅读并统计了所有 15 个国家的上市公司年度报告。

为了检查 IV 的相关性和有效性，我们进行第一阶段回归，以 Export_Intensity 作为因变量来检查 IV 的相关性。我们主要关注的是 IV 的系数，即 AvgRatio。所有其他控制变量与回归方程（6-1）中的变量相同。我们发现第一阶段的 AvgRatio 和 F 统计系数（=21.09）在 1% 显著性水平上都是显著的。根据一个工具的经验法则（Staiger 和 Stock，1997；Stock 和 Yogo，2002），即 F 统计量大于 10，我们就认为 AvgRatio 与出口显著相关，而且 IV 值较强。因此，在第二阶段估计的系数应该是有效的。为简洁起见，我们省略估计结果。

表 6-3 采用具有 Export_Intensity 工具变量的 2 阶段最小二乘法来重复我们的主要回归，得出了一致的结果。特别是，表 6-3 中第 1 列，第 2 列，第 3 列和第 4 列中 Export_Intensity 的回归系数大于表 6-2 中的系数，这意味着在解决了具有内生性的潜在估计偏差之后，出口企业中高层理人员的工资溢价效应更大；在第 5 栏中，Export_Intensity 的系数仍然不显著，这表明出口商的员工没有获得工资溢价。

6.4.2.2 DID 匹配估算值

我们引入 DID 和 PSM 方法来确定出口商对工资的平均影响，以进一步减轻内生性问题。与简单的 IV 方法相比，与 DID 相结合的匹配估计量可能更合适用于处理内生性问题，因为这种方法不需要强行放宽限制

表 6 – 3　　　　　　　　　　　　　IV 回归

变量	被解释变量：Average Wage				
	Ln（Wage_Ave）	Ln（Exe_Ave）	Ln（Exe_Top3_Ave）	Ln（Exe_Other_Ave）	Ln（Emp_Ave）
Export_Intensity	4.617*	7.706**	7.278**	8.891**	-1.458
	(2.455)	(3.730)	(3.482)	(4.477)	(2.518)
SOE	0.417***	0.080	0.119	0.154	0.295***
	(0.098)	(0.150)	(0.140)	(0.180)	(0.042)
ROA	0.013***	0.031***	0.030***	0.035***	0.004
	(0.004)	(0.007)	(0.006)	(0.008)	(0.005)
Em	-0.386***	-0.041	-0.045	-0.015	-0.302***
	(0.041)	(0.062)	(0.058)	(0.075)	(0.049)
Lev	0.004**	0.001	0.002	0.001	0.003*
	(0.002)	(0.003)	(0.003)	(0.004)	(0.001)
Size	0.363***	0.369***	0.342***	0.414***	0.268***
	(0.034)	(0.052)	(0.048)	(0.062)	(0.059)
Age	-0.055	0.100	0.086	0.059	-0.072*
	(0.076)	(0.117)	(0.109)	(0.140)	(0.043)
Fixedeffect	YES	YES	YES	YES	YES
Constant	6.290***	3.939***	5.533***	1.997***	7.128***
	(0.401)	(0.604)	(0.571)	(0.748)	(0.560)
Observations	5,354	5,354	5,354	5,354	5,354

注：此表显示使用 IV 变量并重复回归表 6 – 2。所有变量的定义都与表 6 – 1 一致。第 1、第 2、第 3、第 4 和第 5 栏分别报告了出口活动对公司平均工资、高层管理人员平均薪酬和员工平均工资的影响。固定效应用于控制年份，行业和省份。括号中表示标准误差。***、** 和 * 分别表示 1%，5% 和 10% 水平的统计显著性。

（Blundell 和 Costa Dias，2000；Girma 和 Gorge，2007）。用这种估算方法分析出口活动的工资溢价是一个创新。根据最近的统计文献，我们还使用平衡测试仔细评估匹配程序的可信度。

如果在倾向得分的条件下，潜在结果 y1 和 y0 与出口率无关，则 PSM

提供了一种可靠且稳健的估算出口效应的方法。在以观测值为条件的独立性假设下，出口企业和非出口企业之间应平衡出口前的变量。如果缺乏平衡则表明倾向评分估计可能存在错误设定。因此，正如 Dehejia 和 Wahba （2002）、Girma 和 Gorg（2007）所强调的那样，我们需要验证数据是否满足这种平衡条件。在本章的研究中，我们根据近期的文献（Dehejia，2005；Girma 和 Gorg，2007）进行了平衡性测试。

正如 Smith 和 Todd（2005）的研究中描述的一样，平衡测试检查了 X（倾向评分估计中的协变量）中所有变量的标准化差异（或偏差）。例如，定义了 ROA 变量的标准化偏差用来衡量出口企业样本（实验组）和与之相匹配的企业（对照组）之间平均值的差异，按照实验组和对照组中 ROA 变量的平均方差进行排讯。基于出口公司 N，ROA 变量的标准化偏差表示如下：

$$\text{SDIFF}(ROA) = \frac{100 \frac{1}{N} \sum_{i \in Treated}[ROA_i - \sum_{i \in Control} g(p_i, p_i) ROA_j]}{\sqrt{\frac{Var_{i \in Treated}(ROA) + Var_{j \in Control}(ROA)}{2}}} \quad (6-3)$$

表 6-4　　　　　　　　　　　　　PSM 方法的可靠性

Panel A: Balancing tests

Variables	Mean				T-Test
	Treated	Control	% Bias	% Bias Reduction	T-Stat（P-Value）
SOE	0.5597	0.5601	-0.1	99.5	-0.04 (0.971)
ROA	6.4003	6.5004	-1.5	0.8	-0.85 (0.397)
Em	7.2408	7.2078	2.5	92.5	1.32 (0.186)
Lev	47.4260	47.1530	1.3	87.3	0.70 (0.485)
Size	21.3930	21.4100	-1.5	64.7	-0.81 (0.417)
Age	2.6541	2.6456	2.5	76.3	1.35 (0.177)
Sales	36.5860	37.6720	-1.0	91.4	-0.63 (0.530)

续表

Panel B: Summary statistics for the treatment and control samples

Variables	Control firms						Treated firms					
Before Export	Observations	Mean	P25	P50	P75	Std. Dev.	Observations	Mean	P25	P50	P75	Std. Dev.
Wage_Ave	775	11.156	10.708	11.129	11.580	0.732	775	10.922	10.395	10.857	11.305	0.796
Exe_Ave	775	12.188	11.733	12.255	12.676	0.741	775	11.856	11.282	11.882	12.404	0.802
Exe_Top3	775	12.735	12.239	12.812	13.233	0.758	775	12.430	11.854	12.470	12.982	0.826
Exe_Other	775	11.841	11.314	11.911	12.411	0.833	775	11.476	10.910	11.535	12.083	0.853
Emp_Ave	775	11.146	10.678	11.106	11.580	0.759	775	10.912	10.375	10.839	11.275	0.822
SOE	775	0.575	0.000	1.000	1.000	0.495	775	0.599	0.000	1.000	1.000	0.490
ROA	775	6.506	3.443	5.934	9.334	6.208	775	6.435	3.067	5.775	10.073	7.275
Em	775	7.175	6.361	7.240	8.091	1.344	775	7.061	6.353	7.083	7.716	1.027
Lev	775	47.557	32.586	48.836	62.753	20.697	775	47.626	31.823	48.036	64.136	21.683
Size	775	21.404	20.690	21.380	22.045	1.099	775	20.842	19.973	20.774	21.604	1.114
Age	775	2.721	2.565	2.773	2.944	0.316	775	2.603	2.398	2.639	2.833	0.314
After Export	Observations	Mean	P25	P50	P75	Std. Dev.	Observations	Mean	P25	P50	P75	Std. Dev.
Wage_Ave	5,167	11.102	10.618	11.091	11.546	0.752	5,167	11.151	10.736	11.092	11.496	0.660
Exe_Com_Ave	5,167	12.148	11.666	12.195	12.664	0.765	5,167	12.297	11.822	12.315	12.785	0.717
Exe_Com_Top3	5,167	12.693	12.212	12.746	13.218	0.775	5,167	12.845	12.382	12.837	13.330	0.727
Exe_Com_Other	5,167	11.800	11.261	11.862	12.392	0.854	5,167	11.956	11.462	11.984	12.502	0.791
Emp_Wage_Ave	5,167	11.092	10.600	11.068	11.541	0.777	5,167	11.136	10.715	11.070	11.478	0.679
SOE	5,167	0.558	0.000	1.000	1.000	0.497	5,167	0.577	0.000	1.000	1.000	0.494
ROA	5,167	6.500	3.245	5.916	9.679	6.716	5,167	6.664	3.280	5.983	9.567	6.421
Em	5,167	7.213	6.375	7.214	8.102	1.429	5,167	7.346	6.585	7.322	8.050	1.144
Lev	5,167	47.092	30.976	48.734	63.582	21.668	5,167	45.952	29.007	47.094	62.784	21.909
Size	5,167	21.411	20.606	21.365	22.146	1.181	5,167	21.497	20.748	21.471	22.163	1.102
Age	5,167	2.718	2.485	2.773	2.944	0.319	5,167	2.696	2.485	2.708	2.944	0.313

注：(1) Panel A 报告匹配的最近邻的平衡测试。所有变量的定义都与表6-1一致。

(2) Panel B 使用PSM方法报告实验和对照样品的汇总统计数据。所有变量的定义都与表6-1一致。

表6-4显示了基于k-最近邻方法的平衡测试结果。实验组和对照组之间的标准化差异在匹配样品中均小于3%。采用匹配方法导致的实质性偏差减少也明显的反应在表6-4中。此外，对于PSM中的每个变量，我

们在获得和匹配的比较之间进行了正式的配对 t 检验,以验证不存在显著差异。平衡测试表明,我们选择的倾向值评分估计有效地考虑了工资的自我选择因素(即出口商)。

将已经分类为实验组和对照组的公司根据倾向性得分进行比较,表 6-4 显示了出口前一年和出口后一年的实验组和对照组的汇总统计。实验组和对照组一共包括了 2005—2013 年的 5,942 家公司。将实验组的公司和对照组的公司用最邻居方法倾向得分匹配。然后,我们使用以下回归模型并在表 6-5 中呈现 DID 匹配估计:

$$Wage_i = \alpha + \beta_1 Post_i + \beta_2 Treated_i + \beta_3 Treated_i \times Post_i + \beta_4 SOE_i + \beta_5 ROA_i + \beta_6 Em_i + \beta_7 Lev_i + \beta_8 Size_i + \beta_9 Age_i + FixedEffects + \varepsilon_i \quad (6-4)$$

其中,$Wage_i$ 表示公司 i 中高层管理人员和员工的工资;$Post_i$ 是虚拟变量,如果公司 i 处于在出口后的时间段内则为 1,否则为 0,$Treated_i$ 是虚拟变量,如果公司 i 属于实验组则为 1,否则为 0。其他控制变量定义见本章第 3.2 小节。β_3 是表示 DID 效应的系数,即出口活动对实验组公司的工资的影响。

表 6-5 反映了出口活动对高层管理人员和员工工资自然对数的因果影响。因此,此表中的值可以解释为工资的百分比变化。估计结果显示出口活动对平均工资的平均影响为 15.2%,出口活动对高管薪酬的平均影响为 26.1%。对员工工资的影响始终呈现出不同的特征,系数在统计上没有意义。这个结果表明只有高层管理人员从出口活动中获得工资溢价,而没有证据表明员工从出口活动中获得工资溢价。

表 6-5　　　　　　　　　　　DID 回归

变量	被解释变量:Average Wage				
	Ln(Wage_Ave)	Ln(Exe_Ave)	Ln(Exe_Top3_Ave)	Ln(Exe_Other_Ave)	Ln(Emp_Ave)
$Post_i$	-0.036 (0.022)	-0.041* (0.024)	-0.041* (0.024)	-0.044 (0.027)	-0.023 (0.044)
$Treated_i$	-0.068** (0.030)	-0.093*** (0.032)	-0.065** (0.032)	-0.128*** (0.036)	-0.032 (0.053)

续表

变量	被解释变量：Average Wage				
	Ln(Wage_Ave)	Ln(Exe_Ave)	Ln(Exe_Top3_Ave)	Ln(Exe_Other_Ave)	Ln(Emp_Ave)
$Post_i \times Treated_i$	0.152***	0.261***	0.241***	0.291***	0.057
	(0.032)	(0.034)	(0.034)	(0.039)	(0.058)
SOE	0.241***	-0.170***	-0.137***	-0.159***	0.365***
	(0.012)	(0.012)	(0.013)	(0.014)	(0.034)
ROA	0.006***	0.017***	0.019***	0.015***	0.004*
	(0.001)	(0.001)	(0.001)	(0.001)	(0.002)
Em	-0.303***	0.070***	0.063***	0.107***	-0.281***
	(0.005)	(0.006)	(0.006)	(0.006)	(0.026)
Lev	0.002***	-0.002***	-0.002***	-0.003***	0.004***
	(0.000)	(0.000)	(0.000)	(0.000)	(0.001)
Size	0.317***	0.259***	0.258***	0.262***	0.270***
	(0.006)	(0.006)	(0.006)	(0.007)	(0.018)
Age	0.032*	0.311***	0.295***	0.293***	-0.012
	(0.018)	(0.019)	(0.020)	(0.022)	(0.046)
IndustryFixedeffect	YES	YES	YES	YES	YES
ProvinceFixedeffect	YES	YES	YES	YES	YES
Constant	6.061***	5.170***	5.742***	4.621***	6.237***
	(0.111)	(0.118)	(0.119)	(0.134)	(0.327)
Observations	11,884	11,884	11,884	11,884	5,250
R^2	0.339	0.328	0.326	0.288	0.499

注：此表根据 DID 方法报告出口活动对高层管理人员和员工工资的自然对数的因果影响。我们采用以下模型：

$$Wage_i = \alpha + \beta_1 Post_i + \beta_2 Treated_i + \beta_3 Treated_i \times Post_i + \beta_4 SOE_i + \beta_5 ROA_i + \beta_6 Em_i + \beta_7 Lev_i + \beta_8 Size_i + \beta_9 Age_i + FixedEffects + \varepsilon_i \tag{6-4}$$

其中，$Wage_i$ 表示我们对公司 i 的高层管理人员和雇员的工资计量，$Post_i$ 表示虚拟变量，公司在出口后的期间内等于1，否则为0。$Treated_i$ 是一个虚拟变量，表明公司是否属于我们的实验样本。其他控制变量定义和表 6-1 一致。固定效应用于控制行业和省。第1、第2、第3、第4和第5栏分别报告了出口对公司平均工资、高层管理人员平均薪酬和员工平均工资的影响。括号中表示准误差。***、**和*分别表示1%、5%和10%水平的统计显著性。

6.4.3 人力资本的调节作用

到目前为止,我们的实证结果已经提出了重要证据,表明是高层管理人员而非普通员工从出口中获得工资溢价。因此,出现了一个有趣的问题,即哪些因素会影响管理者和员工从出口中获得工资溢价的倾向,尤其是员工无法获得出口工资溢价的原因。对出口企业卓越绩效的传统解释是未观察到的一些差异性(Melitz,2003)。Munch 和 Skaksen(2008)认为出口工资溢价与出口活动中人力资本的使用有关。因此,我们在本节研究人力资本,即高层管理人员和员工是否会影响出口工资溢价的差异。

在本小节中,我们介绍了高层管理人员(Overseas)的海外工作经验和员工的教育水平(Postgraduate)作为人力资本的衡量标准,并考察了人力资本对工资的边际效应。

因此,我们将人力资本和出口强度的相互作用,即 Export_Intensity × Oversea 和 Export_Intensity × Postgraduate 纳入我们的模型。回归模型如方程(6-5)中所示,用于检验高层管理人员海外工作经验对出口与经理薪酬关系的边际效应。方程(6-6)用于检查高等教育水平是否可以帮助员工获得出口工资溢价。

$$Exe\_Ave_{i,t} = \alpha + \beta_1 Export_{i,t} + \beta_2 Overseas_{i,t} \times Export_{i,t} + \beta_3 Oversea_{i,t} + \beta_4 SOE_{i,t} + \beta_5 ROA_{i,t} + \beta_6 Em_{i,t} + \beta_7 Lev + \beta_8 Size_{i,t} + \beta_9 Age_{i,t} + FixedEffects + \varepsilon_{i,t} \quad (6-5)$$

$$Emp\_Ave_{i,t} = \alpha + \beta_1 Export_{i,t} + \beta_2 Postgraduate_{i,t} \times Export_{i,t} + \beta_3 Postgraduate_{i,t} + \beta_4 SOE_{i,t} + \beta_5 ROA_{i,t} + \beta_6 Em_{i,t} + \beta_7 Lev + \beta_8 Size_{i,t} + \beta_9 Age_{i,t} + FixedEffects + \varepsilon_{i,t} \quad (6-6)$$

Tobit 回归的结果显示在表 6-6 中。

表 6-6　　　　Tobit 回归:出口与人力资本的互动效应

变量	被解释变量:Average Wage			
	Ln(Exe_Ave)	Ln(Exe_Top3_Ave)	Ln(Exe_Other_Ave)	Ln(Emp_Ave)
Export_Intensity	0.143*** (0.043)	0.210*** (0.044)	0.062 (0.053)	0.009 (0.029)

续表

变量	被解释变量：Average Wage			
	Ln(Exe_Ave)	Ln(Exe_Top3_Ave)	Ln(Exe_Other_Ave)	Ln(Emp_Ave)
Overseas	2.171***	2.623***	1.865***	
	(0.137)	(0.148)	(0.199)	
Export_Intensity × Overseas	0.578*	0.802**	1.001**	
	(0.341)	(0.341)	(0.443)	
Postgraduate				2.977***
				(0.184)
Export_Intensity × Postgraduate				1.391**
				(0.558)
Female_Ratio	0.122***	0.150**	-0.019	
	(0.044)	(0.062)	(0.035)	
Age_Average	0.008***	0.012***	0.007***	
	(0.002)	(0.003)	(0.002)	
PC_Ratio	-0.019	-0.051**	-0.045	
	(0.022)	(0.022)	(0.033)	
SOE	-0.064***	-0.060***	-0.035***	0.378***
	(0.006)	(0.010)	(0.008)	(0.016)
ROA	0.022***	0.024***	0.020***	0.004**
	(0.002)	(0.002)	(0.002)	(0.002)
Em	0.012	0.018	0.061***	-0.283***
	(0.018)	(0.017)	(0.018)	(0.023)
Lev	-0.000	0.001	-0.000	0.003***
	(0.000)	(0.000)	(0.000)	(0.000)
Size	0.202***	0.230***	0.217***	0.297***
	(0.017)	(0.019)	(0.021)	(0.024)
Age	0.110***	0.123***	0.047	-0.118***
	(0.037)	(0.032)	(0.049)	(0.014)
Fixedeffect	YES	YES	YES	YES

续表

变量	被解释变量：Average Wage			
	Ln（Exe_Ave）	Ln（Exe_Top3_Ave）	Ln（Exe_Other_Ave）	Ln（Emp_Ave）
Constant	7.226***	6.808***	6.506***	7.064***
	(0.439)	(0.470)	(0.563)	(0.311)
Observations	12,367	12,367	12,367	6,367
Pseudo R2	0.219	0.199	0.176	0.337

注：此表报告了高层管理人员和员工的人力资本对出口与工资之间关系的调节作用。我们采用以下经验模型并使用 Tobit 回归：

$$Exe\_Ave_{i,t} = \alpha + \beta_1 Export_{i,t} + \beta_2 Overseas_{i,t} \times Export_{i,t} + \beta_3 Oversea_{i,t} + \beta_4 SOE_{i,t} + \beta_5 ROA_{i,t} + \beta_6 Em_{i,t}$$
$$+ \beta_7 Lev + \beta_8 Size_{i,t} + \beta_9 Age_{i,t} + FixedEffects + \varepsilon_{i,t} \quad (6-5)$$

$$Emp\_Ave_{i,t} = \alpha + \beta_1 Export_{i,t} + \beta_2 Postgraduate_{i,t} \times Export_{i,t} + \beta_3 Postgraduate_{i,t} + \beta_4 SOE_{i,t} + \beta_5 ROA_{i,t}$$
$$+ \beta_6 Em_{i,t} + \beta_7 Lev + \beta_8 Size_{i,t} + \beta_9 Age_{i,t} + FixedEffects + \varepsilon_{i,t} \quad (6-6)$$

其中，所有变量都定义与表6-1一致。根据公式6-5，其中第1列、第2列和第3列显示了高层管理人员的海外工作经验对出口经理人平均薪酬之间关系的影响。第4列展示了员工受教育程度对上述关系的影响。固定效应用于控制年份、行业和省份，括号中表示的标准误差。***、** 和 * 分别表示 1%、5% 和 10% 水平的统计显著性。

第1列的结果显示，具有海外工作经验的高级管理人员在出口公司具有较高的工资溢价，这表明海外工作经验将导致更高的工资溢价。第2列和第3列中的数据还表明，无论是前三大经理还是其他高层管理人员，具有海外工作经验的高级管理人员的出口工资溢价都较高。第4列的数据显示，只有拥有研究生学位的员工才能获得出口工资溢价。这一发现表明，一些员工可能因为教育水平较低而无法获得工资溢价，这与 Munch 和 Skaksen（2008）得出的研究结果一致。相比之下，中国的入学人数增加导致大学生人数大幅增加，但近年来教育质量有所下降。

此外，如前面的分析所示，当检验人力资本的边际效应时，内生性问题仍然存在。因此，我们使用 IV 方法来缓解这个问题。值得注意的是，基于 Giannetti 等（2015）的研究，我们考虑鼓励高技术移民回归的省级政策，即海归管理者的 IV，它满足相关性、外生性，满足构建 IV

变量的要求。对于每个省，我们定义一个虚拟变量，如果公司在采用鼓励高技能移民返回的政策后的几年内总部设在某个省，则该值为1，否则为0。

实际上，中国的环境非常适合研究这一具有挑战性的问题。考虑到劳动力市场主要是地方性的、能够吸引高技能移民回国的。政策导致潜在董事的供应外部增加，这些有海外工作经验的董事在不同时期来自不同省份。Giannetti 等（2015）有证据表明，在采取这些政策后的几年中，受政策影响的公司的海外工作经验的董事会成员比例增加了，但该比率没有其他地方的类似公司那么高。因此，这些政策可用于构建相关工具。

然后，我们使用拥有硕士和博士学位的研究生数量构建一个相关度更高的IV。我们从《中国统计年鉴》上获取了2年前（获得硕士学位的典型时期）每个省的硕士课程的参与人数和3年前（获得博士学位的典型时期）每个省博士课程的参与人数。我们认为拥有博士学位的员工人数应与拥有研究生学位的员工人数相关。显然，研究生入学人数由教育政策决定，不太可能受到企业出口的影响。因此，我们的研究生IV变量是外生的。为了检查我们的IV的相关性和有效性，我们将研究生对员工回归，并确定该系数是正值显著的，p值小于0.01，这表明我们的IV是相关的。为简洁起见，此结果没有在论文中展示。

表6-7显示了使用IV方法回归结果。同样，我们获得了一致的结果。具体而言，第1列，第2列和第3列中的数据显示，出口公司的高层管理人员（无论是前三名的高管还是其他高管）获得更高的出口工资溢价。第4列显示只有具有高等教育水平的雇员才能获得出口溢价。此外，表6-7显示了人力资本在出口企业中的重要性，特别是对于获得出口工资溢价的经理和员工。

6. 谁从出口中获得工资溢价：高层管理还是员工

表6-7　　　　IV 回归：出口和人力资本的交互影响

Variables	Dependent Variable: Average Wage			
	Ln (Exe_Ave)	Ln (Exe_Top3_Ave)	ln (Exe_Other_Ave)	ln (Emp_Ave)
Export_Intensity	0.960***	1.194***	0.965***	-0.328
	(0.268)	(0.282)	(0.284)	(2.148)
Overseas	5.429***	4.748**	7.693***	
	(2.052)	(2.127)	(2.163)	
Export_Intensity × Overseas	41.413***	48.218***	27.584**	
	(12.456)	(13.045)	(12.753)	
Postgraduate				5.664**
				(2.580)
Export_Intensity × Postgraduate				62.611**
				(29.640)
Female_Ratio	0.179	0.227	0.039	
	(0.147)	(0.155)	(0.147)	
Age_Average	-0.009*	-0.008	-0.009	
	(0.005)	(0.006)	(0.005)	
PC_Ratio	0.087	0.134	-0.027	
	(0.102)	(0.107)	(0.108)	
SOE	0.027	0.039	0.059*	0.301***
	(0.031)	(0.033)	(0.033)	(0.084)
ROA	0.024***	0.027***	0.023***	0.007**
	(0.002)	(0.003)	(0.002)	(0.003)
Em	0.008	-0.008	0.042**	-0.199***
	(0.017)	(0.018)	(0.017)	(0.041)
Lev	0.001	0.002**	0.000	0.003***
	(0.001)	(0.001)	(0.001)	(0.001)
Size	0.226***	0.245***	0.214***	0.234***
	(0.021)	(0.022)	(0.021)	(0.046)
Age	0.170***	0.192***	0.110**	0.133**
	(0.049)	(0.052)	(0.048)	(0.065)

续表

Variables	Dependent Variable: Average Wage			
	Ln (Exe_Ave)	Ln (Exe_Top3_Ave)	ln (Exe_Other_Ave)	ln (Emp_Ave)
Fixedeffect	YES	YES	YES	YES
Constant	6.172***	6.272***	6.001***	6.325***
	(0.451)	(0.473)	(0.452)	(1.047)
Observations	5,093	5,093	5,093	2,587

注：此表报告了高层管理人员和员工的人力资本对出口与工资之间关系的调节作用。我们使用 IV 并重复回归表 6-6，所有变量都和表 6-1 一致。固定效应用于控制年份、行业和省份。括号中表示标准误差。***、** 和 * 分别表示 1%、5% 和 10% 水平的统计显著性。

6.4.4 附加测试

在本小节中，我们进行了三次进一步的测试。首先，我们考虑了"灰色薪酬"或高层管理人员的额外津贴，以测试我们的结果。其次，我们探讨首席执行官和主席是否从出口工资溢价中获益不同。第三，我们研究了国有企业是否比非国有企业从出口溢价中受益更多。

众所周知，在中国，管理人员的薪酬主要包括"灰色薪酬"或可能在奖励经理方面发挥更重要作用的额外津贴。因此，报告中的报酬可能无法反映特定环境中高管的实际回报，特别是在中国。

值得注意的是，随着中国会计准则（CAS）的逐步完善，上市公司的年度报告提供了更多关于行政费用的信息，这是一个相对适当的代理特权变量。根据 Luo、Zhang 和 Zhu（2011）的研究，我们从公司的年度报告中手动收集办公用品和办公费用、旅行和住宿费用、咨询费用、娱乐费用、车辆费用和通信费用等，这些费用主要由管理人员自行决定，并被视为管理人员的津贴。但是，这些详细数据仅在 2010 年之后可用，因此，我们将上述费用作为管理人员津贴（Perks），以便在子样本期间进行支持性审查。具体而言，在该小节，我们通过管理者薪酬（之前的回归中管理者薪酬的度量）和津贴的总和来衡量管理者的薪酬。

通过这种新的 Perks 度量，我们重新估计与管理者薪酬相关的主要回归，并找到高度一致的结果。我们的新结果显示在表 6-8。

此外，值得注意的是，尽管我们的主要回归中缺失的 Perks 可能导致管理补偿系数的估计偏差，但是，由于补偿低估了实际补偿，偏差估计没有意义。

与此同时，由于首席执行官和董事长在上市公司中扮演着重要角色，因此测试这两个职位是否受益于出口工资溢价是很重要的。我们再次进行回归以测试首席执行官或主席是否从出口工资溢价中受益。表 6-9 的结果表明首席执行官和董事长都从出口活动中获得工资溢价。

Piotroski 和 Wong（2012）表明中国经济的一个重要制度特征是政府拥有相当数量的公司（如国有企业）。例如，截至 2010 年 7 月，某省平均拥有上市公司已发行股份的 53%，其余 47% 属于个人、机构投资者、投资信托和私营公司。与非国有企业相比，国有企业与政府之间的联系自然会产生不同的激励和企业行为。因此，我们比较了上述国有企业和非国有企业之间的关系。特别是，我们将 Export_intesity × SOE 的相互作用添加到回归模型中并重新估计原来表 6-2 和表 6-3 结果，新的结果显示在表 6-10，我们发现国有企业从出口工资溢价中受益，特别是国有企业的高层管理人员，但国有企业的员工却没有。

表 6-8　　　　　　　　附加测试：包括补贴的薪酬

Variables	Dependent Variable: Average Wage2			
	Ln（Wage_Ave2）	Ln（Exe_Ave2）	Ln（Exe_Top3_Ave2）	Ln（Exe_Other_Ave2）
Tobit regression				
Export_Intensity	0.047**	0.084**	0.076**	0.031
	(0.019)	(0.036)	(0.038)	(0.042)
Control variables	YES	YES	YES	YES
Fixedeffect	YES	YES	YES	YES
Constant	-1.774***	-2.722***	-1.473***	-3.220***
	(0.338)	(0.201)	(0.241)	(0.257)

续表

Variables	Dependent Variable: Average Wage2			
	Ln (Wage_Ave2)	Ln (Exe_Ave2)	Ln (Exe_Top3_Ave2)	Ln (Exe_Other_Ave2)
Observations	5,335	5,335	5,335	5,335
Pseudo R^2	0.363	0.278	0.267	0.251
2SLS regression	Ln (Wage_Ave2)	Ln (Exe_Ave2)	Ln (Exe_Top3_Ave2)	Ln (Exe_Other_Ave2)
Export_Intensity	5.588*	23.037*	28.900*	29.679*
	(3.253)	(12.499)	(15.628)	(16.155)
Control variables	YES	YES	YES	YES
Fixedeffect	YES	YES	YES	YES
Constant	-5.153***	-17.106***	-19.122***	-22.239***
	(1.348)	(5.180)	(6.477)	(6.695)
Observations	5,335	5,335	5,335	5,335

注：此表报告了对高层管理人员出口工资溢价的支持性检查，这些检查采用了考虑到津贴的行政补偿措施。根据 Luo 等（2011 年）的研究，我们将公司年度报告中的办公用品和办公费用、旅行和住宿费用、咨询费用、娱乐费用、车辆费用和通信费用之和作为管理者的津贴。但是，这些详细数据仅在 2010 年开始提供，因此，我们将上述费用表示为管理人员津贴（Perks），以便在子样本期间进行支持性审查。我们使用 Perks 并重复回归表 6-2 和表 6-3。所有变量的定义都和表 6-1 一致。为简洁起见，我们不对控制变量进行罗列，它与表 6-2 和表 6-3 中的方程式相同。固定效应用于控制年份、行业和省份的。括号中表示标准误差。***、** 和 * 分别表示 1%、5% 和 10% 水平的统计显著性。

表 6-9　　附加测试：CEO 和主席的出口工资

Variables	Tobit regression		2SLS regression	
	CEO	Chairman	CEO	Chairman
Export_Intensity	0.146***	0.187***	0.447***	0.802***
	(0.039)	(0.057)	(0.110)	(0.155)
Control variables	YES	YES	YES	YES
Fixedeffect	YES	YES	YES	YES

续表

Variables	Tobit regression		2SLS regression	
	CEO	Chairman	CEO	Chairman
Constant	8.147***	7.866***	6.855***	7.454***
	(0.250)	(0.385)	(0.270)	(0.391)
Observations	3,745	3,745	3,745	3,745
Pseudo R^2	0.166	0.083	—	—

注：此表报告了有关首席执行官和主席的出口工资溢价的其他结果。我们回归了表6-2和表6-3。所有变量定义都和表6-1一致。为简洁起见，我们省略了控制变量的罗列，它与表6-2和表6-3中的方程式相同。固定效应用于控制年份、行业和省份。括号中存在强大的标准误差。***、** 和 * 分别表示1%、5%和10%水平的统计显著性。

表6-10　　　　　　　　SOEs的出口工资溢价

Variables	Dependent Variable: Average Wage				
	Ln(Wage_Ave)	Ln(Exe_Ave)	Ln(Exe_Top3_Ave)	Ln(Exe_Other_Ave)	Ln(Emp_Ave)
Tobit regression					
Export_Intensity	0.112***	-0.015	0.030	-0.078**	0.018
	(0.028)	(0.028)	(0.021)	(0.033)	(0.028)
Export_Intensity × SOE	0.072*	0.365***	0.393***	0.381***	-0.027
	(0.043)	(0.040)	(0.034)	(0.048)	(0.041)
SOE	0.289***	-0.118***	-0.093***	-0.072***	0.252***
	(0.020)	(0.009)	(0.011)	(0.011)	(0.034)
Control variables	YES	YES	YES	YES	YES
Fixed effect	YES	YES	YES	YES	YES
Constant	6.966***	6.827***	7.842***	5.751***	6.496***
	(0.382)	(0.391)	(0.272)	(0.564)	(0.480)
Observations	14,183	14,183	14,183	14,183	14,183
2SLS regression					
Export_Intensity	-0.142	0.072	0.202*	-0.002	0.979
	(0.121)	(0.140)	(0.116)	(0.118)	(2.189)

续表

Variables	Dependent Variable: Average Wage				
	Ln (Wage_Ave)	Ln (Exe_Ave)	Ln (Exe_Top3_Ave)	Ln (Exe_Other_Ave)	Ln (Emp_Ave)
Export_Intensity × SOE	0.485*	0.529*	0.477*	0.479*	−3.722
	(0.292)	(0.317)	(0.259)	(0.270)	(3.057)
SOE	0.083***	−0.168***	−0.123***	−0.114**	0.714**
	(0.011)	(0.050)	(0.044)	(0.048)	(0.341)
Control variables	YES	YES	YES	YES	YES
Fixedeffect	YES	YES	YES	YES	YES
Constant	6.730***	6.659***	7.493***	5.800***	6.462***
	(0.452)	(0.340)	(0.233)	(0.543)	(1.253)
Observations	5,335	5,335	5,335	5,335	5,335

注：此表报告了有关国有企业出口工资溢价的扩展结果。我们将 Export_Intensity × SOE 的相互作用纳入了表 6-2 和表 6-3 的回归。所有变量的定义都和表 6-1 一致。为简洁起见，我们省略了控制变量的罗列，它表 6-2 和表 6-3 的方程式相同。固定效应用于控制年份、行业和省份。括号中表示的标准误差。***、**和*分别表示1%、5%和10%水平的统计显著性。

6.4.5 稳健性

在本小节中，我们使用 Export Propensity 作为 Export Intensity 的代理进行稳健性检查。表 6-11 使用 IV 回归显示结果。

总体而言，回归结果与我们的主要发现高度一致。特别是，表 6-11A 组显示出口工资溢价的存在以及管理者和员工之间的差异。A 组第 1 列的数据表明整体存在出口工资溢价。第 2、第 3 和第 4 列中的数据显示，高层管理人员从出口中获得工资溢价。第 5 列中的数据再次表明员工没有获得工资溢价。表 6-11B 组显示了人力资本和出口互动条款的作用。B 组显示的结果与我们的主要结果一致。第 1 列、第 2 列和第 3 列中的数据显示，具有海外工作经验的高级管理人员获得更高的出口工资溢价。第 4 列的数据显示，只有受过高等教育的员工才能获得出口工资溢价，这再次证实了我们的结论。

表 6-11 稳健性检验（IV 回归）

Panel A: Effects of Export on Wages

Variable	Dependent Variable: Average Wage				
	Ln (Exe_Ave)	Ln (Exe_Ave)	Ln (Exe_Top3_Ave)	Ln (Exe_Other_Ave)	Ln (Emp_Ave)
Export_Propensity	1.537**	2.565**	2.423**	2.960**	-0.585
	(0.713)	(1.099)	(1.032)	(1.314)	(1.053)
Control Variables	YES	YES	YES	YES	YES
Fixedeffect	YES	YES	YES	YES	YES
Constant	7.796***	6.454***	7.908***	4.899***	6.785***
	(0.496)	(0.750)	(0.707)	(0.920)	(0.299)
Observations	5,354	5,354	5,354	5,354	5,354

Panel B: Interaction Effects of Export and Human Capital on Wages

Export_Propensity	0.147	0.215**	0.161	0.041
	(0.099)	(0.101)	(0.107)	(1.123)
Overseas	-0.366	-1.359	0.823	
	(3.078)	(3.159)	(3.203)	
Export_Propensity × Overseas	24.084***	27.065***	20.746***	
	(5.316)	(5.446)	(5.600)	
Postgraduate				2.310
				(5.697)
Export_Propensity × Postgraduate				33.993*
				(19.159)
Control variables	YES	YES	YES	YES
Fixedeffect	YES	YES	YES	YES
Constant	6.979***	7.077***	6.719***	5.942***
	(0.435)	(0.444)	(0.457)	(1.319)
Observations	5,093	5,093	5,093	2,587

注：此表报告了基于 IV 回归，使用 Export_Propensity 表示出口的稳健性测试。具体而言，A 组显示了出口对高层管理人员和员工平均工资的影响，B 组显示了调节高层管理人员和员工人力资本对出口与工资溢价之间关系的影响的结果。所有变量的定义都与表 6-1 一致。固定效应用于控制年份，行业和省份。为简洁起见，我们省略了控制变量的罗列，它与表 6-6 的方程式相同。括号中表示标准误差。***，** 和 * 分别表示 1%，5% 和 10% 水平的统计显著性。

6.5　结论

在本章中,我们研究了高层管理人员和员工的出口工资溢价以及海外工作经验和教育水平对工资的边际影响。使用独特的、手动收集的、广泛匹配的企业层面的数据集,我们在现有文献的基础上得出的两个独立结果。首先,我们确定出口强度较高的公司整体支付较高的工资。但是,只有出口公司的高层管理人员才能获得出口工资溢价,而员工则无法获得工资溢价。其次,在控制人力资本,即高层管理人员和员工时,我们确定具有海外工作经验的高级管理人员获得更高的工资溢价,而具有更高教育水平的员工获得出口工资溢价。

我们的结果还通过揭示人力资本的作用,为企业管理实践以及新兴经济体政府的教育制度改革和政策改革,提供了明确的含义。

参考文献

[1] Aabo T., Pantzalis C., Park J. Political Interference and Stock Price Consequences of Local Bias. Financial Review, 2016.

[2] Abel A. B. Optimal investment under uncertainty. American Economic Review, 1983, 73 (1): 228 - 233.

[3] Acemoglu D., S. Johnson. Unbundling institutions, Journal of Political Economy, 2005, 113: 949 - 995.

[4] Acharya V., K. V. Subramanian. Bankruptcy codes and innovation [J]. Review of Financial Studies, 2009, 22 (12): 49 - 88. doi: 10.1093/rfs/hhp019.

[5] Abratt R., Sacks D. The marketing challenge: Towards being profitable and socially responsible. Journal of Business Ethics, 1988, 7 (7): 497 - 507.

[6] Acemoglu D., Verdier T. The choice between market failures and corruption. American Economic Review, 2000, 90: 194 - 211.

[7] Ackerman S. R. Corruption: A study in political economy. New York: Academic Press, 1978.

[8] Agarwal S., D. Lucca A. Seru, and F. Trebbi. Inconsistent regulators: evidence from banking, Quarterly Journal of Economics, 2014, 129: 889 - 938.

[9] Aghion P., J. Van Reenen, L. Zingales. Innovation and institutional ownership. American Economic Review, 2013, 103: 277 - 304. doi: 10.1257/

aer. 103. 1. 277.

[10] Aggarwal R. K., F. Meschke, T. Y. Wang. Corporate political donations: investment or agency? Business and Politics, 2012, 14: 3.

[11] Agrawal A., S. Chadha. Corporate governance and accounting scandals, Journal of Law and Economics, 2005, 48: 371 – 406.

[12] Agrawal A., C. R. Knoeber. Do some outside directors play a political role?, Journal of Law and Economics, 2001, 44: 179 – 198.

[13] Aguilera R. V., Williams C. A., J. Conley. Corporate governance and social responsibility: A comparative analysis of the UK and the US. Corporate Governance: An International Review, 2006, 14 (3), 147 – 158.

[14] Aidt T. S. Corruption, institutions, and economic development. Oxford Review of Economic Policy, 2009, 25: 271 – 291.

[15] Alexander C. R., Cohen M. A. Why do corporations become criminals? Ownership, hiddenactions, and crime as an agency cost. Journal of Corporate Finance, 1999, 5: 1 – 34.

[16] Allen F., Qian J., Qian, M. Law, finance, and economic growth in China. Journal of Financial Economics, 2005, 77: 57 – 116.

[17] Alvarez, Roberto, Ricardo A. López. Exporting and performance: Evidence from chilean plants, Canadian Journal of Economics/Revue canadienne d'économique, 2005, 38: 1384 – 1400.

[18] An H., Y. Chen, D. Luo. Political uncertainty and corporate investment: Evidence from China [J]. Journal of Corporate Finance, 2016, 36: 174 – 189. doi: 10. 1016/j. jcorpfin. 2015. 11. 003.

[19] Antonakakis N., Chatziantoniou I., Filis G. Dynamic co – movements of stock market returns, implied volatility and policy uncertainty. Economics Letters, 2013, 120 (1): 87 – 92. https: //doi. org/10. 1016/j. econlet. 2013. 04. 004.

[20] Ansolabehere S., J. M. Snyder, M. Ueda. Did firms profit from soft

money? Election Law Journal, 2004, 3: 193-198.

[21] Arlen J. H., Carney W. J. Vicarious liability for fraud on securities markets: Theory and evidence. U. Ill. L. Rev, 1992.

[22] Asiedu E. Foreign Direct Investment in Africa: The Role of Natural Resources, Market Size, Government Policy, Institutions and Political Instability. The World Economy, 2006, 29: 63-77. https://doi.org/10.1111/j.1467-9701.2006.00758.x.

[23] Bae K. H., Kang J. K., Wang J. Employee treatment and firm leverage: A test of the stakeholder theory of capital structure. Journal of Financial Economics, 2011, 100 (1): 130-153.

[24] Baker S. R., Bloom N., Davis S. J. Measuring Economic Policy Uncertainty. The Quarterly Journal of Economics, 2016. https://doi.org/10.1093/qje/qjw024.

[25] Bai C., Lu J., Tao, Z. The multitask theory of state enterprise reform: Empirical evidence from China. American Economic Review, 2006, 96 (2): 353-357.

[26] Barnett J. H., Karson M. J. Managers, values, and executive decisions: An exploration of the role of gender, career stage, organizational level, function, and the importance of ethics, relationships and results in managerial decision-making. Journal of Business Ethics, 1989, 8 (10): 747-771.

[27] Barro, Robert J., Jong-Wha Lee. International comparisons of educational attainment, Journal of monetary economics, 1993, 32: 363-394.

[28] Beasley M. An empirical analysis of the relation between the board of director composition and financial statement fraud. Accounting Review 1996, 71 (4): 443-465.

[29] Beck T., Levine R. Industry growth and capital allocation: Does having a market-or bank-based system matter? Journal of Financial Economics, 2002, 64: 147-180.

[30] Becker G. S. Crime and punishment: An economic approach. The Journal of Political Economy, 1968, 76: 169 – 217.

[31] Becker, Gary S. Human capital: A theoretical and empirical analysis, with special reference to education (University of Chicago Press), 2009.

[32] Bénabou R., Tirole J. Individual and corporate social responsibility. Economica, 2010, 77: 1 – 19.

[33] Beneish M. D. Detecting GAAP violations: implications for assessing earnings management amongfirms with extreme financial performance, Journal of Accounting and Public Policy, 1997, 16: 271 – 309.

[34] Beneish M. D. Discussion of "Are accruals during initial public offerings opportunistic?", Review of Accounting Studies, 1998, 3: 209 – 221.

[35] Benmelech E., Frydman C. Military CEOs. Journal of Financial Economics, 2015, 117 (1): 43 – 59.

[36] Bennedsen M., Nielsen K., Pérez – González F. Inside the family firm: The role of families in succession decisions and performance. Quarterly Journal of Economics, 2007, 122 (2): 647 – 691.

[37] Bergman N. K., Nicolaievsky D. Investor protection and the Coasian view. Journal of Financial Economics, 2007, 84 (3): 738 – 771.

[38] Bergstresser D., T. Philippon. CEO incentives and earnings management, Journal of Financial Economics, 2006, 80, 511 – 529.

[39] Bernanke B. S. Irreversibility, uncertainty, and cyclical investment. The Quarterly Journal of Economics, 1983, 98 (1): 85 – 106. doi: 10.2307/1885568.

[40] Bernard, Andrew B., J. Bradford Jensen. Exceptional exporter performance: Cause, effect, or both? Journal of international economics, 1999, 47: 1 – 25.

[41] Bernard, Andrew B., J. Bradford Jensen. Exporters, skill upgrading, and the wage gap, Journal of International Economics, 1997, 42:

3-31.

[42] Bernard, Andrew B., J. Bradford Jensen. Why some firms export, Review of Economics and Statistics, 2004, 86: 561-569.

[43] Bernard, Andrew B., J. Bradford Jensen. Exporters, jobs, and wages in us manufacturing: 1976-1987, Brookings Papers on Economic Activity. Microeconomics, 1995, 67-119.

[44] Bernard, Andrew B., Joachim Wagner. Exports and success in german manufacturing, Review of World Economics, 1997, 133: 134-157.

[45] Bernile G., Bhagwat. V., Rau P. R. (forthcoming). What doesn't kill you will only make you more risk-loving: Early-life disasters and CEO behavior. Journal of Finance, DOI: 10.1111/jofi.12432.

[46] Berrone, Pascual, Luis R. Gomez-Mejia. Environmental performance and executive compensation: An integrated agency-institutional perspective, Academy of Management Journal, 2009, 52: 103-126.

[47] Berthelemy J.-C., Demurger S. Foreign Direct Investment and Economic Growth: Theory and Application to China. Review of Development Economics, 2000, 4 (2): 140-155. https://doi.org/10.1111/1467-9361.00083.

[48] Berthou A., Vicard, V. Firms' Export Dynamics: Experience vs. Size. SSRN Electronic Journal, 2013. https://doi.org/10.2139/ssrn.2321578

[49] Beurden P. V., Gossling T. The worth of values: A literature review on the relation between corporate social and financial performance. Journal of Business Ethics, 2008, 82 (2): 407-424.

[50] Bhagwati J. Hamada, K. The brain drain, international integration of markets for professionals and unemployment: A theoretical analysis. Journal of Development Economics, 1974, 1 (1): 19-42.

[51] Blanes i Vidal, J., M. Dracaz. Revolving door lobbyists, American Economic Review, 2012, 102: 3731-3748.

[52] Blundell, Richard, Monica Costa Dias. Evaluation methods for non-

experimental data, Fiscal studies, 2000, 21: 427 –468.

[53] Bond P. , V. Glode. The labor market for bankers and regulators, Review of Financial Studies, 2014, 27: 2539 –2579.

[54] Boutchkova M. , Doshi H. , Durnev A. Precarious politics and return volatility. Review of Financial Studies, 2012. https: //doi. org/10. 1093/rfs/hhr100.

[55] Booth L. , Aivazian V. , Demirguc – Kunt A. Capital structures in developing countries. Journal of Finance, 2001, 56: 87 –130.

[56] Boulouta I. , Pitelis C. N. Who needs CSR? The impact of corporate social responsibility on national competitiveness. Journal of Business Ethics, 2014, 119 (3): 349 –364.

[57] Bowen R. , DuCharme L. , Shores D. Stakeholders' implicit claims and accounting method choice. Journal of Accounting and Economics, 1995, 20 (3): 255 –295.

[58] Breau, Sébastien, David L. Rigby. Is there really an export wage premium? A case study of los angeles using matched employee – employer data, International Regional Science Review, 2006, 29: 297 –310.

[59] Bromiley P. Testing a causal model of corporate risk taking and performance. Academy of Management Journal, 1991, 34 (1): 37 –59.

[60] Brickley J. A. , Coles J. L. , Jarrell G. Leadership structure: Separating the CEO and chairman of the board. Journal of Corporate Finance, 1997, 3: 189 –220.

[61] Brüderl J. , Preisendorfer P. , Zeigler, R. Survival chances of newly founded business organizations. American Sociological Review, 1992, 57: 227 –242.

[62] Buckley P. J. , Clegg L. J. , Cross A. R. , et al. The Determinants of Chinese Outward Foreign Direct Investment. Journal of International Business Studies, 2007, 38 (4): 499 –518. https: //doi. org/10. 1057/palgrave. jibs. 8400277.

[63] Burns N., S. Kedia. The impact of performance-based compensation on misreporting, Journal of Financial Economics, 2006, 79: 35-67.

[64] Business Roundtable. Corporate governance and American competitiveness: A statement of the Business Roundtable. Business Lawyer, 1990, 46: 241-252.

[65] Byrd J., Hickman K. Do outside directors monitor managers? Evidence from tender offer bids. Journal of Financial Economics, 1992, 32 (2): 195-221.

[66] Cai H., Fang H., Xu L. C. Eat, drink, firms, government: An investigation of corruption from the entertainment and travel costs of Chinese firms. Journal of Law and Economics, 2011, 54: 55-78.

[67] Chaney P. K., M. Faccio, D. Parsley. The quality of accounting information in politically connected firms, Journal of Accounting and Economics, 2001, 51: 58-76.

[68] Chang X., K. Fu, A. Low., et al. Non-executive employee stock options and corporate innovation [J]. Journal of Financial Economics, 2015, 115 (1): 168-88. doi: 10.1016/j.jfineco.2014.09.002.

[69] Chapple W. Moon J. Corporate social responsibility (CSR) in Asia: A seven-country study of CSR website reporting. Business & Society, 2005, 44 (4): 415-441.

[70] Che Y. K. Revolving doors and the optimal tolerance for agency collusion, RAND Journal of Economics, 1995, 26: 378-397.

[71] Chen G., M. Firth, D. Gao., et al. Ownership structure, corporate governance, and fraud: Evidence from China, Journal of Corporate Finance, 2006, 12: 424-448.

[72] Chemmanur T. J., E. Loutskina, X. Tian. Corporate venture capital, value creation, and innovation [J]. Review of Financial Studies, 2014, 27 (8): 2434-73. doi: 10.1093/rfs/hhu033.

[73] Chen C. J. P., Z. Li, X. Su, et al. Rent – seeking incentives, corporate political connections, and the control structure of private firms: Chinese evidence, Journal of Corporate Finance, 2011, 17, 229 – 243.

[74] Chen S., Bouvain P. Is corporate responsibility converging? A comparison of corporate responsibility reporting in the USA, UK, Australia, and Germany. Journal of Business Ethics, 2009, 87 (SUPPL. 1): 299 – 317.

[75] Cheng H., Hong H., Shue K. Do managers do good with other people's money? Chicago Booth Research Paper No. 12 – 47, 2014.

[76] Chidambaran N. K., Kedia S., Prabhala N. R. CEO director connections and corporate fraud. Fordham University Schools of Business Research Paper 1787500.

[77] Clarke D. C., P. Murrell, S. H. Whiting. The role of law in China's economic development, in: T. Rawski, L. Brandt, eds., China's Great Economic Transformation (Cambridge University Press, New York, NY), 375 – 428.

[78] Claessens S., Burcin Yurtoglu B. Corporate governance in emerging markets: A survey. Emerging markets review, 2013, 15: 1 – 33.

[79] Clerides Sofronis K., Saul Lach, James R. Tybout. Is learning by exporting important? Micro – dynamic evidence from colombia, mexico, and morocco, Quarterly journal of Economics, 1998, 903 – 947.

[80] Com (2001) (Ed): Green paper: Promoting a European framework for corporate social responsibility, COM (2001) 366 final, 18. 7. 2001, Brussels: Commission of the European Communities.

[81] Cooper M. J., H. Gulen, A. V. Ovtchinnikov. Corporate political contributions and stock returns, Journal of Finance, 2010, 65: 687 – 724.

[82] Cornaggia J., M. Yifei, T. Xuan, et al. Does banking competition affect innovation? Journal of Financial Economics, 2015, 115: 189 – 209. doi: 10. 1016/j. jfineco. 2014. 09. 001.

[83] Cornaggia J. , K. Cornaggia, H. Xia. Revolving doors on Wall Street, Journal of Financial Economics, 2016, 120, 400 – 419.

[84] Cornett M. M. , Marcus A. J. , Tehranian H. Corporate governance and pay – for – performance: The impact of earnings management. Journal of Financial Economics, 2008, 87: 357 – 373.

[85] Correia M. M. Political connections and SEC enforcement, Journal of Accounting and Economics, 2014, 57: 241 – 262.

[86] Cotter J. F. , Shivdasani A. , Zenner M. Do independent directors enhance target shareholder wealth during tender offers? Journal of financial economics, 1997, 43 (2): 195 – 218.

[87] Cox J. D. , Thomas R. S. , Kiku D. SEC enforcement heuristics: An empirical inquiry. Duke Law Journal, 2003, 53: 737 – 779.

[88] Cozza C. , Rabellotti R. , Sanfilippo M. The impact of outward FDI on the performance of Chinese firms. China Economic Review, 2015, 36: 42 – 57. https://doi.org/10.1016/j.chieco.2015.08.008.

[89] Cragg J. G. , Donald S. G. Testing identifiability and specification in instrumental variable models. Econometric Theory, 1993, 9: 222 – 240.

[90] Crutchley C. E. , M. R. H. Jensen, B. B. Marshall. Climate for scandal: corporate environments that contribute to accounting fraud, Financial Review, 2007, 42: 53 – 73.

[91] Cui B. , C. Yang. Equity financing constraints and R&D investments: Evidence from an IPO suspension in China [J] . China Finance Review International, 2018, 8 (2): 158 – 72. doi: 10.1108/CFRI – 06 – 2017 – 0074.

[92] Cull R. , and L. C. Xu. Institutions, ownership and finance: the determinants of profit reinvestment among Chinese firms, Journal of Financial Economics, 2005, 77: 117 – 146.

[93] Dai T. , Kong D. , Wang M. Investor reactions to food safety incidents: Evidence from the Chinese milk industry. Food Policy, 2013, 43: 23

-31.

[94] Dai Y., Kong D., Liu S. Returnee Talent and Corporate Investment: Evidence from China. European Accounting Review, 2016, 1 - 25. https: //doi. org/10. 1080/09638180. 2016. 1264306.

[95] Dalton D., Daily C., Johnson J., et al. Number of directors and financial performance: A meta - analysis. Academy of Management Journal, 1999, 42 (6): 674 - 686.

[96] Dechow P., R. G. Sloan, A. Sweeney. Causes and consequences of earnings manipulation: an analysis offirms subject to enforcement actions by the SEC, Contemporary Accounting Research, 1996, 13: 1 - 36.

[97] Dechow P. M., W. Ge, C. R. Larson, et al. Predicting material accounting misstatements, Contemporary Accounting Research, 2011, 28: 17 - 82.

[98] Dehejia, Rajeev H. Program evaluation as a decision problem, Journal of Econometrics, 2005, 125, 141 - 173.

[99] Dehejia, Rajeev H. Sadek Wahba. Propensity score - matching methods for nonexperimental causal studies, Review of Economics and statistics, 2002, 84: 151 - 161.

[100] Demirgüç - Kunt A., Maksimovic V. Law, finance, and firm growth. Journal of Finance, 1998, 53: 2107 - 2137.

[101] Demirgüç - Kunt A., Maksimovic V. Institutions, financial markets, and firm debt maturity. Journal of Financial Economics, 1999, 54: 295 - 336.

[102] Demsetz H. Industry Structure, Market Rivalry, and Public Policy. The Journal of Law and Economics, 1973, 16 (1): 1 - 9. https: //doi. org/10. 1086/466752.

[103] Deng X., Kang J. K., Low B. S. Corporate social responsibility and stakeholder value maximization: Evidence from mergers. Journal of Financial Eco-

nomics, 2013, 110 (1): 87 – 109.

[104] Doidge C., Andrew Karolyi G., Stulz R. M. Why are foreign firms listed in the US worth more? Journal of Financial Economics, 2004, 71, 205 – 238.

[105] Doidge C., Andrew Karolyi G., Stulz R. M. Why do countries matter so much for corporate governance? Journal of Financial Economics, 2007, 86: 1 – 39.

[106] Donaldson G., Lorsch J. W. Decision making at the top: The shaping of strategic direction. New York: Basic Books, 1983.

[107] Dong B., Torgler B. Causes of corruption: Evidence from China. China Economic Review, 2013, 26: 152 – 169.

[108] Dong R., Y. Wang, N. Xu. The impact of air pollution on analyst earnings forecasts: Evidence from analysts' corporate site visits in China, 2018. Working Paper.

[109] Dou Y., Hope O., Thomas W. B. Relationship – specificity, contract enforceability, and income smoothing. The Accounting Review, 2013, 88 (5): 629 – 656.

[110] Du J., C. Bian, C. Gan. Bank competition, government intervention and SME debtfinancing, China Finance Review International, 2017, 7: 478 – 492.

[111] Duchin R., D. Sosyura. Safer ratios, riskier portfolios: banks' response to government aid, Journal of Financial Economics, 2014, 113: 1 – 28.

[112] Durnev A. The Real Effects of Political Uncertainty: Elections and Investment Sensitivity to Stock Prices. Social Sciences, 2010, 514. https: // doi. org/10. 2139/ssrn. 1695382.

[113] Durnev A., R. Enikolopov, M. Petrova, et al. Politics, instability and international investment flows [J], 2012. Working Paper. doi: 10. 1094/

PDIS – 11 – 11 – 0999 – PDN.

[114] Dyck A., Morse A., Zingales L. Who blows the whistle on corporate fraud? Journal of Finance, 2010, 65: 2213 – 2253.

[115] Edmans A. Short – term termination without deterring long – term investment: A theory of debt and buyouts. Journal of Financial Economics, 2011, 102 (1): 81 – 101.

[116] Efendi J., Srivastava A., Swanson E. P. Why do corporate managers misstate financial statements? The role of option compen – sation and other factors. Journal of Financial Economics, 2007, 85: 667 – 708.

[117] Ehrlich I., Lui F. T. Bureaucratic corruption and endogenous economic growth. Journal of Political Economy, 1999, 107: S270 – S293.

[118] Esa E., Mohd Ghazali, N. A. Corporate social responsibility and corporate governance in Malaysian government – linked companies. Corporate Governance: The international journal of business in society, 2012, 12 (3): 292 – 305.

[119] Faccio M. Politically connectedfirms, American Economic Review, 2006, 96: 369 – 386.

[120] Faccio M., Masulis R. W., McConnell J. J. Political connections and corporate bailouts. Journal of Finance, 2006, 61: 2597 – 2635.

[121] Faccio M., and D. C. Parsley. Sudden deaths: taking stock of political connections, Journal of Financial and Quantitative Analysis, 2009, 44: 683 – 718.

[122] Faccio M., R. W. Masulis, J. J. McConnell. Political connections and corporate bailouts, Journal of Finance, 2006, 61: 2597 – 2635.

[123] Fabrizi M., Mallin C., Michelon G. The role of CEO's personal incentives in driving corporate social responsibility. Journal of Business Ethics, 2014, 124 (2): 311 – 326.

[124] Fan C. S., Lin C., Treisman D. Political decentralization and cor-

ruption: Evidence from around the world. Journal of Public Economics, 2009, 93: 14 – 34.

[125] Fan G., and X. Wang. The report on the relative process of marketization of regions in China [M], in Chinese. Beijing: The Economic Science Press, 2006.

[126] Fan G., X. Wang, G. Ma. Contribution of marketization to China's economic growth [J]. Econimic Research Journal, 2011, 46 (9): 4 – 16. In Chinese.

[127] Fan J. P. H., T. J. Wong, T. Y. Zhang. Politically connected CEOs, corporate governance, and Post – IPO performance of China's newly partially privatized firms [J]. Journal of Financial Economics, 2007, 84 (2): 330 – 57. doi: 10. 1016/j. jfineco. 2006. 03. 008.

[128] Fan J. P., Rui O. M., Zhao M. Public governance and corporate finance: Evidence from corruption cases. Journal of Comparative Economics, 2008, 36: 343 – 364.

[129] Fan J. P., Titman S., Twite G. An international comparison of capital structure and debt maturity choices. Journal of Financial and Quantitative Analysis, 2012, 47: 23 – 56.

[130] Fan Joseph P. H., Wong T. J., Zhang T. Politically – connected-CEOs, corporate governance and post – IPO perfor – mance of China's partially privatized firms. Journal of Financial Economics, 2007, 84: 330 – 357.

[131] Fan W., Wang X., Zhu H. Neri index of marketization of China Provinces. Beijing: National Economic Research Institute, 2011.

[132] Feng M., Ge W., Luo S., et al. Why do CFOs become involved in material accounting manipulations? Journal of Accounting and Economics, 2011, 51: 21 – 36.

[133] Fang L. H., J. Lerner, W. Chaopeng. Intellectual property rights protection, ownership, and innovation: Evidence from China [J]. Review of

Financial Studies, 2017, 30 (7): 2446 – 77. doi: 10. 1093/rfs/hhx023.

[134] Fich E. Are some outside directors better than others? Evidence from director appointments from Fortune 1000 firms. Journal of Business, 2005, 78 (5): 1943 – 1971.

[135] Fisman R., Miguel E. Corruption, norms, and legal enforcement: Evidence from diplomatic parking tickets. Journal of Political Economy, 2007, 115: 1020 – 1048.

[136] Fisman R., Y. Wang. The mortality cost of political connections [J]. Review of Economic Studies, 2015, 82 (4): 1346 – 82. doi: 10. 1093/restud/rdv020.

[137] Fombrun C. J., Wiedmann K. – P. Unternehmensreputation und der "Reputation Quotient" (RQ). PR – Magazin, 2001, 32 (12), 45 – 52.

[138] Francis B. B., Hasan I., Sun X. Political connections and the process of going public: Evidence from China. Journal of International Money and Finance, 2009, 28 (4): 696 – 719. https: //doi. org/10. 1016/j. jimonfin. 2009. 01. 002.

[139] Freedman D. A., J. S. Sekhon. Endogeneity in probit response models, Political Analysis, 2010, 18: 138 – 150.

[140] Frijns B., Tourani – Rad A., Indriawan I. Political crises and the stock market integration of emerging markets. Journal of Banking and Finance, 2012, 36 (3): 644 – 653. https: //doi. org/10. 1016/j. jbankfin. 2011. 05. 007.

[141] Fu Dahai, Yanrui Wu. Wage premium in the exporting sector: Evidence from manufacturing firms in china, 2011.

[142] Fu Dahai, Yanrui Wu. Export wage premium in china's manufacturing sector: A firm level analysis, China Economic Review, 2013, 26: 182 – 196.

[143] Gabaix, Xavier, Augustin Landier. Why has ceo pay increased so much?, The Quarterly Journal of Economics, 2008, 123: 49 – 100.

［144］Ganotakis, Panagiotis, James H. Love. Export propensity, export intensity and firm performance: The role of the entrepreneurial founding team, Journal of International Business Studies, 2012, 43: 693-718.

［145］Gao Y. Corporate social performance in China: Evidence from large companies. Journal of Business Ethics, 2009, 89 (1): 23-35.

［146］Gary S., I. Harymawan, J. Nowland. Political and government connections on corporate boards in Australia: good for business?, Australian Journal of Management, 2016, 41: 3-26.

［147］Giannetti M. Do better institutions mitigate agency prob-lems? Evidence from corporate finance choices. Journal of Financial and Quantitative Analysis, 2003, 38: 185-212.

［148］Giannetti, Mariassunta, Guanmin Liao, et al. The brain gain of corporate boards: A natural experiment from china (Centre for Economic Policy Research (Great Britain)), 2012.

［149］Giannetti, Mariassunta, Guanmin Liao, et al. The brain gain of corporate boards: Evidence from china, Journal of Finance forthcoming.

［150］Giannetti M., Liao G., Yu X. The brain gain of corporate boards: Evidence from China. Journal of Finance, 2015, 70 (5): 1629-1682.

［151］Gimeno J., Folta T. B., Cooper A. C., et al. Survival of the fittest? Entrepreneurial human capital and the persistence of underperforming firms. Administrative Science Quarterly, 1997, 42: 750-783.

［152］Gintis H. The hitchhiker's guide to altruism: Gene-culture coevolution, and the internalization of norms. Journal of Theoretical Biology, 2003, 220: 407-418.

［153］Girma, Sourafel, Holger Görg. Evaluating the foreign ownership wage premium using a difference-in-differences matching approach, Journal of International Economics, 2007, 72: 97-112.

［154］Glaeser E. L., La Porta R., Lopez-de-Silanes F., et al. Do institutions cause growth? Journal of Economic Growth, 2004, 9: 271 - 303.

[155] Glaeser E. L., Saks R. E. Corruption in America. Journal of Public Economics, 2006, 90: 1053 - 1072.

[156] Godos - Díez J. L., Fernández - Gago R., Martínez - Campillo A. How important are CEOs to CSR practices? An analysis of the mediating effect of the perceived role of ethics and social responsibility. Journal of Business Ethics, 2011, 98 (4): 531 - 548.

[157] Gong T. Dependent judiciary and unaccountable judges: Judicial corruption in contemporary China, China Review, 2004, 4: 33 - 54.

[158] Graves S. B., Waddock S. A. Institutional owners and corporate social performance. Academy of Management Journal, 1994, 37 (4): 1034 - 1046.

[159] Greenaway, David, Zhihong Yu. Firm - level interactions between exporting and productivity: Industry - specific evidence, Review of World Economics, 2004, 140: 376 - 392.

[160] Greene W. H. Limdep Manual. Version 8.0 (Econometric Software, Inc, Plainview, NY), 2002.

[161] Griliches Z., A. Pakes, B. H. Hall. The value of patents as indicators of inventive activity, 1988. NBER Working Paper. doi: 10.3168/jds.S0022 - 0302 (88) 79586 - 7.

[162] Guadalupe, Maria, Julie Wulf. The flattening firm and product market competition: The effect of trade liberalization on corporate hierarchies, American Economic Journal: Applied Economics, 2010, 2: 105 - 127.

[163] Gupta S., C. W. Swenson. Rent - seeking by agents of thefirm, Journal of Law and Economics, 2003, 46, 253 - 268.

[164] Gulen H., M. Ion. Policy uncertainty and corporate investment. The Review of Financial Studies, 2015, 29: 523 - 564.

[165] Hall B. H., A. B. Jaffe, M. Trajtenberg. The NBER patent citation data file: Lessons, insights and methodological 570tools, 2001. NBER Working

Paper.

[166] Haan E., K. Koh, S. Kedia, et al. The revolving doorand the SEC's enforcement outcomes: initial evidence from civil litigation, Journal of Accounting and Economics, 2015, 60: 65 - 96.

[167] Hadlock C. J., J. R. Pierce. New evidence on measuring financial constraints: Moving beyond the kz index, Review of Financial Studies, 2010, 23, 1909 - 1940.

[168] Hall E. T. Beyond Culture. Garden City: Anchor Books, 1976.

[169] Han S., Qiu J. Corporate precautionary cash holdings. Journal of Corporate Finance, 2007, 13: 43 - 57. https://doi.org/10.1016/j.jcorpfin.2006.05.002.

[170] Han J., G. Zhang, R. Fa. Politically connected boards, value or cost: evidence from a natural experiment in China, Accounting and Finance, 2018, 58: 149 - 169.

[171] Hartman R. The effects of price and cost uncertainty on investment. Journal of Economic Theory, 1972, 5 (2): 258 - 266. https://doi.org/10.1016/0022-0531 (72) 90105 - 6.

[172] Healy P. M., J. M. Wahlen. A review of the earnings management literature and its implications for standard setting, Accounting Horizons, 1999, 13: 365 - 383.

[173] Heaton J. B. Managerial optimism and corporate finance. Financial Management, 2002, 31 (1): 33 - 45.

[174] Heckman J. J. Sample Selection Bias as a Specification Error, Econometrica, 1979, 47: 153 - 161.

[175] Hackman R. J. Group influences on individuals in organi - zations. Handbook of Industrial and Organizational Psychology (2nd ed., Vol. 3). Palo Alto, CA: Consulting Psychologists Press, 1992.

[176] Healy P. M., Wahlen J. M. A review of the earnings management

literature and its implications for standard setting. Accounting Horizons, 1999, 13: 365 - 383.

[177] Hegarty W. H. , Sims H. P. S. Some determinants of unethical decision behavior: An experiment. Journal of Applied Psychology, 1978, 63 (4): 451 - 457.

[178] He J. , X. Tian. Finance and corporate innovation: A survey. Asia - Pacific Journal Of Financial Studies, 2018, 47 (2): 165 - 212. doi: 10.1111/ajfs. 2018. 47. issue - 2.

[179] He J. J. , X. Tian. The dark side of analyst coverage: The case of innovation [J]. Journal of Financial Economics, 2013, 109 (3): 856 - 78. doi: 10.1016/j. jfineco. 2013. 04. 001.

[180] Hermalin B. E. , Weisbach M. S. The effect of board composition and direct incentives on firm performance. Financial Management, 1991, 20 (4): 101 - 112.

[181] Hermalin B. E. , Weisbach M. S. Endogenously chosen board of directors and their monitoring of the CEO. Economic Policy Review - Federal Reserve Bank of New York, 1998, 9 (1): 7 - 26.

[182] Hermalin B. E. , Weisbach M. S. Board of directors as an endogenously determined institution: A survey of the economic literature. American Economic Review, 2003, 88 (1): 96 - 118.

[183] Herzer D. , Schrooten M. Outward FDI and domestic investment in two industrialized countries. Economics Letters, 2008, 99 (1): 139 - 143. https://doi.org/10.1016/j.econlet.2007.06.014.

[184] Heyman, Fredrik, Fredrik Sjöholm, et al. Is there really a foreign ownership wage premium? Evidence from matched employer - employee data, Journal of International Economics, 2007, 73: 355 - 376.

[185] He Z. , T. W. Tong, W. He, et al. Chinese patent database user documentation: matching SIPO patents to chinese publicly - listed companies and

subsidiaries [R]. Working Paper, 2013.

[186] Hill R. P., Ainscough T., Shank T., et al. Corporate social responsibility and socially responsible investing: A global perspective. Journal of Business Ethics, 2007, 70 (2): 165 – 174.

[187] Hillman A. J. Politicians on the board of directors: Do connections affect the bottom line? Journal of Management, 2005, 31 (3): 464 – 481.

[188] Holmström B. Managerial incentive problems: a dynamic perspective. Review of Economic Studies, 1999, 66 (1): 169 – 182.

[189] Hsu P. H., X. Tian, Y. Xu. Financial development and innovation: Cross – country evidence [J]. Journal of Financial Economics, 2014, 112 (1): 116 – 35. doi: 10.1016/j.jfineco.2013.12.002.

[190] Huang Y., Zhang Y. How does outward foreign direct investment enhance firm productivity? A heterogeneous empirical analysis from Chinese manufacturing. China Economic Review, 2017. Retrieved from http: //www.sciencedirect.com/science/article/pii/S1043951X1730041X.

[191] Huang S. K. The impact of CEO characteristics on corporate sustainable development. Corporate Social Responsibility and Environmental Management, 2013, 20 (4): 234 – 244.

[192] Huang Q., Jiang F., Lie E., et al. The role of investment banker directors in M&A. Journal of Financial Economics, 2014, 112 (2): 269 – 286.

[193] Hu G., Y. Wang. Political connections and stock price crash risk: the role of intermediary information disclosure, China Finance Review International, 2018, 8: 140 – 157.

[194] Hughes A. Multi – stakeholder approaches to ethical trade: Towards a reorganisation of UK retailers' global supply chains? Journal of Economic Geography, 2001, 1 (4): 421 – 437.

[195] Husted B., de Jesus Salazar J. Taking Friedman seriously: Maximising profit and social performance. Journal of Management Studies, 2006, 43

(1): 75-91.

[196] Im H., Park H., Zhao G. Uncertainty and the value of cash holdings. Economics Letters, 2017, 155: 43-48.

[197] Ip P. K. The challenge of developing a business ethics in China. Journal of Business Ethics, 2008, 88 (1): 211-224.

[198] Jayachandran S. The Jeffords effect. Journal of Law and Economics, 2006, 49: 397-425.

[199] Jens C. Political uncertainty and investment: Causal evidence from US gubernatorial elections. Journal of Financial Economics, 2017, 124 (3): 563-579.

[200] Jensen M. C. The modern industrial revolution, exit, and the failure of internal control systems. Journal of Finance, 1993, 48 (3): 831-880.

[201] Jensen M. C. Agency costs of free cash flow, corporate finance, and takeovers. American Economic Review, 1986, 76: 323-329.

[202] Jensen, Michael C., William H. Meckling. Theory of the firm: Managerial behavior, agency costs and ownership structure, Journal of Financial Economics, 1976, 3: 305-360.

[203] Jian M., Wong T. J. Propping through related party transactions. Review of Accounting Studies, 2010, 15, 70-105.

[204] Jiang G., C. M. C. Lee, H. Yue. Tunneling through intercorporate loans: The China experience [J]. Journal of 580Financial Economics, 2010, 98 (1): 1-20. doi: 10.1016/j.jfineco.2010.05.002.

[205] Jiang X. D., D. M. Kong, C. R. Xiao. Policy certainty and heterogeneous firm innovation: Evidence from a developing country, 2018. Working Paper.

[206] Jizi M. I., Salama A., Dixon R., et al. Corporate governance and corporate social responsibility disclosure: Evidence from the US banking sector. Journal of Business Ethics, 2014, 125 (4): 601-615.

[207] Johnson R. A., Greening D. W. The effects of corporate governance

and institutional ownership types on corporate social performance. Academy of Management Journal, 1999, 42 (5): 564 – 576.

[208] Johnson S. A., Ryan H. E., Tian Y. S. Managerial incentives and corporate fraud: The sources of incentives matter. Review of Finance, 2009, 13: 115 – 145.

[209] Johnson S., T. Mitton. Cronyism and capital controls: evidence from Malaysia, Journal of Financial Economics, 2003, 67: 351 – 382.

[210] Jones B. F., B. A. Olken. Do leaders matter? National leadership and growth since World War II [J]. Quarterly Journal of Economics, 2005, 120: 835 – 64.

[211] Jones M. T. The institutional determinants of social responsibility. Journal of Business Ethics, 1999, 20 (2): 163 – 179.

[212] Jones P. M., Olson E. The time – varying correlation between uncertainty, output, and inflation: Evidence from a DCC – GARCH model. Economics Letters, 2013, 118 (1): 33 – 37. https://doi.org/10.1016/j.econlet.2012.09.012.

[213] Julio B., Y. Yook. Political uncertainty and corporate investment cycles [J]. Journal of Finance, 2012, 67 (1): 45 – 83. doi: 10.1111/j.1540 – 6261.2011.01707.x.

[214] Kaplan S. N., L. Zingales. Do investment-cash flow sensitivities provide useful measures of financing constraints? [J]. Quarterly Journal of Economics, 1997.

[215] Kaplan Steven N., Per ER Strömberg. Characteristics, contracts, and actions: Evidence from venture capitalist analyses, The Journal of Finance, 2004, 59: 2177 – 2210.

[216] Kaplan S., Klebanov M., Sorensen M. Which CEO characteristics and abilities matter? Journal of Finance, 2012, 67 (3): 973 – 1007.

[217] Karpo J. M., X. Lou. Short sellers and financial misconduct, The

Journal of Finance, 2010, 65: 1879 – 1913.

[218] Karpoff J. M., Scott Lee D., Martin G. S. The cost to firms of cooking the books. Journal of Financial and Quanti - tative Analysis, 2008a, 43: 581 – 611.

[219] Karpoff J. M., Scott Lee D., Martin G. S. The consequences to managers for financial misrepresentation. Journal of Financial Economics, 2008b, 88: 193 – 215.

[220] Karpo J., D. S. Lee, V. P. Vendrzyk. Defense procurement fraud, penalties, and contractor influence, Journal of Political Economy, 1999, 107: 809 – 842.

[221] Kazuo O., Ichiro, T. Productivity, Firm Size, Financial Factors, and Exporting Decisions: The case of Japanese SMEs Productivity, Firm Size, Financial Factors, and Exporting Decisions: The case of Japanese SMEs*, 2015. Retrieved from http: //www. rieti. go. jp/en/.

[222] Kedia S., S. Rajgopal. Do the SEC's enforcement preferences affect corporate misconduct?, Journal of Accounting and Economics, 2011, 51: 259 – 278.

[223] Keim G. Managerial behavior and the social responsibilities debate: Goals versus constraints. Academy of Management Journal, 1978, 21 (1): 57 – 68.

[224] Kerr W. R. Ethnic scientific communities and international technology diffusion. Review of Economics and Statistics, 2008, 90 (3): 518 – 537.

[225] Khan A., Muttakin M. B., Siddiqui J. Corporate governance and corporate social responsibility disclosures: Evidence from an emerging economy. Journal of Business Ethics, 2013, 114 (2): 207 – 223.

[226] Khanna T. Billions of Entrepreneurs: How China and India Are Reshaping Their Futures and Yours, 2008. Cambridge: Harvard Business School Press.

[227] Khanna V., Kim E., Lu Y. CEO connectedness and corporate fraud. The Journal of Finance, 2015, 70: 1203-1252.

[228] Khwaja A. I., A. R. Mian. Do lenders favor politically connected firms? Rent provision in an emerging financial market, Quarterly Journal of Economics, 2005, 120: 1371-1411.

[229] Kim H., Park K., Ryu D. (forthcoming). Corporate environmental responsibility: a legal origins perspective. Journal of Business Ethics, DOI: 10.1007/s10551-015-2641-1.

[230] Kimbro M. B. A cross-country empirical investigation of corruption and its relationship to economic, cultural, and monitoring institutions: An examination of the role of accounting and financial statements quality. Journal of Accounting, Auditing & Finance, 2002, 17: 325-350.

[231] Klein A. (1998). Firm performance and board committee structure. Journal of Law and Economics, 1998, 41 (1): 275-303.

[232] Klein Michael W., Christoph Moser, Dieter M. Urban. The skill structure of the export wage premium: Evidence from german manufacturing, 2010.

[233] Knox S., Maklan S., French P. Corporate social responsibility: Exploring stakeholder relationships and programme reporting across leading FTSE companies. Journal of Business Ethics, 2005, 61 (1): 7-28.

[234] Koh P.-S., D. M. Reeb. Missing R&D. Journal of Accounting and Economics, 2015, 60: 73-94. doi: 10.1016/j.590jacceco.2015.03.004.

[235] Kolk A., Pinkse J. The integration of corporate governance in corporate social responsibility disclosures. Corporate Social Responsibility and Environmental Management, 2010, 17 (1): 26-150.

[236] Kong D. M. Does corporate social responsibility matter in the food industry? Evidence from a nature experiment in China. Food Policy, 2012, 37: 323-334.

[237] Kong D., S. Liu, J. Xiang. Political promotion and labor investment

efficiency [J]. China Economic Review, 2018, 50: 273 – 93. doi: 10. 1016/ j. chieco. 2018. 05. 002.

[238] Kornai J. The Road to a Free Economy: Shifting from a Socialist System: The Example of Hungary (WW Norton & Company, New York, NY), 1990.

[239] Kornai J. The Socialist System, Political Economy of Communism (Princeton University Press, Princeton, NY), 1992.

[240] Kornai J., E. Maskin, G. Roland. Understanding the Soft Budget Constraint [J]. Journal of Economic Literature, 2003, 41 (4): 1095 – 136. doi: 10. 1257/jel. 41. 4. 1095.

[241] Kotter J. P., Heskett J. L. Corporate culture and performance. New York: Free Press, 1992.

[242] Knight F., Of R., Classics E. Risk, Uncertainty and Profit. Climate Change 2013 – The Physical Science Basis, 1921, XXXI: 1 – 30. https://doi. org/10. 1017/CBO9781107415324. 004.

[243] Knyazeva A., Knyazeva D., Masulis R. W. The supply of corporate directors and board independence. Review of Financial Studies, 2013, 26 (6): 1561 – 1605.

[244] Krishnan C. N. V., V. I. Ivanov, R. W. Masulis, et al. Venture capital reputation, post – IPO performance, and corporate governance, Journal of Financial and Quantitative Analysis, 2011, 46: 1295 – 1333.

[245] La Porta R., Lopez – de – Silanes F., Shleifer A., et al. Legal determinants of external finance. Journal of Finance, 1997a, 52: 1131 – 1150.

[246] La Porta R., Lopez – de – Silanes F., Shleifer A., et al. Trust in large organizations. American Economic Review, 1997b, 87: 333 – 338.

[247] La Porta R., Lopez – de – Silanes F., Shleifer A., et al. Law and finance. Journal of Political Economy, 1998, 106: 1113 – 1155.

[248] La Porta R., Lopez – de – Silanes F., Shleifer A. Corporate owner-

ship around the world. Journal of Finance, 1999a, 54: 471 - 517.

[249] La Porta R., Lopez - de - Silanes F., Shleifer A., et al. The quality of government. Journal of Law Economics and Organization, 1999b, 15: 222 - 279.

[250] La Porta R., Lopez - de - Silanes F., Shleifer A., et al. Investor protection and corporate governance. Journal of Financial Economics, 2000a, 58: 141 - 186.

[251] La Porta R., Lopez - de - Silanes F., Shleifer A., et al. Agency problems and dividend policy around the world. Journal of Finance, 2000b, 55: 1 - 34.

[252] Langlois C. C., Schlegelmich B. B. Do corporate codes of ethics reflect national character? Evidence from Europe and the United States. Journal of International Business Studies, 1990, 21 (4): 519 - 539.

[253] Lang L., Ofek E., Stulz R. Leverage, investment, and firm growth. Journal of Financial Economics, 1996, V40 (1): 3 - 29.

[254] Lawrence P. R. "How to deal with resistance to change." Harvard Business Review, 1996, 41 (1): 4 - 25.

[255] Lennox C. S., J. R. Francis, Z. Wang. Selection models in accounting research, The Accounting Review, 2011, 87: 589 - 616.

[256] Leuz C., F. Oberholzer - Gee. Political relationships, globalfinancing, and corporate transparency: evidence from Indonesia, Journal of Financial Economics, 2006, 81: 411 - 439.

[257] Levine R. Law, finance, and economic growth. Journal of Financial Intermediation, 1999, 8: 8 - 35.

[258] Levine R., C. Lin, L. Wei. Insider trading and innovation [R]. 2015, NBER Working Paper.

[259] Li H., L. A. Zhou. Political turnover and economic performance: The incentive role of personnel control in China [J]. Journal of Public Eco-

nomics, 2005, 89 (9): 1743 –62. doi: 10. 1016/j. jpubeco. 2004. 06. 009.

[260] Li H. , L. Meng, Q. Wang, et al. Political connections, financing and firm performance: evidence from Chinese private firms, Journal of Development Economics, 2008, 87: 283 –299.

[261] Li J. , Zhao L. The costs of socializing with government officials: A new measure of corporate political connections. China Journal of Accounting Research, 2015, 8 (1): 25 –39. https: //doi. org/10. 1016/j. cjar. 2014. 10. 003.

[262] Li K. , Wang T. , Cheung Y. – L. , et al. Privatization and risk sharing: Evidence from the split share structure reform in China. Review of Financial Studies, 2011, 24: 2499 –2525.

[263] Liu L. , Shu H. , Wei K. The Impacts of Political Uncertainty on Asset Prices: Evidence from the Bo Scandal in China. Journal of Financial Economics, 2016, 125 (2): 286 –310.

[264] Li M. , T. Makaew, A. Winton. Cheating in China: Corporate Fraud and the Roles of Financial Markets, Available at SSRN 2521151, 2014.

[265] Li W. , Zhang R. Corporate social responsibility, ownership structure, and political interference: Evidence from China. Journal of Business Ethics, 2010, 96 (4): 631 –645.

[266] Lipset S. Political man: The social bases of politics. Garden City, NY: Doubleday, 1960.

[267] Litov L. P. , S. M. Sepe, C. K. Whitehead. Lawyers and fools: lawyer – directors in public corporations, Georgetown Law Journal, 2013, 102: 413 –480.

[268] Liu X. Corruption Culture and Corporate Misconduct, 2014. Available at http: //www. cicfconf. org/sites/default/files/paper_ 965. pdf.

[269] Liu Y. , X. Li, H. Zeng. Political connections, auditor choice and corporate accounting transparency: evidence from private sectorfirms in China, Accounting and Finance, 2017, 57: 1071 –1099.

［270］Lucas Jr, Robert E. On the mechanics of economic development, Journal of monetary economics, 1988, 22: 3 - 42.

［271］Lui F. T. An equilibrium queuing model of bribery. The Journal of Political Economy, 1985, 93: 760 - 781.

［272］Lui F. T. A dynamic model of corruption deterrence. Journal of Public Economics, 1986, 31: 215 - 236.

［273］Luong H., F. Moshirian, L. Nguyen, et al. How do foreign institutional investors enhance firm innovation? Journal of Financial and Quantitative Analysis, 2017, 52 (4): 1449 - 90. doi: 10.1017/S0022109017000497.

［274］Luo Y., Xue Q., Han B. How emerging market governments promote outward FDI: Experience from China. Journal of World Business, 2010, 45 (1): 68 - 79. https://doi.org/10.1016/j.jwb.2009.04.003.

［275］Malmendier U., Tate G. CEO overconfidence and corporate investment. Journal of Finance, 2005, 60 (6): 2661 - 2700.

［276］Manner M. H. The impact of CEO characteristics on corporate social performance. Journal of Business Ethics, 2010, 93 (Supplement 1): 53 - 72.

［277］Manso G., B. Balsmeier, L. Fleming. Heterogeneous innovation over the business cycle. Working Paper, University of California at Berkeley, 2017.

［278］Matten D. Why do companies engage in corporate social responsibility? Background, reasons and basic concepts. The ICCA Handbook on Corporate Social Responsibility. West Sussex: Wiley, 2006.

［279］Matten D., Moon J. Corporate social responsibility education in Europe. Journal of Business Ethics, 2004, 54 (4): 323 - 337.

［280］Matten D., Moon J. "Implicit" and "Explicit" CSR: A conceptual framework for a comparative understanding of corporate social responsibility. Academy of Management Review, 2008, 33 (2): 404 - 424.

［281］Mauro P. Corruption and growth. The Quarterly Journal of Economics, 1995, 110: 681 - 712.

[282] McCuddy M. K., Cavin M. C. The demographic context of servant leadership. Journal of the Academy of Business and Economics, 2009, 9 (2): 29 – 139.

[283] McDonald R., Siegel D. The Value of Waiting to Invest. The Quarterly Journal of Economics, 1986, 101 (4): 707. https://doi.org/10.2307/1884175.

[284] McWilliams A., Siegel D. Corporate social responsibility: A theory of the firm perspective. Academy of Management Review, 2001, 26 (1): 117 – 127.

[285] McWilliams A., Siegel D. S., Wright M. Corporate social responsibility: Strategic implications. Journal of Management Studies, 2006, 43 (1): 1 – 18.

[286] McWilliams A., Siegel D. Creating and capturing value: Strategic corporate social responsibility, resource – based theory, and sustainable competitive advantage. Journal of Management DOI: 10.1177/0149206310385696.

[287] Mehran H. Executive compensation structure, ownership, and firm performance. Journal of Financial Economics, 1995, 38 (2): 163 – 184.

[288] Mei J., Guo L. Political Uncertainty, Financial Crisis and Market Volatility. European Financial Management, 2004, 10 (4): 639 – 657.

[289] Melitz, Marc J. The impact of trade on intra – industry reallocations and aggregate industry productivity, Econometrica, 2003, 71: 1695 – 1725.

[290] Mion, Giordano, Luca David Opromolla. Managers' mobility, trade performance, and wages, London School of Economics, unpublished manuscript, 2012.

[291] Moon J., Shen X. CSR in China research: Salience, focus, and nature. Journal of Business Ethics, 2010, 94 (4): 613 – 629.

[292] Mo P. H. Corruption and economic growth. Journal of Comparative Economics, 2001, 29: 66 – 79.

[293] Montgomery D. B., Ramus C. A. Calibrating MBA job preferences for the 21st century. Academy of Management Learning & Education, 2011, 10

(1): 9-26.

[294] Muller A., Kolk A. Extrinsic and intrinsic drivers of corporate social performance: Evidence from foreign and domestic firms in Mexico. Journal of Management Studies, 2010, 47 (1): 1-26.

[295] Munch, Jakob Roland, Jan Rose Skaksen. Human capital and wages in exporting firms, Journal of International Economics, 2008, 75: 363-372.

[296] Myers S. Determinants of corporate borrowing. Journal of Financial Economics, 1977, 5: 147-175.

[297] Nakano M., Nguyen P. Board Size and Corporate Risk Taking: Further Evidence from Japan. Corporate Governance (Oxford), 2012, 20 (4): 369-387. https://doi.org/10.1111/j.1467-8683.2012.00924.x.

[298] Narayan Paresh K., Narayan Seema, Tran V. T. Political Uncertainty and Corporate Investment: State-Level Evidence from Australia, 2017, 44 (May 2008): 0-51. https://doi.org/10.1007/s10551-015-2769-z. For.

[299] Naughton B. The Chinese Economy: Transitions and Growth (MIT Press, Cambridge, MA), 2007.

[300] Nelson W. R. Incorporating fairness into game theory and economics: Comment. American Economic Review, 2001, 91: 1180-1183.

[301] Ng D. The impact of corruption on financial markets. Managerial Finance, 2006, 32: 822-836.

[302] Ng D., Qian K. Corruption and corporate governance, mimeo. Ithaca, NY: Cornell University, 2004.

[303] Ng E. S., Sears G. J. CEO leadership styles and the implementation of organizational diversity practices: moderating effects of social values and age. Journal of Business Ethics, 2012, 105 (1): 41-52.

[304] Nonaka I. A dynamic theory of organizational knowledge creation. Organization Science, 1994, 5 (1): 14-37.

[305] North D. C. Institutions, institutional change and economic perform-

ance. Cambridge: Cambridge University Press, 1990.

[306] Nunn N. Relationship – specificity, incomplete contracts and the pattern of trade. Quarterly Journal of Economics, 2007, 122 (2): 569 – 600.

[307] OECD Observer. International mobility of the highly skilled. Policy Brief, July 2002.

[308] O'Keefe B. The Fortune 2016 Global 500. Fortune, 2016, 10 – 12.

[309] Oi W. Y. The Desirability of Price Instability Under Perfect Competition. Econometrica, 1961, 29 (1): 58 – 64. https://doi.org/10.2307/1907687.

[310] Osnago A., Piermartini R., Rocha N. Trade policy uncertainty as barrier to trade, 2015. Retrieved from https://www.wto.org/english/res_e/reser_e/ersd201505_e.pdf.

[311] Pagano M., Volpin P. F. Manager, workers, and corporate control. Journal of Finance, 2005, 60 (2): 841 – 868.

[312] Pan X., G. G. Tian. Bank work experience versus political connections: Which matters for bank loan financing? International Review of Finance Forthcoming, 2018.

[313] Pan X., Tian G. G. Political connections and corporate investments: Evidence from the recent anti – corruption campaign in China. Journal of Banking and Finance, 2017, 1 – 35. https://doi.org/10.1016/j.jbankfin.2017.03.005.

[314] Pär Hansson, Lundin Nan Nan. Exports as an indicator on or promoter of successful swedish manufacturing firms in the 1990s, Review of World Economics, 2004, 140: 415 – 445.

[315] Pástor L., and Veronesi P. Political uncertainty and risk premia. Journal of Financial Economics, 2013, 110 (3): 520 – 545. https://doi.org/10.1016/j.jfineco.2013.08.007.

[316] Peng L., Röell A. Executive pay and shareholder litigation. Review of Finance, 2008, 12: 141 – 184.

[317] Parsons C. A., Sulaeman J., Titman S. Peer Effects and corporate

corruption, 2014. Working Paper.

[318] Peng M. W., Luo Y. Managerial ties and firm performance in a transition economy: The nature of a micro-macro link. Academy of Management Journal, 2000, 43 (3): 486 – 501.

[319] Peng H., X. Zhang, X. Zhu. Political connections of the board of directors and credit financing: evidence from Chinese private enterprises, Accounting and Finance, 2017, 57: 1481 – 1561.

[320] Pérez – González F. Inherited control and firm performance. American Economic Review, 2006, 96 (5): 1559 – 1588.

[321] Petersen M. A. Estimating standard errors in finance panel data sets: Comparing approaches [J]. 2009. Review of Financial Studies 22 (1): 435 – 80. doi: 10.1093/rfs/hhn053.

[322] Pfeffer J., Salancik G. The external control of organizations: A resource – dependence perspective. New York: Harper & Row, 1978.

[323] Pierson D. Young, educated and jobless in china, Los Angeles Times, 2010.

[324] Piotroski Joseph D., T. J. Wong. Institutions and information environment of chinese listed firms, Capitalizing China, c 5, 2012.

[325] Piotroski J. D., T. J. Wong, T. Y. Zhang. Political incentives to suppress negative financial information: Evidence from state-controlled Chinese firms [J]. Journal of Accounting Research, 2014, 53 (2): 405 – 59. doi: 10.1111/1475 – 679X.12071.

[326] Piotroski J. D., T. Y. Zhang. Politicians and the IPO decision: The impact of impending political promotions on IPO activity in China [J]. Journal of Financial Economics, 2014, 111 (1): 111 – 36. doi: 10.1016/j.jfineco.2013.10.12.

[327] Pla – Barber José, Joaquin Alegre. Analysing the link between export intensity, innovation and firm size in a science – based industry, International Business Review, 2007, 16: 275 – 293.

[328] Poirier D. J. Partial observability in bivariate probit models. Journal of Econometrics, 1980, 12: 209 - 217.

[329] Porter M. E. , Kramer M. R. Strategy and society: The link between competitive advantage and corporate social responsibility. Harvard Business Review, 2006, 84: 78 - 92.

[330] Porter M. E. , Van der Linde C. Toward a new conception of the environment - competitiveness relationship. Journal of Economic Perspectives, 1995, 9: 97 - 118.

[331] Posner B. Z, Schmidt W. H. Values and the American manager: An update. California Management Review, 1984, 26 (3): 202 - 216.

[332] Prendergast C. , Stole L. Impetuous youngsters and jaded old - timers: Acquiring a reputation for learning. Journal of Political Economy, 1996, 104: 1105 - 1134.

[333] Qin Y. , H. Zhu. Run away? Air pollution and emigration interests in China. Journal of Population Economics, 2018, 31 (1): 235 - 66. doi: 10. 1007/s00148 - 017 - 0653 - 0.

[334] Rajan R. G. , Zingales L. What do we know about capital structure? Some evidence from international data. The Journal of Finance, 1995, 50: 1421 - 1460.

[335] Raman K. , Shahrur H. Relationship - specific investments and earnings management: Evidence on corporate suppliers and customers. The Accounting Review, 2008, 83 (4): 1041 - 1081.

[336] Ramanna K. , S. Roychowdhury. Elections and discretionary accruals: evidence from 2004, Journal of Accounting Research, 2010, 48: 445 - 475.

[337] Ramasamy B. , Yeung M. Chinese consumers' perception of corporate social responsibility (CSR) . Journal of Business Ethics, 2009, 88 (SUPPL. 1): 119 - 132. http: //doi. org/10. 1007/s10551 - 008 - 9825 - x.

[338] Reinikka R., Svensson J. Local capture: evidence from a central government transfer program in Uganda. The Quarterly Journal of Economics, 2004, 119: 679-705.

[339] Romer Paul. Endogenous technological change, (National Bureau of Economic Research), 1991.

[340] Romer P. Increasing returns and long-run growth [J]. 1986, Journal of Political Economy 94: 1002-37. doi: 10.1086/261420.

[341] Roll R. The hubris hypothesis of corporate takeovers. Journal of Business, 1986, 59 (2): 197-216.

[342] Root F. R., Ahmed A. A. The Influence of Policy Instruments on Manufacturing Direct Foreign Investment in Developing the influence of policy instruments on manufacturing direct foreing investment in developing countries. Journal of International Business Studies, 1978, 9 (3): 81-93.

[343] Russo M. V., Fouts P. A. A resource-based perspective on corporate environmental performance and profitability. Academy of Management Journal, 1997, 40 (3): 534-559.

[344] Saiia D. H., Carroll A. B., Buchholtz A. K. Philanthropy as strategy: When corporate charity 'begins at home'. Business and Society, 2003, 42 (2): 169-201.

[345] Schaltegger S., Wagner M. Integrative management of sustainability performance, measurement and reporting. International Journal of Accounting, Auditing, and Performance Evaluation, 2006, 3 (1): 1-19.

[346] Schank Thorsten, Claus Schnabel, Joachim Wagner. Do exporters really pay higher wages? First evidence from german linked employer-employee data, Journal of International Economics, 2007, 72: 52-74.

[347] Schank Thorsten, Claus Schnabel, Joachim Wagner. Higher wages in exporting firms: Self-selection, export effect, or both? First evidence from linked employer-employee data, Review of World Economics, 2010, 146:

303 – 322.

［348］Schein E. H. Organizational culture and leadership. San Francisco: Jossey – Bass, 1985.

［349］Sheridan Brandon J. Manufacturing exports and growth: When is a developing country ready to transition from primary exports to manufacturing exports?, Journal of Macroeconomics, 2014, 42: 1 – 13.

［350］Schervish P. G, Havens J. J. Money and magnanimity: New findings on the distribution of income, wealth and philanthropy. Nonprofit Management and Leadership, 1998, 8: 265 – 282.

［351］Scholtens B. Corporate social responsibility in the international banking industry. Journal of Business Ethics, 2008, 86 (2): 159 – 175.

［352］Schwaiger M. Components and parameters of corporate reputation: An empirical study. Schmalenbach Business Review, 2004, 56 (1): 46 – 71.

［353］Schweizer D., Walker TJ., Zhang A. Do Political Connections Help Privately Owned Chinese Enterprises Go Global? 2017. Available at SSRN: https://ssrn.com/abstract = 2925014 or http://dx.doi.org/10.2139/ssrn.2925014.

［354］Schwert G. W. Public regulation of national securities exchanges: a test of the capture hypothesis, Bell Journal of Economics, 1997, 8: 128 – 150.

［355］Segal G., Shaliastovich I., Yaron A. Good and bad uncertainty: Macroeconomic and financial market implications. Journal of Financial Economics, 2015, 117 (2): 369 – 397. https://doi.org/10.1016/j.jfineco.2015.05.004.

［356］See G. K. H. Harmonious society and Chinese CSR: Is there really a link? Journal of Business Ethics, 2009, 89 (1): 1 – 22.

［357］Shen R., Tang Y., Zhang Y. To be special, to be responsible: How product specificity affects corporate social responsibility. Nanyang Technological University Working Paper, 2015.

［358］Serfling M. A. CEO age and the riskiness of corporate policies. Journal of Corporate Finance, 2014, 25: 251 -273.

[359] Serra D. Empirical determinants of corruption: A sensitivity analysis. Public Choice, 2006, 126: 225 -256.

[360] Servaes H., Tamayo A. The impact of corporate social responsibility on firm value: the role of customer awareness. Management Science, 2013, 59 (5): 1045 -1061.

[361] Shive S., M. Forster. The revolving door offinancial regulators, Review of Finance, 2016, 21: 1445 -1484.

[362] Shleifer A., Vishny R. W. Management entrenchment: The case of manager - specific investments. Journal of Financial Economics, 1989, 25: 123 -139.

[363] Shleifer A., Vishny R. Corruption. Quarterly Journal of Economics, 1993, 108: 599 -617.

[364] Shleifer A., Vishny R. W. Politicians and firms. The Quarterly Journal of Economics, 1994, 109: 995 -1025.

[365] Shleifer A., Vishny R. W. A survey of corporate governance. The Journal of Finance, 1997, 52: 737 -783.

[366] Simpson W. G., Kohers T. The link between corporate social and financial performance: Evidence from the banking industry. Journal of Business Ethics, 2002, 35 (2): 97 -109.

[367] Singhapakdi A., Vitell S. J., Franke G. R. Antecedents, consequences and mediating effects of perceived moral intensity and personal moral philosophies. Journal of the Academy of Marketing Science, 1999, 27 (1): 19 -35.

[368] Smales L. The role of political uncertainty in Australian financial markets. Accounting & Finance, 2016, 56 (2), 545 -575. https: //doi. org/ 10. 1111/acfi. 12107.

[369] Smith C. W., R. L. Watts. The investment opportunity set and cor-

porate financing, dividend, and compensation policies, Journal of Financial Economics, 1992, 32: 263 – 292.

[370] Smith Jeffrey, Petra Todd. Rejoinder, Journal of Econometrics, 2005, 125: 365 – 375.

[371] Solow R. Technical change and the aggregate production function [J]. Review of Economics and Statistics, 1957, 39: 312 – 20. doi: 10.2307/1926047.

[372] Spender J. C. Making knowledge the basis of a dynamic theory of the firm. Strategic Management Journal, 1996, 17 (2): 45 – 62.

[373] Staiger D., James H. Stock. 1997, Instrumental variables regression with weak instruments, Econometrica, 1997, 65: 557 – 586.

[374] Stanwick P. A, Stanwick S. D. The relationship between corporate social performance and organizational size, financial performance, and environmental performance: An empirical examination. Journal of Business Ethics, 1998, 17 (2): 195 – 204.

[375] Stock James H., Motohiro Yogo. Testing for weak instruments in linear iv regression, National Bureau of Economic Research Technical Working Paper Series No. 284, 2002.

[376] Stokey N. L. Wait – and – see: Investment options under policy uncertainty. Review of Economic Dynamics, 2014, 21: 246 – 265. https://doi.org/10.1016/j.red.2015.06.001.

[377] Surroca J., Tribo J. A. Managerial entrenchment and corporate social performance. Journal of Business Finance and Accounting, 2008, 35 (5 – 6): 748 – 789.

[378] Svensson J. Who must pay bribes and how much? Evidence from a cross section of firms. The Quarterly Journal of Economics, 2003, 118: 207 – 230.

[379] Tan Y., X. Tian, X. Zhang, et al. The real effects of privatization: Evidence from China's split share structure reform. Kelley School of Business Research Paper.

[380] Teece D. J. Capturing value from knowledge assets: The new economy, markets for knowhow, and intangible assets. California Management Review, 1998, 40 (3): 55 – 79.

[381] Terpstra D. E., Rozell E. J., Robinson R. K. The influence of personality and demographic variables on ethical decisions related to insider trading. Journal of Psychology, 1993, 127 (4): 375 – 389.

[382] Thorpe J., Prakash – Mani K. Developing value: The business case for sustainability in emerging markets. Greener Management International, 2003, 44 (Winter): 17 – 32.

[383] Tong T. W., W. He, Z. L. He, et al. Patent regime shift and firm innovation: Evidence from the second amendment to China's patent law [J]. Academy of Management Proceedings, 2014, 1: 14174. doi: 10.5465/ambpp. 2014.14174abstract.

[384] Tucker J. W. Selection bias and econometric remedies in accounting and finance research, Journal of Accounting Literature, 2010, 29: 31 – 57.

[385] Ullmann A. Data in search of a theory: A critical examination of the relationship among social performance, social disclosure, and economic performance. Academy of Management Review, 1985, 10 (3): 540 – 577.

[386] Van Biesebroeck, Johannes. Exporting raises productivity in sub – saharan african manufacturing firms, Journal of International economics, 2005, 67: 373 – 391.

[387] Verwaal Ernst, Bas Donkers. Firm size and export intensity: Solving an empirical puzzle, Journal of International Business Studies, 2002, 603 – 613.

[388] Vo L. Van, Le H. T. T. Strategic growth option, uncertainty, and R&D investment. International Review of Financial Analysis, 2017, 51: 16 – 24. https://doi.org/10.1016/j.irfa.2017.03.002.

[389] Waddock S. A., Graves S. B. The corporate social performance – financial performance link. Strategic Management Journal, 1997, 18 (4): 303 – 319.

[390] Waldman D., Siegel D., Javidan M. Components of CEO transformational leadership and corporate social responsibility. Journal of Management Studies, 2006, 43 (8): 1703 – 1725.

[391] Wan H., X. Chen. Governance environment, rent – seeking and transaction cost: Evidence from the non – productive expenditure of Chinese firms [J]. Chinese Quarterly Journal of Economics, 2010, 9 (02): 553 – 70. In Chinese.

[392] Wang H., Qian C. Corporate philanthropy and corporate financial performance: The roles of stakeholder response and political access. Academy of Management Journal, 2011, 54 (6): 1159 – 1181.

[393] Wang Y. Corporate securities fraud: Insights from a new empirical framework, Journal of Law, Economics, and Organization, 2013, 29: 535 – 568.

[394] Wang Tracy Yue. Corporate securities fraud: Insights from a new empirical framework. Journal of Law, Economics, and Organization, 2013, 29 (3): 535 – 568.

[395] Wang T. Y., Winton A. Product market interactions and corporate fraud. Available at SSRN 2398035, 2014.

[396] Wang T. Y., A. Winton, X. Yu. Corporate fraud and business conditions: evidence from IPOs, Journal of Finance, 2010, 65: 2255 – 2292.

[397] Wang Y., Chen C. R., Huang Y. S. Economic policy uncertainty and corporate investment: Evidence from China. Pacific Basin Finance Journal, 2014, 26. https://doi.org/10.1016/j.pacfin.2013.12.008.

[398] Wang Y., Wei Y., Song F. M. Uncertainty and corporate R&D investment: Evidence from Chinese listed firms. International Review of Economics & Finance, 2016, 47: 176 – 200. https://doi.org/10.1016/j.iref.2016.10.004.

[399] Weber M. The business case for corporate social responsibility: A company – level measurement approach for CSR. European Management Journal, 2008, 26 (4): 247 – 261.

[400] Weisbach M. S. Outside directors and CEO turnover. Journal of Financial Economics, 1988, 20: 431 – 460.

[401] Wei S. How taxing is corruption on international investors? Review of Economics and Statistics, 2000, 82: 1 – 11.

[402] Whited T. M., Wu G. Financial Constraints Risk. Review of Financial Studies, 2006, 19 (2): 531 – 559. https://doi.org/10.1093/rfs/hhj012.

[403] Williamson O. E. Transaction – cost economics: The governance of contractual relations. Journal of Law and Economics, 1979, 22 (2): 233 – 261.

[404] Wimbush J. C., Shepard J. M. Toward an understanding of ethical climate: Its relationship to ethical behavior and supervisory influence. Journal of Business Ethics, 1994, 13 (8): 637 – 647.

[405] Wright M., Liu X., Buck T., et al. Returnee entrepreneurs, science park location choice and performance: an analysis of high – technology SMEs in China. Entrepreneurship Theory and Practice, 2008, 32 (1): 131 – 155.

[406] Wong W., H. Chee-Wooi. Do types of political connection affect performance differently?, Pacific – Basin Finance Journal, 2018, 51: 297 – 317.

[407] Wooldridge J. M. Econometric Analysis of Cross Section and Panel Data. MIT Press, Cambridge, MA, 2010.

[408] Wu Wenfeng, Johan Sofia A. Rui Oliver M. Institutional investors, political connections, and the incidence of regulatory enforcement against corporate fraud. Journal of Business Ethics, 2014. doi: 10.1007/s10551 – 014 – 2392 – 4.

[409] Wu W., S. A. Johan, O. M. Rui. Institutional investors, political connections, and the incidence of regulatory enforcement against corporate fraud, Journal of Business Ethics, 2016, 134: 709 – 726.

[410] Wu X. Public sector transparency and corporate accounting practices in Asia, 2008. Available at SSRN: http://ssrn.com/abstract = 1404016.

[411] Wu Y., Yin H. The Heterogeneity Influence of Policy Uncertainty

on Firm's Investment. Economic Management, 2016, 38 (5): 10 - 20.

[412] Xie P. , Lu L. Unwilling bribery and collusion. Journal of Financial Research, 2003, 277: 1 - 15 (in Chinese).

[413] Xie F. , B. H. Zhang, W. R. Zhang. Trust, innovate, grow [J]. 2015, Working Paper.

[414] Xu M. , G. Kong, D. Kong. Does wage justice hamper creativity? Pay gap and firm innovation in China [J]. China Economic Review, 2017, 44: 186 - 202. doi: 10.1016/j.chieco.2017.04.003.

[415] Xu S. , X. He, L. Xu. Market or government: Who plays a decisive role in R&D resource allocation? [J]. China Finance Review International 2019, 9, (1): 110 - 36. doi: 10.1108/CFRI - 08 - 2017 - 0190.

[416] Xu Y. , X. Qian, W. Li. Political uncertain, political connection and private enterprise investment: Evidence from the turnover of party secretary [J]. Management World, 2013, 5: 116 - 30 (in Chinese).

[417] Yang M. , Li F. Can Economic Policy Uncertainty Influence Corporate Investment? The Empirical Research by Using China Economic Policy Uncertainty Index. Journal of Financial Research (Chinese Version), 2015, 4: 115 - 129.

[418] Yeaple S. R. The Role of Skill Endowments in the Structure of U. S. Outward Foreign Direct Investment. Review of Economics and Statistics, 2003, 85 (3): 726 - 734. https://doi.org/10.1162/003465303322369849.

[419] Yeaple Stephen Ross, A simple model of firm heterogeneity, international trade, and wages, Journal of international Economics, 2005, 65: 1 - 20.

[420] Yu F. F. Analyst coverage and earnings management. Journal of Financial Economics, 2008, 88: 245 - 271.

[421] Yu F. , X. Yu. Corporate lobbying and fraud detection, Journal of Financial and Quantitative Analysis, 2012, 46: 1865 - 1891.

[422] Zu L. Song L. Determinants of managerial values on corporate social

responsibility: Evidence from China. Journal of Business Ethics, 2009, 88 (Supplement): 105 – 117.

[423] Zhang J. Public governance and corporate fraud: evidence from the recent anti – corruption campaign in China, Journal of Business Ethics, 2018, 148: 375 – 396.

[424] Zhang J., Kong D., Wu J. Doing Good Business by Hiring Directors with Foreign Experience. Journal of Business Ethics, 2016, 1 – 18. https://doi.org/10.1007/s10551 – 016 – 3416 – z.

[425] Zhao Q., Y. Wang. Pay gap, inventor promotion and corporate technology innovation [J], 2018, China Finance Review International. doi: 10.1108/CFRI – 06 – 2017 – 0073.

[426] Zheng S., M. E. Kahn, W. Sun, et al. Incentives for China's urban mayors to mitigate pollution externalities: The role of the central government and public environmentalism. Regional Science and Urban Economics, 2014, 47: 61 – 71. doi: 10.1016/j.regsciurbeco.2013.09.003.

附录1 变量定义表

Variables	Definition	Data Source
FRAUD	公告中披露舞弊的公司取值为1，否则为0	CSMAR
iCON	独立董事目前或以前在政府任职取值为1，否则为0	CSMAR, WIND, BAIDU
iLOCAL	独立董事目前或以前在当地政府任职取值为1，否则为0	CSMAR, WIND, BAIDU
iLCENTRAL	独立董事目前或以前同时在当地和中央政府任职取值为1，否则为0	CSMAR, WIND, BAIDU
iCENTRAL	独立董事目前或以前在中央政府任职取值为1，否则为0	CSMAR, WIND, BAIDU
iLOCAL_TURNOVER	具有当地政治背景的独立董事离职取值为1，否则为0	CSMAR, WIND, BAIDU
CEO_CON	CEO具有政治关系取值为1，否则为0	CSMAR, WIND, BAIDU
SIZE	总资产的对数	CSMAR
BM	企业账面市值比	CSMAR
LEV	杠杆率	CSMAR
ROA	资产回报率	CSMAR
BOARD	董事会规模	CSMAR
INDP%	独立董事比例	CSMAR
CEODUAL	公司的CEO同时也是董事会主席取值为1，否则为0	CSMAR
BIG4	公司的审计师来自四大会计师事务所取值为1，否则为0	

续表

Variables	Definition	Data Source
ANALYST	公司的跟踪分析师人数	CSMAR
INSTOWN	机构持股比例	CSMAR
GOV	政府持股比例	CSMAR
FOREIGN	外资持股比例	
EXEOWN	高管持股比例	CSMAR
LNGDP	人均 GDP 的对数	CSMAR
TENURE	担任独立董事的月数	CSMAR
TOLEAVE	离独立董事离职还有几个月	CSMAR
ABSENTP	独立董事缺席董事会会议的百分比	CSMAR
CEOAPP	独立董事由现任 CEO 任命取值为 1，否则为 0	CSMAR
IDIR_AUD	独立董事为审计委员会成员取值为 1，否则为 0	CSMAR
AGE	独立董事的年龄	CSMAR
BUSY	独立董事担任其他董事的个数	CSMAR
FLABACK	独立董事具有财务、会计、法律背景取值为 1，否则为 0	CSMAR, WIND, BAIDU
RABACK	独立董事具有中国证监会或证券交易所工作经验的取值为 1，否则为 0	CSMAR, WIND, BAIDU
FEMALE	女性独立董事取值为 1，否则为 0	CSMAR, WIND, BAIDU
OVERSEA	独立董事具有海外经历取值为 1，否则为 0	CSMAR, WIND, BAIDU
BA	独立董事具有学士学位取值为 1，否则为 0	CSMAR, WIND, BAIDU
MS	独立董事具有硕士学位取值为 1，否则为 0	CSMAR, WIND, BAIDU
PHD	独立董事具有博士学位取值为 1，否则为 0	CSMAR, WIND, BAIDU
iLOCALP	具有地方政治背景的独立董事占全部独立董事的比例	CSMAR, WIND, BAIDU

续表

Variables	Definition	Data Source
iCENTRALP	具有中央政治背景的独立董事占全部独立董事的比例	CSMAR, WIND, BAIDU
iLCENTRALP	具有地方和中央政治背景的独立董事占全部独立董事的比例	CSMAR, WIND, BAIDU
dLOCAL	非独立董事目前或以前在当地政府任职取值为1，否则为0	CSMAR, WIND, BAIDU
dCENTRAL	非独立董事目前或以前在中央政府任职取值为1，否则为0	CSMAR, WIND, BAIDU
dLCENTRAL	非独立董事目前或以前在中央和当地政府任职取值为1，否则为0	CSMAR, WIND, BAIDU
Anti-corruption	2012年以后取值为1，否则为0	
Property_Law	2007年以后取值为1，否则为0	

附录 2 变量定义表

变量名称	定义
Panel A 中创新的度量	
Patent_Total$_{i,t}$	企业 i 在 t 年所有类型的专利申请总量加上 1 的自然对数
Patent_Invention$_{i,t}$	企业 i 在 t 年发明专利申请量加上 1 的自然对数
Panel B 中政治晋升激励的度量	
Promotion$_{i,t}$	如果企业 i 所在城市的市长或市委书记在当年或次年被晋升,则 Promotion 变量取值为 1,否则为 0
Panel C 中控制变量的度量	
SOE$_{i,t}$	产权所有制虚拟变量:国有企业取值为 1,非国有企业取值为 0。基于企业是否由中央或地方控制。进一步将国有企业分为中央国企和地方国企
Lnsize$_{i,t}$	企业 i 在 t 年末总资产的自然对数
ROA$_{i,t}$	净收入/总资产
TobinQ$_{i,t}$	企业市值/资产重置成本
Age$_{i,t}$	企业上市年限加上 1 的自然对数
FC$_{i,t}$	我们定义了融资约束(FC)的一种度量。首先,我们计算出企业 i 在 t 年末的 Kaplan 和 Zingales 指数(1997),融资约束越多的企业,KZ 指数越高,融资约束越少的企业,KZ 指数越低。然后,如果 KZ 指数高于当年行业中位数,则 FC 取值为 1,否则为 0
Top1$_{i,t}$	企业 i 在 t 年末最大股东的持股比例
Outratio$_{i,t}$	企业 i 在 t 年末独立董事人数占董事会规模的比重
Duality$_{i,t}$	如果本年度董事长与总经理由一人兼任,则 Duality 取值为 1,否则取值为 0
Leverage$_{i,t}$	企业 i 在 t 年末的杠杆率=总负债/总资产

续表

变量名称	定义
$Div_{i,t}$	测量企业多元化的指标,反映一家企业的资产在其行业细分中的集中程度。对每一个企业,我们计算出每部分资产占企业总资产比例的平方和作为 Div。Div 越小,在细分市场中资产集中度越低,即越多样化
$HHI_{i,t}$	企业 i 所属的 4 位的 CRSC 行业的赫芬达尔指数,在 t 年末度量
$Mktindex_{i,t}$	企业 i 所处的省份的市场化程度,在 t 年末度量
$PC_{i,t}$	如果企业 i 的董事长或 CEO 现在或之前是政府官员、人大代表或政协委员,则 PC 取值为 1,否则为 0
IndustryDummy	行业虚拟变量
YearDummy	年度虚拟变量